重塑公共精神

发达地区乡村社会治理探索

祝丽生 著

ZHEJIANG UNIVERSITY PRESS
浙江大学出版社

图书在版编目（CIP）数据

重塑公共精神：发达地区乡村社会治理探索 / 祝丽
生著. —杭州：浙江大学出版社，2021.5
ISBN 978-7-308-21292-2

Ⅰ.①重… Ⅱ.①祝… Ⅲ.①乡村—社会管理—研究
—中国 Ⅳ.①D638

中国版本图书馆 CIP 数据核字（2021）第 077102 号

重塑公共精神:发达地区乡村社会治理探索

祝丽生　著

责任编辑	李瑞雪	
责任校对	吴心怡	
封面设计	周　灵	
出版发行	浙江大学出版社	
	（杭州市天目山路 148 号　邮政编码 310007）	
	（网址：http://www.zjupress.com）	
排　　版	浙江时代出版服务有限公司	
印　　刷	浙江新华数码印务有限公司	
开　　本	710mm×1000mm　1/16	
印　　张	14.25	
字　　数	245 千	
版 印 次	2021 年 5 月第 1 版　2021 年 5 月第 1 次印刷	
书　　号	ISBN 978-7-308-21292-2	
定　　价	58.00 元	

本书为国家社会科学基金青年项目"发达地区乡村社会治理中公共精神重塑问题研究"（15CSH013）的结项成果。

目　录

导　论

　　中国是一个具有浓厚乡土气息的国家,从传统社会到当下皆是如此。乡村与城镇相对,《现代汉语词典》将乡村解释为:"主要从事农业、人口分布较城镇分散的地方。"[①]乡村是一个综合性的概念,土地、村庄、人员以及由其所组成的经济与社会关系网络均包含其中;乡村是一个动态存在的空间,改革开放以来,随着现代化建设和城镇化的不断推进,我国乡村地区在经济、政治、文化、社会等方面都发生了前所未有的变化;乡村是中国现代化建设的重要组成部分,2017 年中央农村工作会议指出:"没有农业农村的现代化,就没有整个国家的现代化。"[②]乡村的前途,关系到每个人的前途,更关系到国家的前途,因而,良好的治理显得至关重要。党的十九大报告提出要实施乡村振兴战略,提出了产业兴旺、生态宜居、乡风文明、治理有效、生活富裕的总要求,而其中治理有效是基础。就改革开放四十余年来的乡村社会发展情况而言,在农业生产经营方式由集体统一经营转化为统分结合的双层经营体制的过程中,一方面,农民的劳动积极性得到充分调动,家庭和个体经营取得了前所未有的发展,"分"的作用得到充分发挥;另一方面,农村实现家庭联产承包责任制以来,"统"的作用发挥不足,村集体的集体功能呈现式微态势。因而,在这种客观背景下,乡村社会的公共空间、公共事务和公共精神等公共性方面也势必发生巨大的变化,进而也会给乡村社会治理带来诸多影响。如何去认识这些变化以及怎么去应对这些变化带来的挑战,既是意义重大的实践命题,也是值得去研究的重大理论问题。当然,在现代化进程中,由于受到工业化和城市化水平的影响,不同地区的乡村社会也呈现不同的特征,不同地区乡村社会治理的基础、方式方法以及治理效果也呈现较大差异,因而,要区别对待,因地制宜地开展实践探索。发达地区作为经济发展的先行区域,在经济发展方式转变、产业结构调整、城乡融合发展和基层治理创新等方

---

　　①　中国社会科学院语言研究所词典编辑室编:《现代汉语词典》(第 6 版),北京:商务印书馆,2012 年,第 1418 页。

　　②　董峻、王立彬:《中央农村工作会议在北京举行》,《光明日报》,2017 年 12 月 30 日 01 版。

面都取得了显著的成效。同时,发达地区也在面对乡村社会变迁时最先触碰到一些复杂的社会问题,在化解困境的过程中也最先进行实践探索,积累了丰富的治理经验。因而,本书以发达地区乡村作为研究范围,从公共精神的视角展开对乡村社会治理的良性探索。从公共精神视角研究乡村社会治理,看似是一个较为微观的问题,但实际上却折射出中国乡村治理的基本问题。就现阶段乡村社会而言,公共精神不仅关系到如何动员农民参与公共事务和公共活动,如何将分散的农村组织起来的现实问题,也关系到以产业兴旺、乡风文明、生态宜居、治理有效和生活幸福为总要求的乡村振兴战略的实施和基层治理现代化的成败。因而,在传统乡村公共精神受到市场经济冲击并遭受重创的背景下,如何来重塑现代乡村公共精神,用之解决乡村社会治理中存在的集体行动的困境,是当前中国乡村社会亟待解决的现实问题,也是进一步提升基层治理能力,构建国家治理体系现代化的重要内容。

一、研究背景

回溯历史发现,中国乡村中的农民大多聚村而居,村落是其活动单位和空间。从现代乡村社会结构看,乡与村二者分设,而从自然属性和地理空间角度看,二者不可分,也不能分,只要乡村作为地理空间存在,乡村社会治理就如影随形。当前,在乡村社会变革的进程中还面临着一系列问题,这些问题逐渐成为乡村社会进一步改革与发展的阻力,极大地影响乡村社会的整体稳定,也给乡村社会良性治理带来了现实困境。如乡村人口外流,特别是乡村中坚力量的外流使得最广阔的农村失去了经济社会发展的原动力和乡村治理的内生主体;再如由于受到城乡二元社会结构的影响,政府对农村实行较为严格的社会管理,乡村社会逐渐形成了自上而下的社会管理方式,这种管理方式造成了乡村社会治理主体的单一与模式的僵化。因此,如何让乡村在人口流动加剧的背景下保持社会稳定和健康发展,这就需要在经济快速增长的同时,考虑公平、保障等方面的现实问题,需要积极发挥组织和人的主观能动性,达到乡村社会的和谐发展,而所有这些都需要建立在完善的乡村社会治理体制和体系基础上。党的十九大报告提出实施乡村振兴战略,要健全自治、法治、德治相结合的乡村治理体系。2018 年中央一号文件具体指出:"乡村振兴,治理有效是基础。必须把夯实基层基础作为固本之策,建立健全党委领导、政府负责、社会协同、公众参与、法治保障的现代乡村社会治理体制,坚持自治、法治、德治相结合,确保乡村社会充满活力、和谐有序。"①在此基础上,2019 年 6 月 23 日,中共中央办公厅、国

---

① 《中共中央国务院关于实施乡村振兴战略的意见》,《人民日报》,2018 年 02 月 05 日 01 版。

务院办公厅印发《关于加强和改进乡村治理的指导意见》,指导意见进一步完善了乡村治理体制和体系,指出要"建立健全党委领导、政府负责、社会协同、公众参与、法治保障、科技支撑的现代乡村社会治理体制,健全党组织领导的自治、法治、德治相结合的乡村治理体系"①。

现阶段乡村社会治理难,是因为乡村社会出现了新的情况,面临着新问题,而这些问题的出现是中国传统社会几千年来所未遇到的。乡村社会治理不是以往静态化、封闭式、单一性的管理,而变成动态化、流动性、多元性的治理。这些新情况新问题的存在倒逼着治理方式和手段的多样性,需要从应然与实然两方面进行理论与实践的探索。本书认为,乡村社会不仅需要探索外在规范化、程序化的治理模式,也需要形成乡村内在的认同机制,通过内与外的结合实现乡村治理的有效性,而乡村公共精神则是实现二者结合的重要契合点之一。这不仅是因为乡村公共精神是乡村社会的内在认同体现,而且也是实现乡村社会治理内在与外在相结合的理念引导。不同的文化孕育出不同的精神,不同的国家政体和乡村社会治理结构产生不同的精神内涵。对于家国特色明显的传统中国来讲,公共精神孕育于国家与乡土社会之中,并在国家统治与农民生产生活过程中,以丰富的传统文化思想和朴素的社会交往得以延承。

历史的车轮在不断前行,社会变迁带来了文化和思想的变革,公共精神作为一种社会结构的反映,在不同的场域中也呈现出不同的内涵和特征。当前,中国特色社会主义进入新时代,乡村社会建设也进入到一个重要的发展机遇期。因此,需要从中国乡村社会的具体实际出发,以社会主义核心价值观为引领,建立符合乡村社会实际的现代乡村公共精神。

二、研究意义

乡村治理是整个国家治理体系的重要组成部分,也是乡村社会建设的必要环节,而是否形成具有良好公共精神的乡村社会关系则是衡量乡村治理有效与否的重要标准,它不仅能有效化解乡村治理中存在的诸多问题、稳定乡村社会秩序,也有助于推进乡村社会的现代化进程和国家的现代化建设。现代乡村公共精神的培育是一个长期和复杂的过程,需要积极探索乡村社会治理的内在逻辑,寻求乡村社会治理的现代化轨迹,并使之在基层民主建设的过程中不断完善和发展。因此,在实施乡村振兴战略的背景下,如何有效发挥公共精神的现代价值就成为实现乡村社会和

---

① 《关于加强和改进乡村治理的指导意见》,《人民日报》,2019 年 06 月 24 日 01 版。

谐发展的当务之急,具有重要的理论与实践意义。

（一）理论意义

当前,围绕乡村社会治理,学术研究呈现视角多样化特点,乡村公共精神则是其中的一个重要研究方向。公共精神在新的历史时期具有推进乡村治理体系现代化和基层民主政治建设等方面的现实价值。然而,学者们大多从内涵和意义层面研究公共精神,对于乡村公共精神价值体现、实践探索方面则研究较少。同时,由于当前传统公共精神的式微和现代公共精神尚未形成,农村出现了乡村内在的认同真空,公共参与意识淡薄,社会矛盾凸显。因此,理解何为现代乡村公共精神、如何培育现代乡村公共精神、如何发挥其治理价值等问题成为学术界亟待研究的问题。我们不仅要充分利用历史留给我们的宝贵财富,研究乡村社会秩序运转的内在驱动力,更要对接当下,以民主法治理念推动乡村社会治理的创新与发展。由于我们具有深厚的历史积淀,不需要一切从头再来,所以应该着重将乡村公共精神重塑起来,以发挥它在乡村社会建设中的作用。当然,这里讲的重塑不是简单重复或恢复原有的社会结构或者社会形态,而是在肯定良性传统的基础上,以社会主义核心价值观为引领,建立符合乡村社会实际的现代公共精神。

（二）实践意义

当前,中国特色社会主义进入新时代,乡村社会也进入新的发展期。在乡村振兴战略提出的大背景下,要深刻认识乡村公共精神在乡村振兴中的重要作用,公共精神可以有效助推五大要求的落实,奠定乡村振兴的认同基础和夯实农业农村现代化的基础。随着村民自治的深入,农民作为乡村的天然主体,参与乡村社会公共生活越来越多,农村的集体价值认同出现了增长态势。因而,在此基础上需要通过培育农民的公共精神,进一步提升他们对乡村社会事务的参与度,实现乡村社会的和谐发展。同时,地方政府也应积极改变传统管理理念和方式,将服务融入乡村治理中,引导农民发挥主体价值,形成自下而上的利益表达和协调机制。从现阶段的研究看,乡村公共精神大多从应然层面研究,对于乡村公共精神的实然培育和实践探索较少。发达地区作为经济先行区域,在经济社会转型中最先触发各种社会问题,也较早形成了化解社会矛盾和维持乡村社会稳定的方式和经验。因此,课题以改革开放的前沿阵地——浙江作为乡村公共精神重塑的实践探索区域,以温州、绍兴、台州三市的实践为分析对象,立足于乡村实际,在多样化的模式和经验中去探索现代乡村公共精神的重塑路径,并为其他地区提供一些启示价值。

三、研究方法

（一）文献梳理

课题收集并整理了国内外有关"公共精神"的研究成果。西方学者着重从公共权力、公共领域、公共理性和社会资本等角度研究公共精神，形成了西方特有的公共性研究模式，具有其研究价值和借鉴意义。中国近代以来，随着西学东渐的推进，西方的学术思想向中国传播，一些学者对中西社会的差异作了详细对比，既分析了中国特有的精神、公私观念和社会结构，也引入了西方的民治、民主思想。在政治社会领域，西方政治思想的传入对近代以来中国的政治发展产生了巨大的影响，以家庭、家族为基础的社会逐渐瓦解，中国传统社会的家庭伦理逐渐被西方的人文思想所冲淡，一些知识分子开始分析社会团体和组织的作用。这一时期研究的共同点是从中国社会的基本现状出发，以乡村作为分析的起点，讨论一些乡土气息浓厚的社会问题，体现了近代中国特有的乡土型研究。改革开放以后，由于城市化进程的不断推进和西方政治思想的引入，学者们大多借鉴了西方的学术体系，从现代社会的公共性要素进行分析。同时，当我们在研究马克思主义理论时发现，无论是讨论国家的公共权力，还是个人间相互合作形成的公共利益，都蕴含着公共思想。特别是新中国成立后，中国共产党以马克思主义作为指导思想，以共产主义作为最终的奋斗目标，逐渐形成了一系列"天下为公"的思想，逐渐引领全社会形成社会主义核心价值观。虽然，西方的研究成果较多，但研究中国的问题需要从中国的实际出发，不能一味照搬国外的研究成果，顾此失彼。因此，当前对于中国乡村公共精神的研究应以马克思辩证唯物主义为指导，以中国优秀的历史积淀为基础，把握现实社会特征，适当借鉴西方研究成果，从宏观、中观和微观三个层面综合分析，体现现代性和系统性。同时，本书也梳理了党的十八大以来的中央一号文件中关于乡村治理机制完善的顶层设计表述和改革开放以来国内对乡村社会治理的学术研究。通过对中央顶层设计和学术研究轨迹的梳理，我们较为清晰地看到，在面对纷繁复杂的乡村社会现状时，不管是中央的顶层设计还是学术界的研究与探索，都形成了一个治理的共识，就是乡村社会必须形成一个多主体共治的格局，通过调动治理主体的积极性，加强主体间的配合，实现乡村社会治理的有效性，而公共精神则是构建乡村社会共治格局的重要纽带。

（二）案例分析法

乡村公共精神深深地根植于农民的公共生活之中，随着改革开放的深入，农民参与社会公共生活越来越多,迫切需要建立一种新的、维系乡村社会发展的内在机制,发挥乡村公共精神应有的内在协调作用。本书以浙江为研究对象,选取温州、绍兴、台州三地的乡村公共精神重塑实践为研究蓝本。选择这三个地方的理由有二:一是从经济发展水平的角度看,三者代表了浙江经济发展的平均水平,位于浙江省第二方阵,差距相对较小,具有可比性和普遍性价值;二是从地方实践看,三个地区都从自身发展实际和历史积淀出发,积极总结乡村公共精神的重塑的做法和经验,探索出了各自的重塑之路,具有鲜明的地方特色。课题通过三地的案例分析,在比较不同的基础上总结乡村公共精神重塑的成效,进而探索发达地区现代乡村公共精神重塑之路。

四、研究思路

本书共分五章。

导论主要介绍课题的研究背景、研究意义、研究方法和研究思路。在交代研究背景和研究意义的基础上,通过文献梳理和案例分析架构课题的研究思路。

第一章是公共精神理论研究及内涵阐释。本章主要梳理了中西理论研究并阐释了公共精神的内涵及相关概念。关于"公共精神"的研究是伴随着人类社会的发展而不断深入的,它在历史与地域之间呈现出不同的内涵和价值。因而,对以"公共"二字所命名的学术名词的阐释也是较为复杂的,不同学科和不同学者在不同时代所关注的侧重点也不尽相同,"公共精神"也不例外。"公共精神"主要是社会中人们共同的一种心理状态,具有公共性特征。公共精神自古有之,在民主社会中,公共精神是公众应具备的基本美德,是一个国家、社会不可或缺的素质。但是,公共精神是一个较为抽象的学术用词,其概念涉及经济、政治、社会、文化等诸多领域,学术界研究也各有侧重,没有形成一个较为系统的解释,理论体系也不完善。因此,对公共精神的研究不仅要纵向追根溯源,也要横向进行比较,实现历史与现状、国内与国外研究的结合,才能较为客观和全面地去理解其内涵和发展脉络。

第二章是发达地区乡村社会治理中的公共精神价值体现。本章主要是在分析发达地区乡村社会治理面临的困境的基础上探索公共精神在创新乡村社会治理中的现代价值。当前,如何有效化解乡村社会治理的困境成为乡村社会建设的当务之急。加强和创新乡村社会治理,化解乡村社会矛盾,既需要国家层面加强顶层设计,也需要理论工作者结合乡村社会实际加强治理的逻辑梳理。乡村公共精神以乡村公共空间为形成土壤,以公共道德为内在支撑,以农民的共同利益为追求目标,在乡村社会形成良好的公共精神关系到乡村社会的稳定与农民个体价值的实现。因此，我们不仅仅要深刻理解其内涵与特征，更重要的是挖掘现代公共精神在推进乡村社会现代化进程、创新乡村社会治理方式和增强农民公共意识方面的内在价值。

第三章是发达地区乡村公共精神缺失及原因分析。本章在梳理不同历史时期乡村公共精神的特征基础上，着重分析了现阶段发达地区乡村公共精神的缺失及原因。当前，就发达地区而言，虽然乡村公共精神现代特征逐渐显现，但从构成公共精神的要素看，与市场经济相适应的现代乡村公共精神又尚未真正建立起来，乡村公共精神还存在着诸多缺失表现，如传统伦理价值衰微、农民政治认同缺失和集体认同弱化、农村"公共空间"有限和"公共活动"鲜少、"民间组织"发展缓慢等。乡村公共精神进入到一个重塑的历史阶段，这是一个漫长的过程，需要在梳理乡村公共精神时代变迁和找出乡村公共精神缺失的基础上，深入分析造成其缺失的原因，积极重塑现代乡村公共精神。

第四章是发达地区乡村公共精神重塑的浙江实践。本章在分析浙江温州、绍兴和台州三地公共精神重塑做法和成效的基础上，积极总结浙江乡村公共精神重塑实践的启示。从浙江三个地区的实践探索看，尽管它们产生的时间、条件和环境不同，但是，作为整体发展水平相近的三个地区，它们之间存在着诸多的共性，一定程度上可以反映浙江乡村公共精神重塑的现状。同时，作为发达地区的一部分，浙江实践也代表着发达地区乡村公共精神重塑的一种探索。但是，由于乡村社会结构和形态正处于转型过程中，浙江乡村公共精神重塑在面对乡村振兴总体要求和乡村治理体系和能力现代化时还需进一步关注几个问题。

第五章是发达地区乡村公共精神重塑之路。本章主要探讨发达地区乡村公共精神的重塑之路。在国家实施乡村振兴战略的背景下，发达地区要结合自身发展实际，积极重塑乡村公共精神，这有利于奠定乡村振兴的认同基础、充分发挥农民的主体价值和更好落实乡村振兴战略的总要求，进而夯实农业农村现代化的基础。现代乡村公共精神重塑是一个长期的过程，需要从壮大集体经济、完善乡村民主政治建设、增强农民公共认同、构建公共活动空间和培育社会主义核心价值观角度去进行路径探索。

当前，中国特色社会主义进入了新时代，这要求现代乡村公共精神的培育也要与时俱进。既要积极挖掘传统文化的优秀资源，继承和汲取数千年中华文明的养分，将其研究深、研究透，也要结合时代特征，与时俱进，在适应社会发展客观要求的基础上阐释传统文化的现实价值，极力促成传统文化和思想的现代转型。现代乡村公共精神重塑要不断总结和创新各地经验,加快构建中国特色的公共精神学术和话语体系。但是,这并不意味着现代乡村公共精神培育不需要借鉴国外优秀的理论和实践成果,而是要有选择地将这些成果与中国的具体实际相结合,构建更具中国特色的新时代乡村公共精神体系。

第一章 公共精神的理论研究及内涵阐释

关于"公共精神"的理论研究是伴随着人类社会的发展而不断深入的,它在历史与地域之间呈现出不同的内涵和价值。因而,对以"公共"二字所命名的学术名词的阐释也是较为复杂的,不同学科和不同学者在不同时代所关注的侧重点也不尽相同,"公共精神"也不例外。公共精神自古有之,在民主社会中,公共精神是公众应具备的基本美德,是一个国家、社会不可或缺的素质。但是,公共精神是一个较为抽象的学术用词,其概念涉及经济、政治、社会、文化等诸多领域,学术界研究也各有侧重,没有形成一个较为系统的解释,理论体系也不完善。因此,对公共精神的研究不仅要纵向追根溯源,也要横向进行比较,实现历史与现状、国内与国外研究的结合,才能较为客观和全面地去理解其内涵和发展脉络。

第一节 公共精神的理论研究

西方对公共精神的历史的研究主要从古希腊城邦原始的公民精神、古罗马的共和政体中的共和精神中去寻找西方团体社会的公共性。而中国语境下公共精神的历史则是从传统乡村社会家庭、家族结构中去寻找,中国传统乡村社会并不是自私自利的个体所组成的自然组织,不同的家庭和家族之间存在着利益交叉,他们之间需要通过较为狭隘的公共观念去处理和协调整个乡村的各种公共事务。中国传统乡村公共精神不同于西方团体社会的公共性,而是对家庭伦理关系的延伸,是中国特有的乡村公共性和公共精神的体现。它是在中国独特的社会结构与生产生活中形成的,反映了乡村农民之间的共同意志和风俗习惯。这种产生于乡土社会之上的公共精神,虽有其局限性,但其长期以来是引导农村解决社会问题的内在因素,为维护社会稳定、保障农民生产生活积极性发挥了重要作用。随着历史进程的推进,现阶段对公共精神的理论研究既要从中国传统乡村社会中汲取历史的养分,也要以马克思主义理论为指引,结合当前乡村社会发展的实际,实现传统价值与现代理论的有机融合。

一、公共精神的西方研究

(一)西方公共精神的历史演进

关于"公共精神"的描述最早可以追溯到古希腊哲人对公民精神的解释,它解释的是一种较为原始的公共性内涵。亚里士多德认为古希腊城邦就是一种共同体,这种共同体是为了某种善而建立的,具有原始的公共性。"当多个村落为了满足生活需要,以及为了生活得美好结合成一个完全的共同体,大到足以自足或者近于自足时,城邦就产生了。"①每一个城邦就是一个相对独立的国家或地区,公民可以在其中各抒己见,参与公共事务。城邦的面积一般较小,也正是因为面积较小,在城邦事务的处理上可以采用城邦成员直接参与的方式,这是古希腊城邦民主制的重要特征。城邦政治制度是一种直接民主制,城邦事务通过城邦成员的参与和集体讨论,以投票的形式进行表决,这体现了城邦的公共性。每一个城邦需要由一定的人员组成,这些人包括城邦公民和妇女、奴隶等。在古希腊城邦里,"城邦的成员必然地要么共有一切,要么没有任何共有之物;要么有些事物共有,有些事物并不共有。显然他们绝不可没有任何共有之物,因为政体是一种共同体,它必须有一个共有的处所,一个城市位于某一地区,市民就是那些共同分有一个城市的人"②。但是,彼时的城邦是一个范围极其有限的地方,它将一些人拒绝于城邦政治之外,这时的共同体是一种原始的、低级的体现,城邦政治活动也只有具备一定资格的才可以参与其中,而不是所有的市民都能参与城邦政治活动。亚里士多德说"人是天生的政治动物"③,这里的人不是指所有的市民,而是指具有一定条件的城邦公民。"在古代希腊的任何时代任何城邦,它绝不是指全体成年居民而言。妇女不是,奴隶不是,农奴不是公民,边区居民不是公民,外邦人也不是公民。"④城邦成员可以分为城邦公民和非城邦公民两类人群,城邦公民参与城邦的公共事务,体现城邦公共意志,而非城邦公民人群则从事一些家庭生产生活工作,是一种私人领域的表现。因而,"只有作为政治活动的

---

① 〔古希腊〕亚里士多德著,颜一、秦典华译:《政治学》,北京:中国人民大学出版社,2003 年,第 3 页。

② 〔古希腊〕亚里士多德著,颜一、秦典华译:《政治学》,北京:中国人民大学出版社,2003 年,第 29 页。

③ 〔古希腊〕亚里士多德著,颜一、秦典华译:《政治学》,北京:中国人民大学出版社,2003 年,第 4 页。

④ 顾准:《顾准文集》,上海:华东师范大学出版社,2014 年,第 4 页。

城邦生活才是值得过的、属人的生活,才是公共生活"。① 城邦是一种公民共同体,城邦公民活动的范围就是公共领域,不过这种共同体的组成具有历史狭隘性。任剑涛通过对古希腊和罗马公共性的追根溯源认为,雅典和罗马的公共是一种族群的公共,"从古希腊和罗马的历史经验看,推动人们进入公共生活世界的民主政制,永远都不可能是政治共同或联合体所有成员所可以参与的事情"②。古希腊的公民精神体现为少数具有公民资格(父母双方都是公民)的人参与城邦事务中所体现出的一种原始的城邦精神,表现为公民间的平等意识、自由意识、法治意识等。城邦公共领域与家庭领域构成了古希腊时期公民活动的空间,二者之间最大的不同在于城邦是由一些公平的公民组成,而家庭领域则存在着统治和不平等。

由于城邦民主制本身存在着极大的缺陷,城邦只属于少数公民,其他占大多数的非公民群体不具备公民的资格,无法参与城邦事务。因而,在古希腊城邦政治的辉煌之后,迎来了罗马共和政体时期。罗马共和国是在经过了平民与王权、贵族之间长期的斗争,在分析了各种政体缺陷之后采用的一种混合共同政体。因为"在君主政体下,其他民众在社会的立法和辩论中扮演的角色微乎其微;在贵族统治下,人民群众很难享有自由,因为他们被剥夺了一切参与讨论和决策的机会;而当政府完全由民众自己掌管时(无论如何节制有序),他们之间的平等就是不平等的,因而它没有价值区分"。③ 西塞罗认为这三种政体都有其缺陷,只有三种政体按照一定比例混合而成的第四种政体才是最好的形式,这是一种既有王室成员、贵族阶层和群众综合而成的政体,他认为综合政体才是最好的。"一个国家应该拥有具备王室最高权威的成员;另外一些权力应该分配给贵族阶级;还有一些事务应该留给群众,让其决断和满足其期望。"④罗马这种共和政体孕育出了共和精神,它与希腊城邦政体相比较最突出的特征就是公民范围的扩大。古希腊城邦的公民仅限于少数具有公民权的成年男性,而罗马共和政体时期,通过平民与王政权力、贵族势力的斗争,平民获得了更多的权力让步,公民的范围逐步扩大。这时罗马政府是一个集合了不同群体利益的共和政府,体现了共和的精神,每个群体为了维护自身的利益,通过法律的方式强化公正、平等的原则,保障个人的权利和政体的稳定。因而,在这种综合政体的基础上,罗马法学家也逐步区分了私人领域之法和公共领域之法,即国家之法

①　杨仁忠:《公共领域论》,北京:人民出版社,2009 年,第 37 页。
②　任剑涛:《公共的政治哲学》,北京:商务印书馆,2016 年,第 169 页。
③　[古罗马]马库斯·图留斯·西塞罗:《论共和国》,北京:译林出版社,2013 年,第 29 页。
④　[古罗马]马库斯·图留斯·西塞罗:《论共和国》,北京:译林出版社,2013 年,第 45 页。

和社会之法,为近代公共领域和公共精神的发展奠定了基础。

中世纪是欧洲封建割据占主导的时期,在长期的战争中,封建的王权势力逐渐增强,贵族政治则趋于衰败。同时,西罗马帝国的灭亡使维持了数百年的综合政体土崩瓦解,君主制和基督教神学统治构成了这个时期政治的重要组成部分。因此,随着公共权力受到神权政治的影响,古希腊和罗马时期所形成的共和精神也荡然无存。一方面,随着宗教领域的扩张,神圣的宗教共同体促使私人领域向宗教领域转变;另一方面,在封建统治下王权专制又促使整个国家向私人领域转变,一切活动都被封建王权统治所覆盖。罗马时期所形成的私人领域与公共领域,也逐渐被君主专制与神权政治统治打乱,伴随着共和政体的解体,共和精神也逐渐消亡。14世纪以来,随着欧洲文艺复兴的兴起,在复兴罗马共和政治的思想文化运动中,人们逐渐摆脱中世纪黑暗时期的神学统治,积极追求个人的思想解放。在文艺复兴的基础上,新型资产阶级为了维护自身利益强烈要求摆脱专制君主和神权的统治,掀起了反封建和教会的启蒙思想运动。孟德斯鸠的三权分立、伏尔泰的天赋人权、卢梭的人民主权思想等学说的提出,是对罗马共和政体的复兴与发展,它们批判神学政治,用启蒙思想树立民众的反封建意识,反对专制主义和宗教迷信,充分地体现了人民主权原则,也奠定了近代以来西方政治社会发展的思想基础,使民主共和思想深入人心。之后,资产阶级革命摧毁了封建专制统治,建立了资产阶级政权,公民的政治权利通过法律的方式得以确立。虽然,古罗马的共和体制呈现出一定的共和精神,但是,现代意义上的公共精神则是现代社会和精神世界变革的结果。随着社会公共生活的增多,民众为了满足自身生活需求积极参与到公共活动中,并在活动中通过彼此的协商合作促成了现代公共精神的产生与发展。

(二)现代西方学者的理论研究

现代西方对公共精神的研究大多体现在公共参与、公共服务、公共领域、公共性、社会资本等方面,而对公共精神本身的内涵及价值则研究甚少,缺乏系统性。因此,对现代西方公共精神的发展脉络梳理只能从一些学者较为分散的研究中提取有价值的信息。

1. 从公共参与角度分析

公共精神是公民在参与公共事务的过程中形成的民主精神,这种精神首先要保障公民具有参与公共事务的权利,能够在政府及其他公共组织中实现个体价值。古希腊时期,由于城邦规模较小,参与公共事务的人数受到资格条件的限制,城邦政治采用直接式民主参与方式(公民大会)。之后,由于国家规模的扩大和人口数量的增加,特别是民众参与公共事务的意识增强,直接参与式民主缺乏现实操作性,因而更切实可行的间接民主便成为现代国家民主政治参与的主要方式。间接民主就是公民通过选举代表来代表其进行公共事务管理,即所谓的代议制民主。代议制民主是在中世纪产生,在资产阶级推翻封建君主专制过程中逐渐发展并完善的一种民主制度。代议制民主是公民权力的一种让渡,代议机构在公民同意的基础上代表他们行使公共权力,但主权依然在民。密尔是 19 世纪英国著名的政治思想家,他所处的时代是英国工业革命发展的高潮期,新型资产阶级为了获得更多的政治权力,极力要求进行议会改革。在此背景下,1861 年密尔发表了其代表作《代议制政府》,这是西方公认的有关代议制民主的最为经典的著作。密尔认为最理想的政府形式是代议制政府。在专制体制下,普通公众被剥夺了参与公共事务的权利,无知无识的他们对实际问题不感兴趣,行动范围受到人为限制,感情也变得狭隘,只关心自己的利益,不关心国家与社会大事。因而,他认为政府主权应属于集体,普通公民要实际参与政府行为或担任一定公职,才能使公民获得集体感、实现个体精神的超越。如果在代议制政府下,公民的个人能力没有得到充分发挥,也不允许公民广泛参与行政事务,政府权力的行使不是靠发挥公民集体的能力,而是取决于少数人的决定,这必然会压制公民参与公共事务的感情,使他们行动的目的仅仅限于个体利益,而不会拓展到整个社会的公共利益。"他们的劳动不是出于热爱,而是出于最基本个人利益即满足每天的需要;无论是所做的事,或是做这事的方法,都不会把他们的精神引导到超出个人以外的思想或感情;若是能得到有教益的书,也没有促使他去读的因素;并且在多数情形下个人接触不到在教养上超过自己的人。给他们一些有益公众的事做,就多少可以弥补所有这些缺陷。"[①] 如何解决代议制政府可能存在着的弊病,密尔从古希腊城邦民主政治中获得灵感,他认为在城邦的公民会议中,公民积极参与城邦政治事务,不仅提高了公民的智力水平,而且也形成了他们积极参与公共事务的共同体意识。因而,英国较低阶层的公民通过参与一些公共事务可以使他们获得更好的道德教育,使得他们认识到活动的目的不仅要关注自身利益,作为社会公众的一员,也要关注共同利益,这拓宽了普通公民的思想领域。

在一个土地面积和人口规模远远超过城邦的领域内,让所有的人都直接参与公共事务是不太现实的,代议制民主是人们参与公共事务的必然选择。密尔从对公共事务的参与角度来探讨最好的政府形式,为公共精神的形成提供了实践领域。他通过比较专制政府和代议制政府得出:专制政府代替公众进行管理,集体的一切事务

---

① ［英］J. S. 密尔著,汪瑄译:《代议制政府》,北京:商务印书馆,1982 年,第 53 页。

由政府去做,公众对一切事务毫不关心,个体行动仅为了获取个人和家庭的利益,从不考虑集体利益;而代议制政府则通过让公众参与普通事务,实现了公众在智力、实践和道德上的提升,以积极主动的方式去捍卫自己的权利以及实现公共福祉。

2. 从公共领域角度分析

公共领域是现代政治学研究的一个重要问题,其渊源可追溯至古希腊时期所形成的以公共政治为特征的城邦生活。古希腊罗马时期所讨论的公共领域是一种政治性公共空间,在公共政治生活和私人生活分界清晰的情形下,这种空间的范围是极其有限的,只能体现少数公民的利益。而现代公共领域强调的是社会的公共意志,反映了公民的集体利益,是产生社会认同的公共空间,因而需要从更为多元的视角去分析公共领域问题。

汉娜·阿伦特在分析极权主义起源和人的条件等问题中,逐渐构建出了不同于公共领域与私人领域二元结构的理论体系,形成了私人、公共和社会三个领域分析架构。阿伦特认为人的活动是有条件的,只有行动才是人独有的特权,她从人的行动出发,将人类行动的领域分为私人、公共和社会三个领域,为了解释三个领域,她以现象学的方法再现了古希腊的生活,认为古希腊时期的私人领域与公共领域是有严格区分的。根据阿伦特的解释,古希腊私人领域就是以家庭为核心的,在这一结构中,强力是绝对的。而公共领域是一个相对自由的空间,"在其中,所有个体彼此之间都是平等的,并且可以表现自己的个体差异,使得自己胜过和有别于他人"。[①]不过古希腊时期政治领域和社会领域是混合在一起的,公共领域则主要体现为政治领域。近代以来,随着现代民主意识的推进,私人与公共两种领域区分已发生重大变化,社会作为人类交往的领域出现,这里的社会领域既不同于公共领域也不同于私人领域,它是由许多家庭组成。社会领域的兴起给我们理解私人领域和公共领域带来一定的障碍。"社会从家政昏暗的内部浮现到公共领域——持家、它的活动、问题和组织架构的兴起——不仅模糊了私人领域和政治领域之间的古老界线,更不知不觉地改变了这两个词语的意思以及它们对于个人和公民的生活的意义。"[②]阿伦特公共领域理论是在极权主义兴盛的历史背景下提出的,由于极权主义和社会领域的兴起,古典意义上的公共领域失去了存在的条件,社会公共性减弱。极权主义政权是通过组织群众来实现对国家的统治的,阿伦特认为群众是一群人数较多、没有共同利益驱使、对政治无动于衷的人。可以说,漠视政治事务和公共事务的群众,在

---

① [美]帕特里夏·奥坦伯德·约翰逊著,王永生译:《阿伦特》,北京:中华书局,2014年,第50页。
② [美]汉娜·鄂兰著,林洪涛译:《人的条件》,台北:商州出版社,2016年,第91页。

极权主义鼓吹民主和自由的基础上，成为极权主义运动的社会基础。"同其他一切政党和运动相比，极权主义运动最显著的外部特征是个体成员必须完全地、无限制地、无条件地、一如既往地忠诚。"①随着资本主义的扩张，群众逐渐被排斥在公共权力之外，他们丧失公共事务的参与能力，成为原子式的个体。因此，在极权主义舆论的宣传中，这些孤立的个体群众认为自己只有在运动中才能找到存在感，只有忠诚地服从运动领袖才能实现自己的价值，这极大约束了民众自我组织公共领域的发展，也由于思想舆论的宣传，个人将私人领域活动融入政治领域之中，实现了政治的极权主义。阿伦特认为自从社会领域兴起后，私人的家庭领域也逐渐被纳入公共领域，这极大地影响着古老的政治领域和私人领域。在社会领域中，当个体的劳动从私人领域中解放出来，人们建立起公共领域，私人的事情和政治的事情都无法抵御。阿伦特将公共领域与社会领域作了区分，她所理解的公共领域是人类互动所处的政治生活领域，是自由和平等的领域，人们可以平等自由地处理公共事务，这与古希腊公共领域的内涵有一定的相似性，它是一种脱离个体民生、利益分配等问题的理想化空间。但是，在现实的公共事务处理过程中，现代公共领域不可能脱离社会问题，不能将个体劳动和工作排斥在公共领域之外。因此，阿伦特所谓的公共领域更多的是对古典城邦政治的向往，希望通过复兴古典公共领域来抵制极权主义运动，批判现实并希望建立现代公共空间和公共生活。

哈贝马斯吸收了阿伦特的公共领域思想，并对公共领域作了更为深刻的历史追溯，提出了公共领域的社会结构，着重分析了"代表型公共领域"、"文学公共领域"和"政治公共领域"之间的关系，在此基础上提出了公共领域社会结构的转型。首先，哈贝马斯从 18 世纪和 19 世纪英、法、德的历史中阐明资产阶级公共领域。他认为公共领域和公众、公共性有着密切的关系。公众是公共领域的主体，公共性必须通过公众的公共活动得以实现。谈论公共领域，就需要寻找历史的起源，哈贝马斯认为我们现在所谈到的公共领域可以追溯到古希腊时期的公共领域，彼时的公共与私人领域具有明显的界限，它们的区分反映在家庭领域和政治领域，而到了中世纪封建社会，私人领域和公共领域融为一体，呈现出"代表型公共领域"。到了 18 世纪，随着封建社会阶层的变化，国家与社会呈现一定的对立，公共权力领域扩大，代表型公共领域逐渐减小。其次，哈贝马斯在进一步分析阿伦特所向往的古希腊城邦公共领域和欧洲中世纪的代表型公共领域（依赖封建势力、教会和贵族阶层）的历史演进

---

① ［美］汉娜·阿伦特著，林骧华译：《极权主义的起源》，北京：生活·读书·新知三联书店，2014 年，第 420 页。

基础上提出,到 18 世纪后,在商品交换、信息交换基础上,代表型公共领域退出,产生了近代资产阶级公共领域。再次,哈贝马斯进一步区分了私人领域(社会)与公共领域(国家)。他认为公共领域专指国家公权力机构,与私人领域所指向的社会是两个完全不同的概念。最后,随着 19 世纪末国家干预主义的影响,国家公共权力介入私人领域,造成了公共与私人领域社会结构的转型,形成了一种国家与社会结构的相互交叉。"资产阶级公共领域模式的前提是:公共领域和私人领域的严格分离,其中,公共领域由汇聚成公众的私人所构成,他们将社会需要传达给国家,而本身就是私人领域的一部分。当公共领域和私人领域重叠时,资产阶级公共领域的模式就不再适用了。"①

阿伦特公共领域的理论基础是对人类活动形态的分析,公共领域是人与人之间政治行动产生的平等、自由的空间,而行动和言说具有平等和差异的特性,这种差异性变成了独特性。阿伦特侧重于人的行动差异性研究,而哈贝马斯则从历史的视角出发分析了公共领域、公众和公共性间的联系。他认为公民围绕一些普遍的利益问题,作为一个群体来行动,而这种行动是以自由地组合和自由地表达公开意见为保障的。公共领域就是一个由私人集合而成的公众领域,公众在此领域中围绕公共事务进行讨论,达成一致的意见。哈贝马斯侧重于人的一致性分析,追求公共认同的东西。他认为只有在公共领域中,通过公民间普遍交往,理性地讨论,才能在合理基础上确保共同体内的认同。同时,哈贝马斯也从私人领域和公共领域二者之间的交互关系、社会领域与内心领域的两极分化等方面阐述公共领域社会结构的转型,并从大众传媒和公共舆论方面分析了公共领域的功能转型,这种转型对我们研究经济社会变迁所带来的认同危机具有重要的启发意义。

3. 从公共服务角度分析

公共服务就是公共组织及其人员通过建立公共观念,提供服务来满足公众的现实需求和共同利益的行为,它是现代公共精神的重要组成部分。新公共服务理论认为公共行政机构和人员的职能是提供服务,满足公民的利益需求,公共利益不是个人利益的简单相加,而是基于公民的价值认同,需要公共机构与公民之间协商合作。当然,公共服务理念不是要消除个体自身利益,或者用公共利益取代个体利益,而是要求公民多关心公共利益,积极参与公共事务,这可以说是新公共服务理念的重要来源。

---

① ［德］哈贝马斯著,曹卫东等译:《公共领域的结构转型》,上海:学林出版社,1999 年,第 201 页。

　　罗伯特·登哈特夫妇从新公共服务理论分析认为政府的角色就是服务者,作为服务者需要对公民和社区团体间的利益进行协商,创建共同价值观。他们认为公共精神的实质就是政治利他主义,这种利他能够促使公民积极地参与到公共事务中,超越一种狭隘的私利观。公共精神需要培育和维护,而正义、公共参与和公共审议则可以有助于培育和维护公共精神。在《新公共服务——服务,而不是掌舵》著作中,罗伯特·登哈特夫妇在考察了民主公民权理论、组织人本主义和新公共行政以及后现代公共行政的当代价值等基础上提出新公共服务的主要原则,他们总结了新公共服务的七种理念,例如服务,而不是掌舵、追求公共利益等。这些理念的实现需要公共机构与公民和其他社会团体的合作。例如登哈特夫妇认为社区不仅可以在个体与社会之间建立有效联系,而且可以通过有效沟通来调解个人与集体间的冲突。这种公共利益是社区居民共同协商的结果,它不是个人利益的堆积,而是建立在信任和协作的基础之上。新公共服务理论提出的主要目的是实现公共治理,因而,一方面公共机构为了提供优质的公共服务和产品,必然会同公民和社会组织之间进行沟通,需要公民和社会组织参与公共事务,满足公共利益的需求;而另一方面公民和社会组织为了获得更好的服务和产品也必然要求积极参与公共决策,确立一种合作关系。这种合作机制不仅满足了个体利益,也形成了民主的公共空间,有利于公共精神的培育和发展。

　　公共服务是当前各国行政机构改革最主要的理念。H. 乔治·弗雷德里克森从公共行政的精神视角较为深入地探讨了公共服务的理论与实践。他认为公共行政领域的一些重大问题往往与公共管理信念、价值和习惯有关。何为公共行政的精神呢?"狭义的公共行政往往只注重效率和经济等管理层面的价值。广义的公共行政,除了重视管理的价值之外,还强调公民精神、公正、公平、正义、伦理、回应性和爱国主义等的价值。"[①]因此,他从广义的视角探索公共行政中的公共精神,认为要信守对这些价值和信念的承诺,以实现政府治理的有效性。他同时认为公共行政的精神是外显也是内隐的。公共行政是公共理论的重要组成部分,弗雷德里克森分析了社会科学中公共的五种模式,这些公共模式对公共理论的发展产生了重要影响,它们从不同的角度呈现出公共的特性。但是,构成公共行政的公共理论不是五种模式的简单叠加,而是具有其存在的条件。弗雷德里克森在讨论公共行政精神时,从治理、社会公平、公民精神和伦理方面对公共行政的公共性进行了梳理,回应了如何在

---

　　① 〔美〕H. 乔治·弗雷德里克森著,张成福等译:《公共行政的精神》,北京:中国人民大学出版社,2003年,第3页。

民主政治环境中实现有效的公共行政以及如何发挥公民精神、公共伦理和公共精神对公共行政管理的重要性。公共行政的公共理论必须建立在宪法统一公民精神基础上,必须满足公众的现实需求。公共行政的公共理论体现了民主性、法治性、公共性和服务性特性,而这与现代公共精神的特质相吻合。因此,弗雷德里克森认为:"作为一种理念,公共意味着所有的人们,为了公共的利益,而不是出于个人的或者家庭的目的才走到一起来。作为一种能力,公共意味着为了公共的利益而在一起工作的一种积极的、获取充分信息的能力。"[①]公共行政机构必须具备公共的理念和能力,承担公共组织的责任,弘扬公共行政的公共精神。

新公共服务理论是登哈特夫妇基于对新公共管理理论的反思而提出的,他们认为政府最主要的职能不是去讨论是掌舵还是划桨,而是怎么更好地服务公众,为实现公众利益而承担相应的公共责任。弗雷德里克森则是将公共性作为分析点,深入地分析了公共行政的公正、伦理和公民精神等问题,积极探寻公共行政的精神,保障公共治理的有效性。二者的研究都是对新公共管理理论的批判与回应,从公共的视角去讨论行政组织和公共组织的职能内涵,体现了以实现公民的公共权力和公共利益为目标的理念和精神。

4. 从社会资本角度分析

20 世纪 70 年代以来,社会资本逐渐成为学术界研究的热点,不同学术背景的学者从社会学、政治学、经济学等方面进行了各自的研究,逐渐形成了一种综合性的研究视角。对"社会资本"的描述始于法国社会学家皮埃尔·布尔迪厄对社会各阶层资本的分析,他从人们基本生活条件和这些条件所产生的影响方面提出了三维空间,即由资本总量、结构以及由这两个属性的时间变化来确定。布尔迪厄认为占主要地位的资本是文化资本和经济资本,文化资本富有的阶层倾向于对子女教育的投入,而经济资本富有的阶层倾向于经济投入。同时,还有一些自由职业者既在经济方面也在教育方面进行投入,这种消费产生了对生活的物质和文化的双重拥有,并在此基础上提供了不同于经济资本和文化资本的社会资本,"即如有必要能够提供有用'支持'的社交关系资本、声望和尊严的资本,这种资本对于招来或获得上流社会的信任并由此招来或获得它的主顾往往是必不可少的,它能够通过比如一种政治

---

① ［美］H. 乔治·弗雷德里克森著,张成福等译:《公共行政的精神》,北京:中国人民大学出版社,2003 年,第 35 页。

职业兑现"。① 布尔迪厄所谓的社会资本是具有经济资本或文化资本的社会成员在交往中所产生的一种社会关系网络,它无法脱离经济资本和文化资本的场域。虽然,社会资本不是作为一种主导的因素或者独立的因素存在于文化和经济之外,但是,社会网络成为研究社会资本的重要视角,为之后社会资本研究者奠定了重要的理论基础。

詹姆斯·科尔曼在延承布尔迪厄研究的基础上,对社会资本的概念进行了扩展。在社会组织中,个体为了实现自我利益,必然与其他个体之间进行利益交换,在交换的过程中会产生各种社会关系。科尔曼从权威关系、信任关系、集体行动和有效规范的实现方面分析了社会成员间的社会关系,这些关系不仅是社会结构的组成部分,也是一种社会资本。社会资本与人力资本、物质资本等一样,决定着社会成员既定目标的实现。他通过一些实例分析表明,社会资本的存在为个体目标的实现提供了有利帮助,如果没有社会资本则可能会导致目标难以实现或必须付出高额的代价。科尔曼对物质资本、人力资本和社会资本作了区分,他认为"社会资本的形成,依赖人与人之间的关系按照有利于行动的方式而改变。物质资本是有形的,可见的物质是其存在的形式;人力资本肉眼看不见,它存在于个人掌握的技能和知识中;社会资本是无形的,它表现为人与人的关系"②。科尔曼在分析三者区别的基础上,得出社会资本与物质资本、人力资本一样都具有为个体生产和生活提供便利的作用。社会资本具有不同于私人物品的两大特性:一是不可转让性;二是具有公共物品特性。因而,社会资本具有集体的性质,个体努力去建立各种形式的社会资本,在实现他们目标的同时也给其他个体和组织带来利益,这体现了社会资本的公共特性。同时,科尔曼也指出社会资本的形式是多样的,包含信任、信息网络、规范和权威关系等,而封闭的社会系统、社会结构的稳定、意识形态等因素都会影响这些形式的社会资本价值变化,所以,"社会资本与人力资本、物质资本一样,需要不断更新,否则将丧失价值"③。

罗伯特·帕特南将社会资本的概念引入到民主治理过程中。他对意大利地方制度变革试验跟踪调研了 20 余年,对制度改革进行了纵向的比较,得出了各个地区

---

① [法]皮埃尔·布尔迪厄著,刘晖译:《区分:判断力的社会批判》,北京:商务印书馆,2015 年,第197 页。

② [美]詹姆斯·科尔曼著,邓方译:《社会理论的基础》,北京:社会科学文献出版社,1992 年,第335 页。

③ [美]詹姆斯·科尔曼著,邓方译:《社会理论的基础》,北京:社会科学文献出版社,1992 年,第354 页。

制度绩效的差异。20 世纪 70 年代意大利改变了中央集权的政府管理模式，进行了地方改革试验，形成了北方水平政治与南方垂直政治的差异，这种差异性体现在公众对地区政府的满意度上。帕特南通过调查发现，到 20 世纪 80 年代末期意大利南方与北方的选民在对地区政府的满意度上有很大的差异，北方政府基本使他们的选民满意，而南方地区政府则没有一个让大多数公民感到满意。是什么原因导致地区政府间的差异和公众满意度差异？为什么一个地区比另一个地区制度绩效高，更具有公共精神，公共生活更为发达呢？他从阐释公民共同体的概念展开，认为民主政府成功与否取决于公民共同体的实行程度。公民共同体具有四个核心主体：一是公民参与，在公民共同体中，公民对公共事务的关注使其具有更强的公共精神。二是政治平等，公民在共同体中要具有平等权利和承担平等义务。三是团结信任和宽容，正如帕特南所言："信任的网络使得公民共同体更容易克服经济学家所说的'机会主义'。"①四是社团，社团可以有效培育公民的团结合作意识，培养他们的公共精神。帕特南分析了这些因素对于共同体建设和公共精神重塑的价值，并强调了公共精神强弱背景对制度运行方式的重要性。同时，他提出衡量地区生活公共精神的四项指标：社团生活的活跃程度、读报、政治参与的积极性和特别支持票。因此，他认为公共精神较强的地方社会政治生活越接近公民共同体，这样的政府是一个好的政府。为什么北方地区比南方地区公民精神强呢？他追溯了意大利公共生活遗产，认为意大利北部城市具有较强的公民参与、合作和团结的基础，而南方则存在着明显的垂直等级秩序。在长期的历史进程中，意大利南北方之间这种公民参与精神的差异一直持续存在。因此，帕特南提出了社会资本的概念："社会资本是指社会组织的特征，诸如信任、规范以及网络，它们能够通过促进合作行为来提高社会的效率。"②从社会资本的视角分析，公共精神就是实现公民合作、互惠和公共参与以及集体福利。帕特南通过对意大利实践的跟踪调研得出："建立社会资本并非易事，然而，它却是使民主得以运转的关键因素。"③社会资本具有自我增强和可积累性，这种信任、互惠规范和公民参与网络会形成一个地区公民参与群众性活动的内在动力，这是民主推进的决定性因素。

---

① ［美］罗伯特·帕特南著，王列，赖海榕译：《使民主运转起来：现代意大利的公民传统》，北京：中国人民大学出版社，2015 年，第 104 页。

② ［美］罗伯特·帕特南著，王列，赖海榕译：《使民主运转起来：现代意大利的公民传统》，北京：中国人民大学出版社，2015 年，第 216 页。

③ ［美］罗伯特·帕特南著，王列，赖海榕译：《使民主运转起来：现代意大利的公民传统》，北京：中国人民大学出版社，2015 年，第 237 页。

社会资本概念的提出为我们研究公共精神提供了新的视角,布尔迪厄、科尔曼和帕特南对社会资本理论的发展做出了重要贡献。布尔迪厄提出了在经济资本和文化资本外、以社会网络为基础的社会资本概念,这时的社会资本不是作为独立的社会关系而存在于经济资本和文化资本之外。科尔曼在布尔迪厄研究的基础上进一步扩展了社会资本的内涵,他认为社会资本不仅是实现个体目标的方式,也是有效解决集体问题的一种重要资源。但是,这种社会资本不是个体行动者进行社会资本投资的结果,更多的是其他活动的副产品。帕特南以科尔曼社会资本理论为研究基础,以意大利地方政治制度变革作为分析对象,将社会资本引入到现代民主和治理问题的研究中。他将社会资本与民主进行对接,从意大利的民主实践中获知民主制度绩效的提升很大程度来源于公民在积极参加群体性活动过程中所形成的社会资本。现代公共精神的形成需要公民积极参与公共活动,并在参与的过程中形成公共意识,而这就需要社会资本的积累、公民间彼此的信任、民主进程的推进。社会资本理论的提出,对研究现代国家政治民主、社会和谐等找到一种更为内在的因素,他们所提的公民参与、信任、互惠规范等形式与现代公共精神的内涵和特征是极其吻合的。

5. 公共理性角度分析

在《现代汉语词典》中,"理性"被解释为"从理智上控制行为的能力"。① 理性相对于感性而言,是人类通过认真思考分析之后形成的对事物和现象本质的认识。公共相对于私人而言是指公有的、公用的,它具有社会属性。公共理性从字面意思上解释为人类公有的一种能理智控制行为的能力。从学术研究角度看,公共理性是当代政治哲学研究的一种理念,它是公民公有理性的体现。公共理性作为学术术语在不同理论工作者的研究中呈现多样性特点。劳伦斯·B. 索罗姆总结了公共理性的历史表述,他分别对霍布斯、卢梭、杰斐逊、康德和罗尔斯的公共理性内涵做了比较。霍布斯的公共理性是主权者的理性;卢梭的公共理性是与私人理性相对的,是利己主义和公共善的区别;杰斐逊的公共理性与民主政府理念相联系,它被看作民主社会公民的集体理性;康德的公共理性是公民摆脱外在权威限制而受约于内在的理性自身;罗尔斯认为的公共理性是整个公众理性。关于公共理性的讨论,从霍布斯的统治者理性即为公众的理性到罗尔斯的公共理性即公众的理性,不同的历史时期公共理性的范围是不同的,存在着一定的限制因素。不过,"我们认肯公共理性的限

① 中国社会科学院语言研究所词典编辑室编:《现代汉语词典》(第 6 版),北京:商务印书馆,2012 年,第 795 页。

制,是因为在我们身处的环境下,这些限制是合乎情理的。这意味着公共理性的限制在历史上是暂时的"①。

这里侧重介绍一下罗尔斯的公共理性理念,他的理念应该放在当今民主社会的背景下来讨论。罗尔斯认为公共理性是一个民主国家所具备的基本特征,应该将每个公民看作正义的和秩序良好社会中的成员,他们是具有平等身份的人,而公共理性主要体现于公民自身理性、公共理性的目标与它的本性和内容上。在政治民主的社会中,公共理性是平等公民的理性,罗尔斯通过政治的正义观念来表述,具体意思有三:"第一,它具有规定着某些基本的权利、自由和机会(即立宪民主政体所熟悉的那些权利、自由和机会);第二,它赋予这些权利、自由和机会以一种特殊优先性,尤其是相对于普遍善和完善论价值的优先性;第三,它认肯各种手段,以确保所有公民能满足他们的各种需要,并有效使用其基本自由和机会。"②罗尔斯对自由主义政治观念进行了划分,他认为自由主义政治观念除了其正义原则外还有各种探究指南,即推理原则和证据规则。因此,自由主义的政治价值也由两部分组成:一是政治正义的价值属于正义原则,二是公共理性价值属于探究指南,在这里罗尔斯政治思想从正义原则转向多元理性。同时,罗尔斯讲的公共理性存在诸多限制,而这种限制不是法律、法规的限制,主要是在尊重理想时所受到的限制,这种理想是:"民主公民努力按照那些得到政治价值支持的、我们可能合乎理性地期待他人签署的条款,来处理政治事务。"③罗尔斯在政治正义观念的框架内解释公共理性,固然有许多限制,但作为一种理念适合于政治自由主义,有利于形成秩序良好的社会理想。正如他自己所言:"诚然,并非所有的自由主义观点都会接受我所表达的这种公共理性的理念。对那些可以接受这种理念的某种形式(可能有多种变化形式)的自由主义观点,我们可以称之为政治自由主义。"④罗尔斯是在民主社会的框架内分析公共理性内容的,他主要想确立公民在民主社会中的地位。在确立以公平正义为道德基础的自由主义政治价值基础上,树立自由平等的政治观念,而这正是具有公共理性的公民之间政治价值的理性表达。这种具有公共理性的公民在公平正义的价值引领下所形成的政治认同则是现代民主社会的内在基础,他们的理性——公共善是现代公共精神的重要组成因素。

---

① 谭奎安:《公共理性》,杭州:浙江大学出版社,2011 年版,第 44 页。
② [美]罗尔斯著,万俊人译:《政治自由主义》,北京:译林出版社,2011 年,第 206 页。
③ [美]罗尔斯著,万俊人译:《政治自由主义》,北京:译林出版社,2011 年,第 233 页。
④ [美]罗尔斯著,万俊人译:《政治自由主义》,北京:译林出版社,2011 年,第 235 页。

综上,西方学者从公共参与、公共服务、公共领域、社会资本和公共理性等方面进行了深入研究,他们从各自的研究视角对公共精神做了阐释,奠定了西方公共精神的理论基础,也极大地推动了西方社会公共性和公共精神理论与实践的发展。

二、公共精神的国内研究

(一)近代以来学者的探讨视野

对于乡土性浓厚的农业社会而言,中国传统社会的思想基本孕育于乡土社会之中,这些思想体现了朴素的、理想化的精神理念。虽然,传统社会存在着公共精神的原始理念,但由于历史条件限制,先秦各家思想学派没有进行相关具体性的讨论,他们更多围绕国与家的伦理思想阐释各自的观点。近代以来,随着西学东渐的推进,西方的学术思想向中国逐步传播。这个时期,中西思想交汇,梁启超、辜鸿铭、林语堂、费孝通、梁漱溟等对中西文化及理念的差异作了详细的对比,既分析了中国特有的精神、公私观念和社会结构,也引入了西方的民治、民主的思想,打破了中国传统社会的家庭伦理观念,西方近代的人文思想在中国传播开来。在政治社会领域,西方政治思想的传入对近代中国政治发展产生了巨大影响,随之以家庭家族为基础的社会结构解体,逐渐注重团体和组织的作用。这些知识分子通过中西比较的方式着重从社会结构、公私观念、自治精神等方面对传统社会的公共性作了诸多讨论。但他们研究的共同点都是从当时中国社会的基本现状出发,以传统家庭家族和乡村作为分析起点,讨论乡土气息浓厚的社会问题,体现中国特有的乡土型研究。

1. 梁启超的"乡治与都市"之别

梁启超所处的时代是中国社会急剧变革的时代,他一生致力于旧中国的改造,广泛学习中西文化,站在历史的舞台上,从文化视角研究社会变迁。梁启超在中国文化史的研究中,对中国社会家族及宗法、婚姻、乡治和都市等组成做了详细分析,使我们对中国社会结构的组成和演变有了较为清晰的认识。他在分析中国传统社会乡治和都市时认为古代社会没有乡村与都市之别,"城郭不过农民积储糇粮、岁终休燕之地而已,其后职业渐分,治工商业者,吏人治人者,皆以阛阓域阙为恒居,于是始有'国'与'野'之分"[1]。欧洲国家是都市集合体,国家通过都市扩展而形成,都市之间是相对独立的,职能是多样的,而中国传统社会的都市则是隶属于中央,其职能

---

[1]　梁启超:《论中国文化史》,北京:商务印书馆,2012年,第114页。

主要是政治军事方面的，较为单一。因而，中国传统社会都市中的组织是国家政治统治和军事管理的机构，不是不同职业的都市居民进行自治的组织。中国传统社会是农业为主的社会，农村是整个社会的底色，在以家国同构为基本特征的宗法伦理社会里，乡村呈现出地方自治的结构状态，表现为乡自治。乡是中国传统社会国家最高的自治团体，它是古代邻里乡党比闾州族的总称。梁启超认为中国传统乡村社会的生存和发展是与以自然的互助精神所形成的简单合作组织有极大的关系。然而，"自清末摹仿西风，将日本式的自治规条剿译成文颁诸乡邑以行'官办的自治'，所谓代大匠斫必伤其手，固有精神泯然尽矣"①。这里所指的固有精神是传统社会简单合作、自治和互助的精神，这种精神是在地方自治的环境里产生，是传统乡村公共精神的体现。虽然，这种天然的精神与西方所讲的社会资本有一定的相似性，但是，这种精神是较为原始的、天然的，它是在中国传统社会独特的结构中形成的，基于乡村居民风俗习惯与人情伦理上的简单合作，虽有时代局限性，但在长期的历史进程中，为化解乡村矛盾、维护社会稳定和保障农民生产生活都发挥了重要作用。

2. 梁漱溟的"公共观念"界定

有"最后一个大儒"之称的梁漱溟，终其一生都在从事人生和中国问题的研究，并为之付诸行动。梁漱溟认为，中国近代以来延承千年的社会组织结构崩溃的原因是文化失调。文化失调的主要原因在于中国社会强调伦理本位，突出家族利益而忽视个人利益，社会所有问题的解决都需要通过伦理来判断，这种传统的价值观导致社会的分散，缺乏组织性和团体性。因此，梁漱溟从中国文化的独特性分析，认为中国是以家族和家族伦理本位为主的社会，它是各家人过活的社会，人与人之间缺乏西方意义上的集团性，如公共观念等。"所谓公共观念，即国民之于其国，地方人之于地方，教徒之于其教，党员之于其党，合作社社员之于其社……如是之类的观念。"②在中国传统社会，伦理本位束缚着人们的思想，使其无法跳出家族和家庭的范围，无法超越这种亲情关系形成集团社会关系，社会秩序的维护依靠地方自身而不是国家。因而，这种为集体生活所必备的人的公共观念较弱。这里的公共观念是在社会中形成的道德情操习惯，如果从道德的视角看，公共观念为公德之本，而公德为集团生活之必需的品德。由于中西社会结构不同，公共观念也存在着差异，这是因为西方集团式生活方式与中国家庭、家族式生活方式不同。中国缺乏这种公共观念，但是，这并不意味中国没有集团生活，没有公共观念，不同之处在于西方偏重于

---

① 梁启超：《论中国文化史》，北京：商务印书馆，2012 年，第 112 页。
② 梁漱溟：《中国文化要义》，上海：上海人民出版社，2011 年，第 68 页。

集团生活,而传统中国以家族和家庭为主。就乡村与城市而言,在乡村更容易开展自治,并且更容易形成公共观念,而在城市成立团体和开展自治则困难得多。"都市人各不相关,易引起狭小自私的观念;乡村则比较能引起地方公共观念。"①

中国传统社会依靠道德和礼俗维持社会秩序,西方则是通过宗教和法律;中国更多强调对他人的义务,而西方更多强调个人权利的实现。"中国人极有四海一家、'天下为公'的精神……盖在中国人切己的便是身家。远大的便是天下了。"②

因此,梁漱溟认为中国人小至身家,大至天下,小起来甚小,大起来甚大,西方人则得乎其中。但是,西方人所谓的公只是团体之公,而公与私是一体的,为公即为私。"故知西洋人之公,只是大范围的自私,不是真公,真公还是中国人。"③中国传统社会缺乏集团生活,并不意味着缺乏产生公共观念的基础——道德,只不过家庭伦理强调更多的是私德而不是公德。西方国家虽然强调集团生活,但并不意味着具有公德观念,他们主要是为了实现个人权利,这些反映在公与私的关系上,中国历来不缺乏天下为公之思想,但由于伦理本位的约束,这种思想只能成为一种学说和理想。近代以来,随着西方思想的传入,中国固有的伦理精神逐渐被西方权利观念所取代,形成了重权利轻伦理的社会风气,这在很大程度上是追求西方集团生活的结果,但也丧失了自己所固有的道德基础。

3. 费孝通的"社会格局"分析

作为中国社会学、人类学的奠基人之一,费孝通一生致力于中国社会的研究,从他对乡土社会的研究中可以窥见传统中国特有的乡土性和社会结构。费孝通认为,从基层看,中国社会是乡土社会,他分析了乡土社会的本色,"这是一个'熟悉'的社会,没有陌生人的社会"④。在这个熟悉的乡土社会中,人与人之间通过血缘、人情及传统伦理构成了一张私人关系网络,维系着社会秩序的运行。这种社会关系网络被费孝通称为差序格局。他认为西洋社会是由若干人组成一个个团体,在团体中形成人和人关系的一种格局,即团体格局。团体格局与差序格局不同,团体格局有框架,有边界,个人是团体的一分子,权利义务明确,而中国乡土社会所体现出的差序格局边界则不清晰,是一种私人关系和利益的扩展。社会结构格局的差别造就了不同的道德观念。在团体格局中,道德观念架构在团体与个人二者关系上;而在以自

① 梁漱溟:《乡村建设理论》,上海:上海人民出版社,2011年,第168页。
② 梁漱溟:《乡村建设理论》,上海:上海人民出版社,2011年,第51页。
③ 梁漱溟:《乡村建设理论》,上海:上海人民出版社,2011年,第52页。
④ 费孝通:《乡土中国 生育制度》,北京:北京大学出版社,1998年,第9页。

己为中心的社会关系网络中,最主要的是克己复礼,修身为本,这是差序格局中道德体系的出发点,一切价值是以自己为中心的。费孝通打了个生动的比喻,西方社会中的团体格局犹如一根、一把、一扎、一捆柴,每一根柴都非常清楚地知道自己所处的位置,而"我们的格局不是一捆一捆扎清楚的柴,而是好像把一块石头丢在水面上所发生的一圈圈推出去的波纹。每个人都是他社会影响所推出去的圈子的中心。被圈子的波纹所推及的就发生联系"①。这种差序格局关系网络是以亲属关系为核心的,具有收缩性,与在团体里谈权利问题不同,在差序格局里更多谈人情关系,强调一种以自我为中心的理念。不过,公与私是相对的,站在自己的圈内去看时,对内为公对外为私,社会关系由己及彼,形成私人关系网络,一个差序格局是由无数的关系组合而成的。在差序格局的乡土社会中,农民紧紧地依附在家庭和家族上,家庭或家族承担了经济、政治、伦理等社会功能,家庭具有收缩的性能,可以表现为单个家庭也可以呈现为家族、氏族组织。当然,这并不是说传统乡土社会就是一个完全私性的社会,没有团体,而是与西方团体格局相比显得弱了许多。在较为私性的差序格局中,中国乡村社会秩序维持主要依靠基于血缘关系而建立的家族和宗族势力,而不是依靠团体组织。在以农耕为主的时代里,中国传统社会的政治结构表现为双轨运行,一条是自上而下的皇帝与官僚相结合的政治权力,另一条则是地方乡村社会所形成的自治结构。费孝通将双轨通俗的表达为两橛,即甲乙橛,"甲橛是皇帝的政权和官僚的政治,乙橛是乡民为了地方公益而自己实现的互助"。② 这种双橛是一种有形组织,无论是上层的官僚体系还是下层的自治体系都是看得见的实物,而为了使上下之间得到有效的衔接,需要一种无形的衔接点,费孝通认为它是"绅士","绅士可以从一切社会关系:亲戚、同乡、同年等等,把压力透到上层,一直可以到皇帝本人"。③ 在乡土社会中,农民与家族或宗族的势力代表士绅阶层之间既相互对立又相互依赖,特别是在同官方打交道时又互相合作,他们之间享有共同的利益和伦理价值。因此,在讨论中国传统社会乡土性的时候,应该站在不同的视角审视:在处理个体家庭家族与其他群体之间关系时,体现的是私性的关系,而对于本家族内部而言则存在着相互合作和依赖,这是天然的互助精神,也是一种狭隘的集体意识。因此,在差序格局中,某一家庭和家族为了保持族群的生存和发展,在与其他组织的利害关系中呈现出狭隘的集体观念,这种观念在缺乏所谓的西方团体格局

---

① 费孝通:《乡土中国 生育制度》,北京:北京大学出版社,1998年,第26页。
② 费孝通:《乡土重建》,长沙:岳麓书社,2012年,第48页。
③ 费孝通:《乡土重建》,长沙:岳麓书社,2012年,第49页。

的背景下,成为维持乡村社会秩序和发展的重要理念,私性与互助并存。

4. 林语堂"公共精神"的提出

林语堂在描述中国人的社会生活和政治生活时,首次提到了"公共精神"这个词。这个词的提出是近代以来西方思想的传播与中国传统观念碰撞的结果,它的提出需要一定的参照物,而这个参照物只能是从西方思想中所提炼出来的团体特性。因此,林语堂以传统中国社会所表现出来的人的活动特征作为分析点,他认为中国人在家庭伦理思想的教化下,形成了一种刻板固有的认知理念,只知家庭而不知社会,他们所从事的一切活动皆围绕着以血缘作为纽带的家庭展开,中国社会不仅缺乏从事社会生活和政治生活的人员和理念,也缺乏团体活动,缺乏团体活动所形成的公共精神。这里所指的公共精神主要是指人们在参与社会工作中所表现出的团体意识。"中国是一个个人主义的民族,他们系心于各自的家庭而不知有社会,此种只顾效忠家族的心理实即为扩大的自私心理。在中国人思想中初无'社团'这个名词的存在,不可谓非奇事。"[1]但是,在缺乏团体意识的环境中,社会事件和活动是一直存在并不断发生的。中国传统社会依靠何种制度开展各种社会活动? 林语堂从中国特有的家族制度分析,认为从家庭、家族到村社、国家,中国社会中所表现出的一切互助活动都来自家庭、家族观念的延伸,它控制着社会秩序,在缺乏社会组织和成员的环境下,家庭伦理就成为人们行为的出发点。

虽然,每一个家庭和家族内部就是一个互助的小团体,但是,这个团体的活动范围是极其有限的,而且其互助的效力也仅限于团体内部。既然团体活动范围仅限于家庭家族内部,且每一家庭家族间是消极抵抗的,那么在传统社会里是什么让一个缺乏团体意识和组织的乡土中国能够开展一些团体性公共活动和事业呢,又如何能产生博爱慈善的精神呢? 林语堂认为是乡属制度在发挥作用。乡属制度是家庭家族制度的扩展,是一种具有地方主义色彩的乡土观念。这种观念是:"由于爱好家庭,生爱好氏族之心,由于爱好氏族心理,发展一种沾着乡土的心理。由此萌生一种情绪,可以称为地方主义,在中国文字中叫'同乡观念'……他们是从家族心理萌生出来而始终绝不离开家族的基础观念。"[2]这种同乡观念是家族精神的村社体现,反映为乡属精神。在这种精神的推动下,由家庭扩展到了村镇,逐渐形成了一种村镇自治的制度。因此,村镇内的各项公共事务需要这种自治体发挥自我协调功能,而正是这种功能维持着乡土社会的有效运转。虽然,中国社会缺乏西方意义上的团体

---

① 林语堂:《吾国与吾民》,南京:江苏人民出版社,2014 年,第 149 页。
② 林语堂:《吾国与吾民》,南京:江苏人民出版社,2014 年,第 177 页。

和公共精神，但这并不意味着中国没有团体性，在一个以农业为主的社会中，广大的乡村社会依靠习俗和惯例来维持乡土秩序。在这种自治体中，存在着中国独特的乡属精神，它来源于家庭家族的伦理而后扩展到整个乡镇之中，形成了一种地方性的观念。这与西方的公共精神是截然不同的，西方公共精神围绕着社会团体开展公共事务，而我们则围绕家庭和家族乃至村镇事务展开各种活动，不完全是一种个体行为，其中也蕴含着传统中国式的公共精神。

5. 辜鸿铭关于"中国人的精神"剖析

辜鸿铭是近代以来学贯中西的代表人物，他极力推崇儒家学说并将其传播到世界各地，是中国第一个将《论语》《中庸》翻译到西方的学者。近代以来，当西方列强的坚船利炮轰开中国大门，西方先进科技让中国人看到了自己与工业国家的差距，进而开始学习西方的先进技术，以图用西方技术抵御外敌入侵。同时，西方的思想文化也伴随着列强入侵在中国大地传播开来，这时许多人将中国落后的原因归结于思想观念的陈旧，特别是儒家伦理对人的束缚，他们极力倡导开展文化革新，抛弃延承中国数千年之久的旧思想旧观念，引入西方的思想文化。作为学贯中西之人，辜鸿铭深知中西文化的差异，他极力维护中国传统文化的尊严，改变西方人对中国人的偏见。"真正的中国人，我们现在了解了，就是一个有孩童般的精神世界的成熟理智的人。简而言之，真正的中国人是有孩童般的精神和成熟头脑的人。"[1]为什么中国人有孩童般的精神和成熟头脑的人呢？辜鸿铭分析了三个主要原因：一是真正的中国人是被驯化了的动物。尽管中国人身上有许多缺点，但从不野蛮、不残忍和不凶恶，中国老百姓不需要宗教信仰，因为他有良民的信仰即道德力量，这种道德力量就是儒家学说。在传统社会中，儒家学说有其伦理价值体系，它能像西方的宗教和法律一样起到规范和约束人的思想和行为的作用，"儒家学说的伟大之处在于，它不是宗教，但能取代宗教，它能够使人不再需要宗教"[2]。二是中国人特别注重礼仪，他们过着有礼貌的精神生活。三是中国人缺失精准性，他们过着较为灵活和宽容的精神生活，这种精神生活是灵魂和智慧的结合。"中国人有一种精神，或者，像我所说的那样，过着一种精神生活——过着一种情感和人性友爱的生活"[3]。在这种精神生活中，对皇帝的忠和对父母的孝是其核心所在，而这正是儒家伦理的精髓，辜鸿铭把它称为"荣誉的法典"。因此，他认为"仁爱"是团结的基础，是衡量一个社会的

---

① 辜鸿铭著，李晨曦译：《中国人的精神》，上海：上海三联书店，2010年，第8页。
② 辜鸿铭著，李晨曦译：《中国人的精神》，上海：上海三联书店，2010年，第11页。
③ 辜鸿铭著，李晨曦译：《中国人的精神》，上海：上海三联书店，2010年，第5页。

道德标准,中国传统社会就是通过"仁爱"来实现家庭与国家的统一。

辜鸿铭认为西方国家是通过宗教来让公众服从道德,而儒家学说则是教导一个人成为一个具有道德的人,要"己欲立而立人,己欲达而达人",在社会中处理好个人与他人的关系,从家庭伦理延伸到国家伦理。近代以来,西方各国的攻伐使得基督教丧失了道德的基础,这时应该从中国传统儒家伦理中去寻找道德的源泉。辜鸿铭认为中国人是具有国家观念的人,而具有国家观念的人必须具备家庭观念,从家庭伦理中获得人与人之间的信任,这种伦理式精神认同将中国社会带到一个以家庭为基础的村社和国家之中,以善为核心的互助和信任关系就成为村社与国家的精神基础。虽然,辜鸿铭用儒家学说拯救西方社会具有一定的历史狭隘性,但是他从中国人的精神视角分析,使得西方社会开始全面地认识中国文化和社会。

(二)当代学者的一些研究视角

20 世纪 80 年代以来,随着社会的大变迁,人们的思想认识和生活方式也发生了变化。同时,随着政治学、社会学等学科的发展,学术界结合时代发展特征,从公共意识、公共参与等方面对公共精神进行了系统的研究讨论,对于这些新兴学术概念的研究需要深究其内在的理念基础。因此,以公共价值观为核心的公共精神成为学术界讨论的重要方面,学者们从不同视角对公共精神进行了探讨。

1. 从公共内涵的角度理解

研究公共精神,首先要分析公共的内涵,一些学者以"公共"为研究基础,进而探讨公共精神的内涵。谭莉莉着重从"公共"二字分析,她认为回顾中国传统历史,我们缺乏公共性的原因之一就是缺乏公共空间和公共生活。[1] 公共精神与公共生活相联系,她所认为的公共精神是建立在民主、平等基础上的一种价值取向。袁祖社等认为公共精神是在现代公共生活中所形成的理性风范和美好风尚,是以全体公民和整个社会发展为最终目的的价值取向。[2] 吴开松认为随着社会结构的转型,公民参与社会公共活动日趋增多,而公共精神作为现代公民所必须具备的精神品质,越来越受到关注。当然公共精神是权利与义务的统一体,"在公共生活中仅仅强调公民履行义务,还不能叫公共精神;只有具有权利意识,特别是对法律明文规定的权利的维护,才能被认为具有公共精神"。[3] 宋丽萍等认为在解读公共精神的内涵时要考虑公共、平等、大众和开放品性,它是一种共生情怀,表现为对公共事务的关心和

---

①　谭莉莉:《公共精神:塑造公共行政的基本理念》,《探索》,2002 年第 4 期。
②　袁祖社:《公共精神:重塑当代民族精神的核心理论维度》,《北京师范大学学报》,2006 年第 1 期。
③　吴开松:《简述公共精神的内涵》,《光明日报》,2008 年 11 月 04 第 10 版。

对公共善的认同。在此基础上,她们认为民众良好公共精神的养成是社会主义核心价值观的实现路径。① 夏晓丽认为公共精神是在公民组成的共同体中,以公共利益为取向的、公民对公共事务的态度、看法和价值观的总称,她着重分析了城市型公共精神,主要表现为城市市民的精神追求和人格内涵。② 上述学者对公共精神内涵作了阐释,虽然他们研究的角度不同,对概念的定位也存在差异,但是,有一个基本的共性就是他们都围绕着"公共"二字展开,一些学者强调公共生活和公共空间,一些学者侧重公共品性、公共参与和公共事务,他们从多样化的要素角度入手进行了概念的总结。

2. 从价值和行为角度研究

李萍认为公共精神是指以利他方式关心公共利益的态度和行为方式,公共精神是对公民观念和行为的引导。③ 芮国强等认为理解公共精神应该将范围扩大到公民社群,公民自身利益的实现是建立在对社群利益的认同的基础上。④ 杨芳从理念和行动两个角度对公共精神作了分析,她认为公共精神既是一种价值取向,也是公民外在行为的精神实质。⑤ 褚松燕认为公共精神包含社会层面的公共精神和政治层面的公共精神。⑥ 社会层面的公共精神主要是指公民应具备的社会道德,而政治层面的公共精神指公民在政治生活中所应具备的政治品德,需要涵养这种社会道德和政治品德来弘扬公共精神。这些学者对公共精神内在价值和外在行为表现作了较为深入的研究。李萍侧重于公共生活与公共气质;袁祖社和芮国强等主要是从公共善的价值层面分析;杨芳把公共精神分为理性的公共精神与行动的公共精神,即公共善与公共参与,实现内在价值和外在表现的结合;褚松燕则认为要实现公共生活就要去涵养以社会道德和政治品德为基础的公共精神。

3. 政府与公共精神关系视角

张亚泽认为现代政府的主要职能是为公众提供公共产品和服务,一个践行服务理念的政府必将能推动民众的公共意识,拉动政府与民众间的合作,带动社会公共

① 宋丽萍,丁德科:《培育公共精神与社会主义核心价值观建设》,《西安交通大学学报》,2013 年第 5 期。
② 夏晓丽:《创新型城市之公共精神成长路径分析》,《山东社会科学》,2015 年第 2 期。
③ 李萍:《论公共精神的培养》,《北京行政学院学报》,2004 年第 2 期。
④ 芮国强、常静:《公共精神型塑下的行政转型》,《学术界》,2007 年第 6 期。
⑤ 杨芳:《公共精神与公民参与》,《岭南学刊》,2008 年第 5 期。
⑥ 褚松燕:《论公共精神》,《探索与争鸣》,2012 年第 1 期。

精神的发展。① 王春福讨论了公共精神与政府执行力的关系,他认为公共精神缺失是影响政府执行力的重要因素,要积极弘扬公共精神,政府必须坚持公平正义,必须坚持公共利益取向,必须坚持以公共责任为依托。② 张国庆等以公共精神和公共利益为价值依归讨论服务型政府构建,并依据社会主体的不同将公共精神分为两类,即社会公共精神与政府公共精神,他主要是从政府对于公民德性的产生和供给的作用方面加以分析,把政府公共精神作为社会公共精神的形成条件。他认为在社会转型期,由于存在着政府病症,这些政府病症严重危害到社会的公共利益,因而,需要重塑政府的公共精神,培育忠于公共利益的政府品格,构建新时期服务型政府。③ 宋安平认为政府对于公共精神的重塑发挥着重要作用,主要表现为:一是有效释放和修整公共空间;二是大力倡导和参与公共生活;三是全面发展和改造公共文化;四是积极面对和引领公共行动。④ 这些学者从政府与公共精神二者关系的视角进行分析,张亚泽认为公共精神培育需要政府服务职能的带动;王春福具体分析了政府应从哪些方面去积极弘扬公共精神;张国庆等则认为公共精神就是指政府公共精神,应该构建服务型政府;宋安平强调了政府与民间组织的合作关系,这些研究充分体现了政府理念和职能转变对于培育现代公共精神的重要价值。

三、马克思、恩格斯与中国共产党的理论探索

(一)马克思、恩格斯著作蕴含着"公共精神"思想

马克思、恩格斯的著作中没有直接论述公共性及公共精神,相关思想主要是在对国家的起源阐释中体现出来。马克思、恩格斯认为雅典国家的产生打乱了氏族机关的活动,"在雅典设立一个中央管理机关,就是说,以前由各部落独立处理的一部分事务,被宣布为共同的事务,而移交给设在雅典的共同的议事会管辖了"。⑤ 从中可以看出,国家伴随公共事务产生,公共职务设置、公共权力产生和共同居住地也随之形成。同时,为了保护私有财产,公民的权利和义务成为国家制度的重要组成部分。"国家的本质特征是和人民大众分离的公共权力……对于公民,这种公共权力

---

① 张亚泽:《公共精神与和谐社会的公民之维》,《内蒙古社会科学》,2006年第3期。
② 王春福:《公共精神与政府执行力》,《理论探讨》,2007年第1期。
③ 张国庆,王华:《公共精神与公共利益:新时期构建服务型政府的价值依归》,《天津社会科学》,2010年第1期。
④ 宋安平:《论公共精神重塑的政府责任》,《中共云南省委党校学报》,2013年第6期。
⑤ 《马克思恩格斯选集》(第4卷),北京:人民出版社,2013年,第124页。

起初只不过作为警察而存在。"①马克思接着论述了罗马国家和德意志人国家的形成。马克思认为雅典是最纯粹、最典型的形式,国家从氏族社会内部产生;罗马则是平民在旧氏族的废墟上建立的国家;德意志人的国家是从征服外族的基础上产生,这是国家产生的三种主要形式。可见,国家是社会发展到一定历史时期的产物。国家与旧有氏族的区别主要有两点:"第一点是它按地区来划分它的国民。……按地区来划分被作为出发点,并允许公民在他们居住的地方实现他们的公共权利和义务……第二个不同点是公共权力的设立,这种公共权力已经不再直接就是自己组织为武装力量的居民了。"②

从公共权力的产生来看,马克思从阶级观念分析认为,阶级社会里的公共权力是属于统治阶级的,公共权力体现为公共性和阶级性。"公共性意味着公共权力是来源于社会公众的,要服务社会公共利益。阶级性意味着来源于社会公众的权力由统治阶级所掌握,成为统治阶级进行统治的工具。"③从公共性来看,公共权力来源于社会发展需要,是服务于公民的公共利益。公共性是与私人性相对的一种价值体现,在人的生活中不仅存在私人行为,也存在着公共活动,它是人们在公共领域中的一种公共理性行为。在马克思看来,资本主义时代是一个完全追求个人私利的社会,个人将追求自己的私利作为生存的根本目的,而对公共利益考虑甚少,人们普遍缺乏公共意识。在精神生活方面,恩格斯在分析英国工人的生活时讲道:工人大多散居在农村,他们把乡绅看作自己的天然尊长,有一些争吵会请他公断。这些工人与世隔绝,在他们的生活环境中没有剧烈的波动。"他们的精神生活是死气沉沉的;他们只是为了自己小小的私利、为了自己的织机和小小的园子而活着,对外面席卷了全人类的强大运动一无所知。"④当然,马克思对公共性的描述不仅仅局限于个人层面,他还认为人的社会性是公共性产生的前提。个人在社会中实现自我利益的同时也促进了公共利益的产生与发展。公共利益是个人之间相互作为的产物,它存在于公共领域之中,实现了对个人利益的拓展。因此,马克思认为"现代契约现象和契约精神都不过是人在群体性和社会性的组织活动中产生的对公共性理念的诉求,而现代自由、平等、民主、主体性等也都不过是现代人面对公共目标和公共责任的时候所作出的价值选择"。⑤ 如何才能提升社会的公共性? 马克思从人的角度出发,认

---

①　《马克思恩格斯选集》(第4卷),北京:人民出版社,2013年,第132页。

②　《马克思恩格斯选集》(第4卷),北京:人民出版社,2013年,第187页。

③　贾英健:《公共性视域:马克思哲学的当代阐释》,北京:人民出版社,2009年,第16页。

④　《马克思恩格斯选集》(第1卷),北京:人民出版社,2013年,第89页。

⑤　贾英健:《公共性视域:马克思哲学的当代阐释》,北京:人民出版社,2009年,第258页。

为要培育具有公共精神的人,就需要有公共领域的存在,需要形成一种良好的公共品德,在人与人之间的公共活动中体现出来,因此需要建立一种开放的、互动的、体现公共精神的社会。"建立由'公共人'广泛参加的社会,增大公民互动的频率,开放公民参与领域等等,将有利于实现人们的公共交往和公共生活基础上形成一种'公共人'的共同体,并在其中孕育生成一种'公共人'的公共精神。"①现阶段学者们更多从唯物论的视角强调国家在阶级对立时的政治统治职能,而对于国家与社会的公共性讨论则较少。但当我们研究马克思主义理论时发现,无论是在其对国家公共权力的探讨中,还是对个人间相互合作形成的公共利益的论述中,都蕴含着公共思想。

当前,在国家和社会公共领域中还存在众多公共性问题有待解决,现实迫切需要一种理论性指导。因此,学者应该从马克思和恩格斯的著作去挖掘寻找"公共"思想,培育符合中国实际的公共精神,去解决人们在交往活动中所遇到的公共问题。

(二)中国共产党"公"思想的理论探索

1921 年中国共产党成立,它以马克思主义思想为指导并结合中国国情走上了一条真正的人民民主之路。20 世纪 20 年代初,毛泽东对农民运动和农村社会进行了实地调研,写出了大量的调研报告。正是基于这些调查研究,毛泽东能够从实际出发将马列的经典与中国具体实际相结合,在之后的中国革命和建设进程中逐步形成了中国共产党的宝贵财富——毛泽东思想,它将共产党人的政治抱负付诸实践,真正实现了人民当家作主的愿望。在 1949 年 10 月 1 日开国大典上毛泽东同志庄严宣布"中华人民共和国,中央人民政府今天成立了!"标志着中国结束了近百年被西方列强侵略和奴役的屈辱历史,真正成为独立自主的国家,人民成为国家的主人,实现了中国人民几千年来天下为公的理想。

1."全心全意为人民服务"宗旨的确立

马克思主义传到中国后,毛泽东变成了一个真正的马克思主义信仰者,一生践行着共产主义的伟大理想,始终将人民的利益放在首位。在革命年代,毛泽东始终将发动群众和依靠群众作为中国革命胜利的根本所在。早在 1925 年,毛泽东针对当时党内存在的左倾和右倾机会主义,对社会的各阶级进行了分析,他认为无产阶级是革命的领导阶级,而农民是无产阶级最忠实的同盟军,要形成以工农联盟为基础的最广大的革命同盟。1934 年毛泽东在江西瑞金召开的第二次全国工农兵代表大会上讲到要关心群众生活,注意工作方法,强调只有动员和依靠群众才能开展革

---

①　贾英健:《公共性视域:马克思哲学的当代阐释》,北京:人民出版社,2009 年,第 211 页。

命战争。毛泽东认识到走群众路线的重要性，要处处为群众考虑，满足群众的生活需要，群众才会支持共产党，才能形成革命的铜墙铁壁。1944 年毛泽东系统提出了为人民服务的思想，在张思德同志追悼会上，他指出"我们的共产党和共产党所领导的八路军、新四军，是革命的队伍。我们这个队伍完全是为着解放人民的，是彻底地为人民的利益工作的。"①1945 年毛泽东在中国共产党第七次全国代表大会上做了《论联合政府》的政治报告，在讲到人民战争时，他提到中国共产党领导的军队是"紧紧地和中国人民站在一起，全心全意地为中国人民服务，就是这个军队的唯一宗旨。"②党的七大通过了毛泽东同志的政治报告，并正式把全心全意为人民服务写进了党章。新中国成立后，中国共产党的一系列举措极大地调动了人民的积极性，公有制成为实现最广大人民群众根本利益的重要保证。就农村而言，土地改革使得农民获得了土地，体会到人民当家作主的真正价值，也激发了社会主义建设的热潮。在社会主义建设时期，毛泽东在不同的场合又多次提到"全心全意为人民服务"。如1957 年 3 月毛泽东在济南党员干部会议上讲到，针对一部分同志革命意志衰退、全心全意为人民服务精神少了的情况，要开展一次整顿三风(官僚主义、宗派主义和主观主义)运动，"共产党就是要奋斗，就是要全心全为人民服务，不要半心半意或者三分之二的心三分之二的意为人民服务"。③ 在新民主主义革命和社会主义革命与建设时期所形成的全心全为人民服务的思想是中国共产党带领广大人民群众谋求国家解放、民族独立和人民幸福的具体体现，它彰显了共产党是一个具有公共精神的政党，是一个以天下为己任的政党。毛泽东同志提出全心全意为人民服务的精神，是对中国古代天下为公思想的传承与改造，它既继承了天下为公思想的仁爱道德传统，使中国优秀传统文化与马克思主义思想相结合，使得为人民服务精神的提出跳出了传统社会寄希望于圣人去实现天下为公的虚无缥缈的理想，而是从现实出发，提出人民是历史发展的推动力，通过人民群众主体地位的确立去实现共产主义的伟大理想。中国共产党"全心全意为人民服务"精神，不仅吸收了数千年中华文明的优秀养分，而且与无产阶级革命和社会主义建设实践相结合，让理想转变为现实。

2."共同富裕"奋斗目标的形成

邓小平理论与毛泽东思想是一脉相承的，邓小平继承了毛泽东为人民服务的思想，在坚持群众路线的基础上形成了人民主体和共同富裕的思想。作为改革开放的

---

① 《毛泽东选集》(第 3 卷)，北京：人民出版社，1991 年，第 1004 页。
② 《毛泽东选集》(第 3 卷)，北京：人民出版社，1991 年，第 1039 页。
③ 《毛泽东文集》(第 7 卷)，北京：人民出版社，1993 年，第 285 页。

总设计师,邓小平同志用新的思想和观点继承和发扬了毛泽东思想,开创了中国特色社会主义道路,提出了社会主义建设"三步走"战略和中国人民共同富裕的奋斗目标,这是"天下为公"实践在新的历史时期的重要体现,也是毛泽东全心全意为人民服务思想的延承。在新中国成立之初,为了防止农村两极分化,农业生产走合作社之路是实现农民共同富裕的必然之路。但是,实现共同富裕实践在经历了短暂的初级社和高级社发展阶段后,农村走上了人民公社的发展之路。人民公社体制由于过于追求一大二公,结果导致一平二调,不但没有走上共同富裕之路,而且严重挫伤了农民的生产积极性。改革开放前,针对"两个凡是"的影响,1978 年 9 月 16 日邓小平同志在听取吉林省委常委汇报工作时讲到要"高举毛泽东思想旗帜,坚持实事求是的原则",他对"两个凡是"做了批判,认为这不是高举毛泽东思想旗帜,而是损害毛泽东思想。1978 年 12 月 13 日在中央工作会议闭幕式上,邓小平同志作了"解放思想、实事求是,团结一致向前看"的讲话,之后,这次讲话成为党的十一届三中全会的主题报告。党的十一届三中全会是中国共产党在恢复正确政策的基础上,面对新情况新问题而召开的一次大会,它拉开了改革开放的序幕,找到了一条适合中国国情的社会主义现代化发展之路。改革开放的前提是要解放思想,而民主是解放思想的重要条件,邓小平同志认为:"为了保障人民民主,必须加强法制。必须使民主制度化、法律化,使这种制度和法律不因领导人的改变而改变,不因领导人的看法和注意力的改变而改变。"[1]社会主义现代化建设是一个长期艰巨的任务,面临着一系列新旧问题,"党只有紧紧地依靠群众,密切地联系群众,随时听取群众的呼声,了解群众的情形,代表群众的利益,才能形成强大的力量,顺利地完成自己的各项任务"。[2]通过对"两个凡是"的批判和对民主制度化、法律化的要求,中国共产党确立了人民群众的主体地位,认为必须坚持无产阶级专政,切实保障人民群众的民主权利,形成历史上最广泛的民主。正是由于邓小平同志坚持解放思想实事求是,坚持走人民民主专政,才能领导党和人民开创了中国特色社会主义事业的新局面。与此同时,邓小平同志还在党的十一届三中全会的报告中提出了共同富裕的基本思想。共同富裕是社会主义的本质和奋斗目标,也是邓小平中国特色社会主义思想的重要组成部分。20 世纪 80 年代,在农村推进家庭联产承包责任制之后,邓小平同志指出要实现共同富裕,就要打破平均主义,就要进行改革,走改革开放之路,走共同富裕之路,而方法就是先富带动后富。"在经济政策上,我认为要允许一部分地区、一部分企

---

① 《邓小平文选》(第 2 卷),北京:人民出版社,1994 年,第 146 页。
② 《邓小平文选》(第 2 卷),北京:人民出版社,1994 年,第 342 页。

业、一部分工人农民,由于辛勤努力成绩大而收入先多一些,一部分人生活先好起来,就必然产生极大的示范力量,影响左邻右舍,带动其他地区、其他单位的人们向他们学习。这样,就会使整个国民经济不断地波浪式地向前发展,使全国各族人民都能比较快地富裕起来。"①虽然此时没有提出共同富裕的概念,但是,邓小平同志已经较为清晰地提出了共同富裕的目标是全国各族人民都能富裕起来,而采用的方式则是允许部分地区、部分企业和部分工人农民生活先好起来。可见,共同富裕不是平均主义也不是同步富裕,需要在经济发展过程中有所侧重,允许部分的人与地区先富起来,然后通过示范带动,实现共同富裕,共同富裕是分阶段实现的。1990年邓小平同志在作《善于利用世界解决发展问题》的讲话时提出,"社会主义最大的优越性就是共同富裕,这是体现社会主义本质的一个东西",②将共同富裕作为社会主义本质提了出来。在1992年南方谈话中,正式提出了社会主义的本质是解放生产力,发展生产力,消灭剥削,消除两极分化,最终达到共同富裕。改革开放以来,市场经济极大释放了民众的个体活力,就农村而言,家庭联产承包责任制的推行激发了压抑已久的农民个体的积极性,展现出了极大的劳动热情,农村社会迸发出前所未有的活力。特别是邓小平南方谈话后,解决了姓资姓社的问题,进一步解放和发展了生产力,这次思想大解放给市场经济发展提供了强有力的思想保障。同时,在社会主义现代化建设进程中,邓小平中国特色社会主义的人民观和共同富裕思想逐步形成,这是在新的时期共产党人对天下为公思想的诠释。

3."以人民为中心"发展思想的确立

随着市场经济进一步发展,个人利益得到最大限度扩大的同时,也造成了集体价值、公共精神的丧失。市场经济追求利益最大化,也具有一定的盲目性,产生了金钱至上等私利观。因此,在社会主义现代建设进程中,既要将经济建设放在中心位置,也要维护最大多数人的根本利益。为此,2000年江泽民同志提出了"三个代表"重要思想,认为中国共产党无论是在革命、建设还是在改革时期,始终代表着中国最广大人民的根本利益,并致力于为实现国家和人民的根本利益而不懈奋斗。2003年胡锦涛同志提出了以人为本的科学发展观,将实现好、维护好、发展好最广大人民的根本利益作为党和国家一切工作的出发点和落脚点。2012年党的第十八次全国代表大会胜利召开,党的十八届一中全会选举出了新一届的中央政治局常委,在中外记者见面会上,刚刚当选的习近平总书记讲到"人民对美好生活的向往,就是我们

---

① 《邓小平文选》(第2卷),北京:人民出版社,1994年,第152页。

② 《邓小平文选》(第3卷),北京:人民出版社,1994年,第364页。

的奋斗目标"①,这是中国共产党对全国人民的庄严承诺,体现出以人民为中心的执政理念。党的十八届五中全会首次提出了以人民为中心的发展思想,这是中国特色社会主义进入新时代必须坚持人民主体地位的内在要求,也是满足人民群众向往美好生活的愿望需求,以人民为中心是马克思主义的基本观点,也是全心全意为人民服务的根本宗旨在新时代的具体体现。习近平同志以人民为中心的思想是毛泽东同志为人民服务思想和邓小平同志人民主体和共同富裕思想的继承和发展。党的十八大以来,习近平同志在丰富中国特色社会主义理论的过程中,始终坚持人民群众的首创精神,尊重人民群众的主体地位。2012 年 11 月,习近平总书记在国家博物馆参观"复兴之路"展览时,第一次阐释了"中国梦"的概念,他讲"中国梦归根到底是人民的梦。人民是中国梦的主体,是中国梦的创造者和享有者。中国梦不是镜中花、水中月,不是空洞的口号,其最深沉的根基在中国人民心中,必须紧紧依靠人民来实现,必须不断为人民造福。"②中国梦的实现不能仅仅停留在口号上,"空谈误国,实干兴邦",需要付诸实践。党的十八届三中全会提出了全面深入改革的总体部署,作为决定当代中国命运的关键一招,全面深化改革是实现中国梦和人民梦的实践要求。当前,中国改革进入深水区,面临一系列深层次的问题和矛盾,只有全面深化改革,才能披荆斩浪,推动带着人民对美好生活向往的中国特色社会主义事业的轮船扬帆远航。而全面深化改革的前提是要将人民的利益放在首位,通过解放和发展生产力,走一条人民幸福之路。"以人民为中心"不仅体现在经济利益和政治地位上,也体现在文化和社会生活方面。2014 年习近平总书记在文艺座谈会上讲到要坚持以人民为中心的创作导向,"人民既是历史的创造者,也是历史的见证者,既是历史的'剧中人',也是历史的'剧作者'。文艺要反映好人民心声,就要坚持为人民服务、为社会主义服务这个方向"。③ 习近平"以人民为中心"思想是时代的产物,也是中国特色社会主义理论与实践的产物。中国共产党作为全心全意为人民服务的政党,在不同的历史时期都坚持一切为了人民,一切依靠人民,坚持走群众路线,从群众中来,到群众中去,将人民对美好生活的向往作为奋斗的目标。因此,党的十九大报告提出:"必须坚持人民主体地位,坚持立党为公、执政为民,践行全心全意为人民服务的根本宗旨,把党的群众路线贯彻到治国理政全部活动之中,把人民对美好

---

① 中央文献研究室编:《十八大以来重要文献选编(上)》,北京:中央文献出版社,2014 年,第 70 页。

② 中共中央宣传部:《习近平总书记系列重要讲话读本》(2016 版),北京:人民出版社,2016 年,第 8—9 页。

③ 习近平:《习近平谈治国理政》(第 2 卷),北京:外文出版社,2017 年,第 314 页。

生活的向往作为奋斗目标,依靠人民创造历史伟业。"①

十九大报告指出:"这个新时代,是承前启后、继往开来、在新的历史条件下继续夺取中国特色社会主义伟大胜利的时代,是决胜全面建成小康社会、进而全面建设社会主义现代化强国的时代,是全国各族人民团结奋斗、不断创造美好生活、逐步实现全体人民共同富裕的时代,是全体中华儿女勠力同心、奋力实现中华民族伟大复兴中国梦的时代,是我国日益走近世界舞台中央、不断为人类作出更大贡献的时代。"②当前,我国社会的主要矛盾发生了重大变化,发展的不平衡、不充分已经严重影响了人民对美好生活的向往。因此,如何化解社会矛盾,引领全国各族人民走上共同富裕之路就成为新时代中国特色社会主义发展的首要问题。共同富裕目标的实现是以进一步解放和发展生产力为前提,以共享发展和公平正义为核心要求,而要实现生产力的发展和改革成果共享,是一个漫长的历史过程,"我国正处于并将长期处于社会主义初级阶段,我们不能做超越阶段的事情,但也不是说在逐步实现共同富裕方面就无所作为,而是要根据现有条件把能做的事情尽量做起来,一步步落实好以人民为中心的发展,积小胜为大胜,不断朝着全体人民共同富裕的目标前进。"③

四、小结

从以上分析看,西方学者着重从公共权利、公共领域、公共理性和社会资本等角度去研究公共精神,已经形成了西方特有的研究模式,具有其研究价值和借鉴意义。近代的中国学者着重从中国传统社会特有的社会结构、伦理和文化视角进行研究,试图从乡村社会中寻找公共精神,这是一种乡土型社会公共性,体现了研究的独特性和时代性。当代的中国学者则从更为多元的角度去分析公共精神,体现了现代性与系统性。西方学者虽然对公共精神缺乏系统的阐述,但它从中观层面呈现了公共精神的各个相关要素。而在中国传统社会,乡土中国是整个中国社会特征的反映,这是一种宏观的国家层面与微观的家庭、家族层面相结合的社会结构。西方近代以来对公共精神的研究是以团体作为结构主体,而团体的形成以宗教为纽带;而中国

---

① 习近平:《决胜全面建成小康社会 夺取新时代中国特色社会主义伟大胜利》,《人民日报》,2017 年10 月 20 日 01 版。

② 习近平:《决胜全面建成小康社会 夺取新时代中国特色社会主义伟大胜利》,《人民日报》,2017 年10 月 20 日 01 版。

③ 中共中央宣传部:《习近平总书记系列重要讲话读本》(2016 版),北京:人民出版社,2016 年,第129 页。

是以家庭家族为结构基础,以伦理为价值认同,具有浓厚的家国情感。研究中国问题需要从中国的实际出发,不能一味照搬国外的研究成果,顾此失彼。同时,当我们在研究马克思主义理论时发现,无论是讨论国家的公共权力,还是个人间相互合作形成的公共利益,都蕴含着公共思想。马克思、恩格斯从人的公共权力、公共义务、公共领域和精神生活等方面对公共性作了阶级的分析,他们更多从批判资产阶级的公共性角度进行分析。自从中国共产党成立以来,中国共产党人始终以马克思主义作为指导思想,以共产主义作为最终的奋斗目标,一代一代共产党人在践行着天下为公的理想,以民为本和共同富裕的思想作为社会性质和结构的反映,在历史的演进中也逐渐实现了由狭隘到全局、由虚无缥缈到全社会的共识、由某一阶级阶层到全体人民共享,逐渐形成了全心全意为人民服务的根本宗旨、共同富裕的奋斗目标和以人民为中心的发展思想,从公共性视角看,则是逐渐形成了社会的公共意识和公共价值,这恰恰是现代公共精神的重要组成部分。十八大报告明确提出了社会主义核心价值观,它是我们党凝聚全党全社会价值共识做出的重要论断,也是当前重塑和培育公共精神的指导思想,应加强宣传与教育。习近平同志在十九大报告里面指出"大道之行,天下为公",而这里的"公"才是真正意义上的最广大的人民,几千年来中国人民的美好理想逐渐变为了现实。因此,当前对于中国公共精神的研究应站在马克思辩证唯物主义的基础上,积极回溯中国历史发展,把握现实社会特性,适当借鉴西方研究的成果去综合分析。

第二节 公共精神内涵阐释

当前,对公共精神内涵的理解,学术界主要呈现两种研究路径:一种是从精神内涵出发,从哲学、心理学和伦理学等视角讨论人们在参与公共活动中所展现出的一种心理状态与行为方式,如公共意识、公共理性等;另一种是从政治学视角分析人们基于公共利益而在公共交往中所形成的一种公共认同,如公共权力、公共服务等。这两种研究路径代表了学术界研究的不同方向,虽具有差异性,但是他们都是以"公共"为基础而展开各自研究的。因而,理解公共精神的内涵,首先要对公共的概念做出界定。

一、公共与公共性

学术界对"公共"概念的界定是围绕着公共与公共性展开的。公共是一个使用范围宽泛的词语,它与不同的词语结合产生不同的具有公共属性的词语,如公共事务、公共权力、公共领域、公共意识等这些词语都有其共性:首先,"公共"具有一定的界限,对象是所有公众;其次,"公共"是个体与个体之间结合而成,且具有相互依存性;再次,"公共"是评判公私关系的重要标准。而公共性是公共的一种属性,存在于一定社会关系和公共领域之中,是人们在社会实践过程中所建立的人与人之间相互依存的共生属性,它"是衡量什么是公共的形式化判断标准,同时也是检验什么不是公共的形式性底线指标"①。

公与私相对,"公"被解释为属于国家或集体的,而公共与私人相对,"公共"被解释为属于社会的或者公有公用的。因此,公共只能与私人共生,没有私人的概念也就没有公共的概念。对公共概念的认识除了进行字面含义的解释外,需要进一步去梳理其历史发展。"公共"的概念是人类历史发展的产物,在人类产生之初,作为个体的人在面对自然的挑战时显得势单力薄,为了谋求生存而结合成一定的群体,人与人之间在一种自然分工和简单合作的基础上,共同劳动和占有生产资料,一些重大的事情由群体成员共同协商决定,体现了一种原始的公共内涵。伴随着生产力水平的提升和劳动生产率的增长,社会分工日益细化,逐渐产生出了不同的生产和生活领域,人们依靠血缘而建立起一定的亲属关系,进而形成了一种原始的家庭。家庭是一个相对独立的空间,也是基于血缘而成的私人领域,人们可以依靠家庭内部的合作谋求生存,原始的群体性逐渐被这种家庭的私人性所取代。而家庭是一个不断发展的过程,"当家庭继续发展的时候,亲属制度却僵化起来;当后者以习惯的方式继续存在的时候,家庭却已经超过它了"②。随着家庭的发展,家庭内部财产增多,私人领域的扩大必然对氏族的原始公共关系产生影响,有产者为了维护私有财产并且使这种权力固定化和永久化,他们就需要建立一种新的关系来维护,国家随之产生,恩格斯认为:"建立国家的最初企图,就在于破坏氏族的联系,其办法就是把每一氏族的成员分为特权者和非特权者,把非特权者又按照他们的职业分为两个阶级,从而使之互相对立起来。"③当家庭和国家产生之后,氏族关系也随之解体,人们的活动领域或空间也就由原始氏族部落转化为私人领域和公共领域,两个领域的区分也标志着人类活动进入到了文明时代。

从历史角度看,公共与私人相伴,而所有涉及公私的相关问题,都会将公共性作

① 任剑涛:《公共与公共性:一个概念辨析》,《马克思主义与现实》,2011 年第 6 期。
② 《马克思恩格斯选集》(第 4 卷),北京:人民出版社,2013 年,第 38 页。
③ 《马克思恩格斯选集》(第 4 卷),北京:人民出版社,2013 年,第 125 页。

为一个重要的分析视角。公共性与公共一样也是随着人类社会发展而逐渐形成的，具有一定的历史特性。人类社会的发展早期，人们为了生存而组成群体，这种原始的公共性是一种被动的，随着家庭与国家的产生，公共性在公共活动中体现为一种主动性。虽然，起初公共性在极其有限的人群和场所中体现，但随着民主意识的增强和参与范围的扩大而逐渐进入到现代公共性，在公共领域中表现为公民理性地参与公共事务，去追求公民权利和实现社会的公平正义。因此，"公共性从无到有、从传统社会消极的公共性到现代社会的积极的公共性的转变，是社会生产力以及生产关系不断发展的产物"。[①]

二、公共精神内涵及特征

何为公共精神？《现代汉语词典》中将"公共"解释为"公有和共用的"，[②]将"精神"解释为"人的意识、思维活动和一般心理状态"[③]。因此，公共精神主要是社会中人们共同的一种心理状态，它是公共领域的一种产物，具有公共性。公共精神的内涵可以理解为以公共性为基础，通过公众积极参与公共事务和培育公共组织与公共空间来追求公共利益的一种价值追求。

（一）公共精神以公共性为基础

公共精神的公共性体现在公众对公共事务的参与和公共活动的交往中，具体而言表现为具备一定公共精神的公众在日常生产生活中，积极主动地做出对其他公众和社会有益的行为。根据公众参与公共事务的程度和影响力可以将公共性分为低层次公共性和高层次公共性。低层次的公共性主要体现为公众在参与公共事务的过程中能够做好自我，形成良好的个人品德和家庭美德，能够践行公共精神的内涵，做到不影响其他公众的生产生活。公共性的高层次则是要求公众不仅能够自律，而且能够将个人的良好品德和家庭美德延伸到整个社会中，对社会的发展产生积极的推动作用。公共精神所体现出的"公共"特性是以社会的基本道德为前提，它的最低和最高层次体现在道德方面则是道德的公私之别。从范围角度分，道德可以分为公德和私德，公德指向为公共领域和公共空间，私德则表现为私人领域的基本道德品

---

①　高鹏程：《公共性：概念模式与特征》，《中国行政管理》，2009 年第 3 期。

②　中国社会科学院语言研究所词典编辑室编：《现代汉语词典》（第 6 版），北京：商务印书馆，2012 年，第 450 页。

③　中国社会科学院语言研究所词典编辑室编：《现代汉语词典》（第 6 版），北京：商务印书馆，2012 年，第 686 页。

质。正如梁启超所言:"人人独善其身者谓之私德,人人向善其群者谓之公德。"①而公共精神的公共性是以公德为基础,它主要指向的是公共空间。从公德与私德的关系来看,"私德是公德的基础,社会上可能有些人私德醇美而公德还不完备,但绝没有私德败坏而公德却完美的人"②。"故一私人而无所私有之德性,则群此百千万亿之私人,而必不能成公有之德性,其理至易明也。"③在私德与公德之间,社会公德的养成首先需要个体道德的培养,以私德的养成促社会公德氛围的形成。因而,公共精神的公共性应首先重视对个体德性的培育,公众形成个体道德规范并在国家社会的推动下形成维护社会共同利益的社会公德,然后再辅以公德意识的培育、公共设施的完备和公共活动场所的设立,为公共精神的形成提供必要条件,逐步实现公共精神高低层次的有效结合,为公众主动参与社会各项事务奠定公共基础。在民主社会中,公共精神是公众应具备的基本美德,是一个国家、社会不可或缺的素质。"公共精神需要培育和维护,而对于正义原则、公共参与和公共审议的不断关注则能够有助于公共精神的培育和维护。"④随着公民参与社会公共活动的增多,人们为了满足自身的需求而积极参与到社会各项公共事务中,基于这种公共性基础上的集体认同为现代公共精神的产生奠定了内在支撑。

(二)公共精神以公共参与为实现方式

公共精神在公共生活中体现为公众对公共规则的认同、对公共利益的追求和对公共事务的关心,并通过公共参与的方式去实现。因此,公共精神就是在公共参与的过程中所形成的,没有公共参与也就无法形成一种公共认同,公共精神的实现是公共参与的结果,也是公共精神的实现方式。公共参与是公众在一定的公共领域中为了维护和追求公共利益,通过一种理性参与的方式而形成的公众自觉行为。公共参与不是被动和强迫参与,是一种积极的、主动的参与,是建立在公众自由和理性认识基础上而开展的活动,它是实现公众自我价值的途径,是公众在公共活动中应具有的基本态度。在现代民主社会里,具有公共意识的公民在公共领域和空间里,自觉地将自己融入公共组织中,通过主动参与的方式去实现公共精神。同时,现代意义上的公共参与是伴随公共领域的形成与拓展而显现出的一种公共活动,不仅需要

①　梁启超:《新民说》,北京:中国文史出版社,2013年,第33页。

②　陈来:《发扬中华文化,重视私德培养的传统》,《人民日报》,2014年09月22日07版。

③　梁启超:《新民说》,北京:中国文史出版社,2013年,第223页。

④　珍妮特·登哈特、罗伯特·登哈特著,丁煌译:《新公共服务:服务而不是掌舵》,北京:中国人民大学出版社,2004年,第21~22页。

制度和价值层面的保障,也需要公众形成良好的自由精神和法治意识。一方面,从现代公共参与的内涵看,公民对公共事务的参与,实质上就是公民权利的一种体现,也是公众实现自我价值的方式。公民权利是作为一个国家公民所拥有的基本权利,是公民自由在法律上的体现,也是国家对公民权利的承诺。因此,公众参与公共活动,在公共事务的处理过程中,不仅能维护公共利益,而且也是公民自由权利的一种实现,公民参与公共事务就是源于这种权利意识。另一方面,公民积极参与公共事务也是公民法治意识提升的重要体现。法制是公民追求公共权利的保障,法制健全是提升公民法治意识的基础,而法治是法制的最终归宿,法治意识是公民对法制的内在认同。无论是法制还是法治都是为了让公民能更好地参与公共事务,以法制规范健全和法治意识提升去实现公民对公共价值的追求。在中国传统社会中,以家庭为活动单元,每个人参加活动的目的就是获取家庭和个人的利益,国家和集体意识弱,法治观念淡薄,对公共事务的参与度不高。法治强调法律至上,要求整个国家与社会依法而治,任何公民都要知法守法,这不仅是公民的义务,也是公民的权利,而这种权利意识就是培育现代公共精神的重要基础。现阶段,虽然公民的权利意识和法治意识在不断提升,但是公共参与的广度和深度还不足,有需要不断改进的地方,要在不断提升公共参与意识和规范公共参与行为的基础上,加强制度建设和价值引导。

（三）公共精神以公共空间为载体

公共空间是一个真实存在的公共性空间,不同于以家庭为核心的私人空间,是公众可以自由地行使公共权力和参与公共事务的活动场所。狭义的公共空间是指公民日常生活所使用的公共场所,广义的公共空间不仅仅是一个空间,而是在这个空间里所进行的公民间的参与互动,活动主体是大众而不是个体,是一种表达公共意志和展现公共精神的空间。公共空间是公众处理公共事务和开展公共活动的空间,公共精神是在公共空间中形成的。一方面,公共空间为公共精神的形成提供了载体。公共精神以公共性为基础,它必须是在具备公共性的空间内产生。在社会生活中,公共空间一般指的是公众在社会生活中所共同使用的公共场所。在公共空间内,公众作为参与者依托空间载体而开展公共活动,在行使自由权利的基础上协商公共事务,并形成了公众间的群体认同,"公共空间这一公共交往、沟通协商的平台,可以为公众参与公共事务治理提供机会,也可以使人们将私人议题转化为公共议题,进而争取更多关注以便妥善解决问题"。① 因此,公共空间的建构不是单单依靠

---

① 陈朋:《寻求公共空间建构的基层治理》,《中国高校社会科学》,2019 年第 4 期。

某一个人或某一个群体就能形成的，它不仅需要发挥公共权力机构的服务职能，也要发挥公众和社会组织的积极作用，形成多主体合作共建的格局，为培育公共精神创造一个良好的空间载体。另一方面，公共空间为公众公共利益的实现提供了平台。在社会生活中，人与人之间除了满足各自的私人利益外，也存在着与他人共同的利益，如果都从自身利益去处理与他人的关系，这必然导致利益间的矛盾，无法形成一种合作共赢的结果。因而，理性的人为了追求公共利益，在与他人的相处过程中，积极寻求可以协调和处理利益矛盾的平台，公共空间则为实现公共利益提供了合作平台。公共空间不是简单私人空间的堆积，它是公众在参与过程中，通过公共问题的解决和公共目标的达成，而形成的实现公共利益的平台。公众可以利用公共空间这个载体，将相关的社会问题和利益诉求以公共参与和公共舆论的方式表达出来，通过公共理性参与来克服群体行动所带来的困境，在公共利益的基础上追求一种公共的价值认同。

（四）公共精神以公共利益为最终目的

公共精神表现为公众在公共生活中对公共事务的关心，并以一种理性、民主和法治的方式去参与，其终极目标是实现公共利益。虽然在现代社会中公共利益这个词的使用率非常高，但由于存在着主体的不确定性，学术界就何为公共利益这一问题至今没有形成一个大家所公认的答案。而且公共利益与国家利益、社会利益之间存在一定的联系和区别。如果从国家与社会二元结构看，公共利益表现为国家利益和社会利益，而从公共精神实现主体看，则表现公务员的公共精神与公众的公共精神。一方面，从国家角度看，公共利益的实现主要通过公务员公共精神作用的发挥。政府是国家公共机关的总称，具有公共性，政府的公共性意味着公民的公共利益保障和实现。公务员是执行国家公务的公职人员，是政府职能的行使者，政府的公共性体现需要公务员公共精神作用的发挥。"社会的信念与期望是政府的行政之本，亦即获取合法性之源。通常它会转化为政府对于公务员的动机与行为的要求，并以'公共精神'这一形式表达出来。概言之，公共精神体现的是政府对于公务员的内在要求。"[①]公务员不同于一般社会公众，他们是维护国家利益的公职人员，需要具备从事公共事务管理的能力，而公共精神则对于培育和塑造公务员的公共角色，提供公共服务水平，进而引导他们行使政府公共职能，实现公共利益的终极目标都具有重要的理念引导作用。另一方面，从社会角度看，公共精神体现于社会的公共精神

---

① 张国庆，王华：《公共精神与公共利益：新时期中国构建服务型政府的价值依归》，《天津社会科学》，2010 年第 1 期。

中。社会是一个非常宽泛的概念,国家是来源于社会而又凌驾于社会之上的政治权力机构,而社会是人与人之间交往而成的各种社会关系的总和,它是超越于个体之上的人类活动共同体。在现代社会中,公共精神主要通过公民精神加以体现。公民精神与民主意识、法治意识和权利意识相联系,现代公民精神是基于平等之上的公民在公共空间内积极参与公共事务,维护社会公共利益的一种社会共同体精神。在社会公共空间内,为了更好地追求公共利益和处理各种社会事务,公民依法组织建立各种社会组织,理性地参与到公共活动中,在态度上表现为一种对公共事务、公共问题的自觉关心,在行为上表现为公平公正地参加政治与社会生活。但是,不管是基于国家利益之上的公共精神还是社会利益之上的公民精神,其最终的目的都是实现整个社会的公共利益,公共精神以公共利益为最终目的。

三、乡村公共精神的现代内涵

(一)乡村公共精神的历史独特性

从区域角度来分,公共精神有乡村与城市之别。从西方研究的经验看,他们侧重于讨论城市公共精神的形成,而对于乡土气息浓厚的中国来讲,乡村公共精神则是在乡村社会中形成的具有典型乡土区域性的公共精神。乡村是以农业为经济活动内容的人口聚居区,它以村落为基本单位,在这个单位体中,人与人之间是彼此熟悉的。在这种熟悉的关系中,乡村社会逐渐形成了天然的规则意识,这也是彼此间信任关系的确立。因而,在乡村社会中,"人们形成了这样的观念,认为那是一种自然的生活方式:宁静、纯洁、纯真的美德"①。这种美德的形成是公共精神在乡村区域内的体现。同时,中国传统乡村社会历经数千年的发展逐渐形成了以小农经济为主的生产方式和以家庭为主的生活方式,生产力水平低下和生产工具落后使得农村社会形成了血缘和邻里间的互助关系,熟人之间的利他行为也就会随之产生。这种利他行为虽然是极其朴素的,但是它成为乡村社会运行的良性规则,有利于村庄集体意识的形成,也成了乡村社会公共精神发展的历史因素。生活在村庄里的每个村民在日常生产生活中主动帮助他人并对村落产生积极影响,这样才能获得乡村社会内部成员的良好口碑,这种赞誉是一种社会资本,是村庄内部的集体性认同,其结果必然会形成乡村特有的公共精神。

从现代社会视野看,公共精神表达的是一种与现代国家形态相对应的社会形

---

① 〔英〕雷蒙·威廉斯著,韩子满、刘戈、徐珊珊译:《乡村与城市》,北京:商务印书馆,2013年,第1页。

态,是现代化、文明化、规范化的、与市场经济及民主相联系的社会存在。现代乡村公共精神表达的是一种乡村社会形态,是与乡村经济和基层民主相适应的社会认同,而传统乡村社会所形成的公共精神则是在中国传统独特的社会结构里产生的,具有其历史的独特性。在传统社会里,乡村社会内部主要依靠家族宗族势力来维护乡村社会秩序的稳定。因而,乡村社会形成了一种以家庭为核心的私人关系网络,人们的一切活动都围绕着家庭和自己的利益展开,而后这种家庭制度进一步延伸至村社进而上升到国家层面。人们行为的产生由其内在的思想观念所决定,而思想观念的形成主要是传统儒家伦理教化的结果。"试观《论语》《孟子》诸书,吾国民之木铎,而道德所从出者也。其中所教,私德居十之九,而公德不及其一焉。"①传统伦理观念主要是处理个人间的关系,强调私德的重要性。但是,传统伦理强调私德的重要性主要是为了通过私人德性的培养进而上升到公德层面,实现整个社会秩序的稳定。公德与私德二者其实并不矛盾,"然提倡之者即有所偏,其末流或遂至相妨"。②在传统皇权专制体制下,国家伦理与家庭伦理从个人的理性私德出发来处理各种关系,为私即为公。梁漱溟认为西方所谓的公德,是个体自私发展的结果,这是他们社会团体结构发展的结果。而中国传统社会是一个大公的社会,中国人天下为公的观念根深蒂固,这是一种伦理关系产生的影响。所以,梁漱溟分析中国与西洋的公私关系时认为:"论西洋人轻其身者,似公;而各徇其群,又不过是大范围的自私,不是真公。真公,还要于中国人见之。中国人怀抱着天下观念,自古迄今一直未改,真是廓然大公,发乎理性之无对。"③中国伦理关系小为家庭伦理,大则为国家伦理,所缺者为团体生活所产生的社会关系。因此,不能简单认为中国人几千年来生活在一个自私自利的社会中,而是生活在依靠伦理关系调解的社会之中。"说自私自利是中国民族性者,殊觉无据。中国人并不见得比西洋人格外自私"。④ 如果"公"可以按程度来划分的话,不妨将其化为大公、中公、小公,中国传统社会不缺乏大公和小公,而是缺乏中公,不缺乏国家和家庭关系,而缺乏西方国家的社会团体关系。因此,我们与西方比较,不能否定中国传统社会几千年来所形成的公的思想和观念。从乡村社会来看,它就是一个家庭和家族的综合体,人们在日常生产生活中,在处理家庭与家庭、个人与个人之间关系时,虽然依靠家庭伦理和宗族观念进行调解,但是,当家

---

① 梁启超:《新民说》,北京:中国文史出版社,2013 年,第 33 页。
② 梁启超:《新民说》,北京:中国文史出版社,2013 年,第 35 页。
③ 梁漱溟:《中国文化要义》,上海:上海人民出版社,2011 年,第 298 页。
④ 梁漱溟:《中国文化要义》,上海:上海人民出版社,2011 年,第 297 页。

庭、家族、整个乡村处理集体事务或者遇到公共危机时,他们之间必然会形成一个具有共同目标和利益的组织,这种小范围内的公共观念和公共感情就发挥着重要的黏合作用。瞿同祖在解释士绅家庭时讲道:"在地方(共同)危机迫近时,地方公共感情会强烈凸显出来;但在平时,阶级利益对士绅的行为方式具有更大的决定作用。"[1]显然,农民利益与士绅利益有一个冲突,但传统地方社会秩序的安定却只在于农民与士绅关系的融洽,而这种关系的获得也不难,只要士绅能做些维护地方利益的事情就会获得农民的支持与拥护。由于公共感情在士绅处理公共事务中发挥着重大作用,因而,一种较为狭隘的乡村公共观念就成为实现地方管理的内在理念。因此,在传统乡村社会里,家族宗族内部自我管理的结构与狭隘的公共观念为传统乡村公共精神奠定了结构与理念基础。

(二)乡村公共精神的现代内涵

公共精神作为一种追求公共价值的理念,它的发展经过了长期的历史过程,在不同地区与不同时代都有其特殊的内容和意义。纵向来看,中国传统的儒家思想丰富地体现了公共精神的传统实质。《礼记·大学》所言:"古之欲明明德于天下者,先治其国;欲治其国者,先齐其家;欲齐其家者,先修其身;欲修其身者,先正其心;欲正其心者,先诚其意;欲诚其意者,先致其知;致知在格物。"[2]明明德者要个人认知万物后,才能实现意念真诚、心思端正和品性良好,才能治理家庭与国家,这是一个从个体层面到集体层面的递进,是个人发展的最终境界,其出发点在于自我良好规范,但目标依旧关注国家公共事务,这与公共精神低层次向高层次的迈进过程是吻合的。再如北宋政治家范仲淹《岳阳楼记》中所呈现出的"先天下之忧而忧,后天下之乐而乐"的忧患意识;明末清初思想家顾炎武"天下兴亡,匹夫有责"的责任感和爱国心;"大道之行,天下为公"是孙中山先生一生为之奋斗的目标,他希望通过共同参与国家政治来实现天下为人民公有的革命抱负。上述这些都是传统公共精神的最好体现,虽然具有时代局限性,但也客观反映了人们对公共价值的追求。现代公共精神的内涵则更为丰富,就乡村公共精神而言,具体表现为乡村居民集体为乡村修筑道路、邻里之间相互帮扶、共同祭祀祖先、修建宗祠和共同商定村落事务等等。传统的公共精神需要在新的环境中继承发扬,更需要与现代的时代特征相结合,这样才能丰富和扩大乡村公共精神的内涵和功能。改革开放以来,由于城市化进程的不断推进和近代以来西方政治思想的发展,学者们的研究大多借鉴了西方的学术体系,

---

① 瞿同祖著,范忠信、何鹏、晏锋译:《清代地方政府》,北京:法律出版社,2011年,第289页。

② 王国轩译注:《大学·中庸》,北京:中华书局,2016年,第4页。

从现代社会的公共性要素进行分析。不可否认，西方的研究成果较多，但是，研究中国的问题需要从中国的实际出发，不能一味照搬国外的研究成果，顾此失彼。正如梁漱溟所言："抛开自己根本固有精神，向外逐求自家前途，则实为一向的大错误，无能外之者。"①因此，当代中国语境下的乡村公共精神既需要国家层面价值的体现，也需要中观层面社会组织作用的发挥，更需要微观层面乡村社会中农民公共精神的培育。随着乡村社会民主政治的不断推进，学术界在研究乡村社会建设的过程中也逐渐讨论乡村公共精神的问题。一些学者从公共精神的社会属性与政治属性的角度进行分析，认为乡村公共精神是指："村民在处理个人利益与村庄公共利益的关系中所具有的关心与积极参与公共事务、政治利他、爱心和奉献等公共价值与信念，它与熟人利他交换行为、村庄共同体意识、公共事务中的政治契约精神以及社会主义市场经济的基本理念等密切相关。"②一些学者从公共治理的视角出发，认为："乡村公共精神是孕育于乡村社会之中，位于村民基本道德和政治价值层面的以社会发展为依归的价值取向。"③主要表现为村民对共同体及村庄公共利益抑或集体利益的认同和维护、公共责任感和对村庄公共事务的参与意识。虽然，学者们对于乡村公共精神概念的阐释有所不同，但都有其共性，归纳起来主要体现为三方面：一是乡村公共精神是以追求村庄公共利益为目的；二是以基本的道德和价值理念为其行动指南；三是以积极参与公共事务为己任。这体现了乡村社会中公共参与、公共利益和公共价值等公共性的统一。因而，从现代社会视角看，乡村公共精神的内涵体现了现代特征，即体现了在社会主义核心价值观引领下村民对公共事务的参与和公共生活的追求。研究乡村公共精神要实现传统与现代的结合，"需要在充分利用中国本土资源的基础上顺应现代化的基本趋势并服务于乡村民主治理，最终实现乡村公共精神由内生自发向制度建构延伸、由宗法伦理向契约精神转型，并从熟人社会走入公众世界"④。因此，在中国特色社会主义进入新时代和乡村振兴战略背景下，现代乡村公共精神的内涵应该是在乡村社会内部，形成以马克思主义和社会主义核心价值观为理念指导，以基本的道德为前提，通过村民积极参与公共事务和培育公共组织与公共空间来追求村庄公共利益的一种价值理念。

---

① 梁漱溟：《乡村建设理论》，上海：上海人民出版社，2011 年，第 55 页。

② 吴春梅，石绍成：《乡村公共精神：内涵、资源基础与培育》，《前沿》，2010 年第 7 期。

③ 王丽：《公共治理视域下乡村公共精神的缺失与重构》，《行政论坛》，2012 年第 4 期。

④ 吴春梅，石绍成：《乡村公共精神：内涵、资源基础与培育》，《前沿》，2010 年第 7 期。

第二章　发达地区乡村社会治理中的公共精神价值体现

当前,随着基层民主政治建设进程的推进,特别是村民自治的不断深入,农民参与乡村公共事务的主动性和自觉性增强,并在参与公共事务的过程中逐渐形成了一种村庄内的公共认同,即群众为了村庄集体利益在参与公共事务的过程中所形成的一种现代乡村公共精神。创新乡村社会治理需要发挥农民的主动性,而现代乡村公共精神的形成则为农民参与乡村社会治理提供了重要的理念引导与公共氛围,特别是伴随社会主义核心价值观的深入,农村的集体认同出现了增长态势,为重新建立新的维系乡村社会发展的内在机制提供了有效保障。在乡村振兴战略背景下,推进和改善乡村治理,形成自治、法治和德治相结合的治理体系,需要发挥自治的基础性作用,而积极培育农民的公共精神,为农村自治提供重要的内在支撑。因此,在发达地区乡村社会治理面临诸多困境和现代乡村社会公共认同逐渐增强的现状下,发挥现代乡村公共精神的价值,对于当前加强和创新乡村社会治理具有重要的现实意义。

第一节　发达地区差异及乡村共性分析

《现代汉语词典》将"发达"解释为"事物已有的充分发展",①这里体现发展的程度是"充分",相对应的"欠发达"是事物没有得到充分发展,"发达"与"欠发达"主要区别在于发展的程度不同。发达是一个相对概念,"发达地区"与"欠发达地区"相对应,基本内涵就是发展程度较高、发展较充分的地区。同时,它也是一个较为模糊的概念,以往衡量发达与欠发达往往通过单一的经济指标,但这种指标不能完全涵盖发达的内涵。因而,现代区分发达与欠发达的指标呈现多元化和综合化,如人均可支配收入和人均消费之比、城乡差距指数、城镇化率、居民受教育程度和三产占比

---

① 中国社会科学院语言研究所词典编辑室编:《现代汉语词典》(第6版),北京:商务印书馆,2012年,第348页。

等。不同的评价体系呈现的结果不同,但是从这些指标体系可以看出发达地区一些较为明显的特征。如自然条件较好,具有区位优势和便捷的交通;产业结构较合理,三产占比中,工业和服务业占比相对较大;城乡差距较小,城乡融合发展程度较高;市场经济发展较好,内生型与外向型经济发展程度高等。而单就一个区域来看,衡量一个地区是否发达的重要和明显的指标是这个地区的经济发达程度,欠发达地区无论经济发展水平、生产力发展水平还是科技发展水平都比发达地区低。因而,一般意义上的发达地区是指经济发展程度较高的地区,其人均地区生产总值、人均可支配收入等主要经济指标高于平均水平的地区。

一、发达地区与欠发达地区的差异性

(一)地理空间的差异

国家第一次经济普查将全国划分为三个地区:"东部地区包括北京、天津、江苏、浙江、广东等11省和直辖市;中部地区包括山西、吉林、黑龙江等8个省份;西部地区包括内蒙古、广西、重庆等12个省、直辖市和自治区,这三个区域呈现经济发展的非均衡性,发达程度由自东向西呈递减态势。"[①]虽然,随着改革开放不断推进,一些地区的经济取得了飞速发展,但是从整体而言,这样一种自东向西经济发展程度递减的态势依然没有发生太大变化。一些学者对东部沿海发达地区的经济发展特点做了总结:"国民经济持续快速增长;工业化和城市化发展非常迅速;产业结构处于迅速调整与升降之中;经济全球化迅速发展。"[②]东部沿海地区的整体经济基础好,三产发达,人口密集,属于发达地区,而中西部地区则相对落后,属于欠发达地区。国家统计局第四次全国经济普查也按照东、中、西部划分区域,东部地区包括北京、天津、河北、辽宁、上海、江苏、浙江、福建、山东、广东、海南;中部地区包括山西、吉林、黑龙江、安徽、江西、河南、湖北、湖南;西部地区包括内蒙古、广西、重庆、四川、贵州、云南、西藏、陕西、甘肃、青海、宁夏、新疆。从地理空间划分看,发达地区基本处于东部沿海区域,自然条件较为优越,地势平坦、气候湿润、植被茂盛、交通便利、人口密度大,而欠发达地区主要集中于中西部,地理位置靠近内陆,自然条件较差,特别是西部地区地势比较高,气候干燥、植被稀疏、人口较少。由于地理位置和自然条件存在的较大差异导致了东部地区与中西部地区在经济发展程度上不同。

---

① 景体华等:《中国区域经济发展报告 2005—2006》,北京:社会科学文献出版社,2006 年,第 32 页。
② 季任钧等:《中国沿海地区:乡村—城市转型与协调发展研究》,北京:商务印书馆,2008 年,第 18—22 页。

（二）经济发展水平差异

经济是社会发展的基础和原动力,经济发展水平是区别发达地区与欠发达地区差异的最重要指标。"东部一般指沿海发达地区;西部一般指西南西北地区;其他为中部地区。总体来讲,东部地区城市密集,经济发达,是中国经济的重心所在。"①经济发达地区拥有较高的生产力水平和科技发展水平,这种优势逐渐转变为人才优势、科技优势等发展要素优势,大量人才、技术等生产力发展资源向发达地区聚居,成为优质资源的流入地,而欠发达地区由于缺乏经济发展优势,大量人才、技术等资源外流,成为发达地区的资源输出地。发达地区与欠发达地区无论是在 GDP 总量、居民人均可支配收入,还是在经济产业活动单位数量等方面都存在较大差异。根据全国 31 个省区市 GDP 总量看,2018 年全国 GDP 总量约为 92 万亿元,东部地区(北京、天津、河北、辽宁、上海、江苏、浙江、福建、山东、广东、海南)生产总值约为 51 万亿元,占比约为 55%;中部地区(山西、吉林、黑龙江、安徽、江西、河南、湖北、湖南)生产总值为 22 万亿元,占比约为 24%;西部地区(内蒙古、广西、重庆、四川、贵州、云南、西藏、陕西、甘肃、青海、宁夏、新疆)生产总值约为 19 万亿元,占比约为 21%。从 GDP 占比看,东部超过中西部之和,而中西部地区较为接近。因此,从全国 GDP 占比分析,东部地区的经济总量高于中西部地区。(见图 2.1)

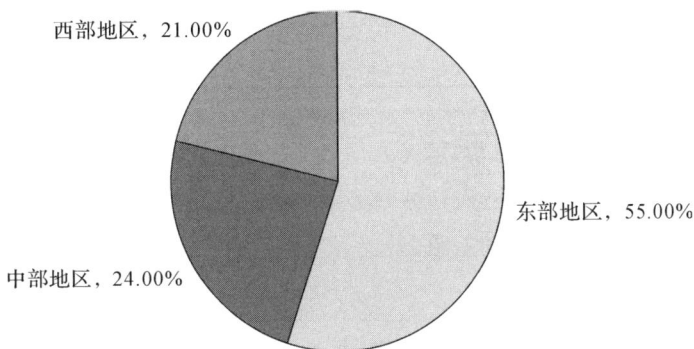

图 2.1　2018 年东中西部 GDP 占比

注:东部地区包括北京、天津、河北、辽宁、上海、江苏、浙江、福建、山东、广东、海南;中部地区包括山西、吉林、黑龙江、安徽、江西、河南、湖北、湖南;西部地区包括内蒙古、广西、重庆、四川、贵州、云南、西藏、陕西、甘肃、青海、宁夏、新疆。

数据来源:国家统计局统计数据。

---

① 贺雪峰:《论中国村庄结构的东部与中西部差异》,《学术月刊》,2017 年第 6 期。

　　从居民人均可支配收入看,2018年全国居民人均可支配收入28228元,人均可支配收入中位数24336元。其中,东部地区居民人均可支配收入约为38670元;中部地区为23575元;西部地区为21598元。从东中西部三个地区的居民人均可支配收入看,只有东部地区超过中位数,而中西部地区均低于中位数。(数据来源于国家统计局统计数据)

　　从产业活动单位数量看,2018年末东部地区拥有产业活动单位1408.3万个,占比57.4%;中部地区568.4万个,占比23.1%;西部地区478.3万个,占比19.5%。从法人单位数量看,东部地区拥有法人单位1280.2万个,占比58.8%;中部地区492.9万个,占比22.6%;西部地区405.8万个,占比18.6%。从产业活动单位数量和法人数量看,东部地区占比均超过50%,而中西部地区占比与东部地区比较还存在着一定的差距,可以初步反映东中西部地区产业经济发展现状。(见表2.1)

表 2.1　东中西部产业活动单位和法人单位

地　　区	产业活动单位		法人单位	
	数量/万个	比重/%	数量/万个	比重/%
东部地区	1408.3	57.4	1280.2	58.8
中部地区	568.4	23.1	492.9	22.6
西部地区	478.3	19.5	405.8	18.6
总　　计	2455	100	2178.9	100

数据来源:国家统计局统计数据。

　　东中西部地区在GDP总量、居民人均可支配收入、产业活动单位和法人单位数量方面都基本呈现自东向西逐级递减趋势,这也充分反映了中西部欠发达地区与东部发达地区间经济发展水平的差距。

(三)产业结构差异

　　从发达地区与欠发达地区发展看,造成地区间经济发展水平差异的原因除了地理空间和自然条件的客观影响因素外,最主要的因素是产业结构差异所引起的,主要通过三产在地区生产总值中所占比重、三产对地区生产总值拉动的贡献率以及三产就业人数体现出来。2018年全国三产对国内生产总值的贡献率分别为4.2%、36.1%、59.7%;三产对国内生产总值的拉动百分点分别为0.3、2.4、3.9;三产就业人员数量分别为20257.7万人、21390.5万人和35937.0万人。(见表2.2)

表 2.2　2018 年全国三大产业对国内生产总值的影响及就业情况

产业分类	对国内生产总值的拉动百分点/个	国内生产总值贡献率/%	就业人口/万人
第一产业	0.3	4.2	20257.7
第二产业	2.4	36.1	21390.5
第三产业	3.9	59.7	35937.0

资料来源:国家统计局统计数据。

从全国三产对国内生产总值的贡献率和拉动百分点看,第二产业和第三产业起到了决定性的作用,特别是第三产业,已经成为经济发展的最主要驱动力。从第三产业的产值和就业人数看均超过了第一、第二产业,这是进入后工业时期一个非常重要的衡量指标。

但是,上述数字体现的全国的平均水平,反映到各个地区之间还存在着较大差异(见表 2.3)。2018 年东部地区,第一产业、第二产业、第三产业总值分别为24037.69 亿元、206474.6 亿元、275798.9 亿元,三产占比分别为 4.7%、41.5%、54.4%;中部地区第一产业、第二产业、第三产业总值分别为 20338.17 亿元、95200.6 亿元、108555.4 亿元,三产占比分别为 9.1%、42.5%、48.4%;西部地区第一产业、第二产业、第三产业总值分别为 20358.3 亿元、74645.54 亿元、89298.24 亿元,三产占比分别为 11%、40.5%、48.5%。

表 2.3　2018 年东中西部地区三大产业总值及占比

地　区	第一产业		第二产业		第三产业	
	总值/亿元	占比/%	总值/亿元	占比/%	总值/亿元	占比/%
东部地区	24037.69	4.7	206474.60	41.5	275798.90	54.4
中部地区	20338.17	9.1	95200.60	42.5	108555.40	48.4
西部地区	20358.30	11.0	74645.54	40.5	89298.24	48.5

数据来源:国家统计局统计数据。

从东部地区与中西部地区三产占比看,东部地区第一产业占比最小,西部地区占比最大;第三产业占比只有东部地区超过 50%,中部和西部地区均未超过 50%;第二产业占比较为接近。虽然中西部地区第三产比重与第一和第二产业相比较高,但是与东部地区第三产业占比相比较,则相对较低。因此,从产业结构看,东部地区与中西部地区仍存在较大差异,东部地区工业和服务业占比较高,而西部地区传统农业和工业在地区生产总值中仍占较大比重,需进一步加强产业结构调整。

（四）城乡发展差异

发达地区与欠发达地区除了在空间区位、经济发展水平、产业结构方面存在较大差异外，从城乡区域发展角度看，也存在着较大的差距。改革开放以来，发达地区逐渐实现了城市工业化和乡村城镇化发展，城市与农村发生了很大变化，城乡融合发展程度较欠发达地区水平要高。20世纪90年代以来，东部沿海地区在城市工业化的基础上，积极推进工业对农业、城市对农村的反哺，逐渐形成以工促农、以城带乡的新型城乡一体化关系，城乡资源合理化配置和城乡公共服务和公共资源的均等化发展。因而，发达地区在经济快速增长的同时，城乡之间的关系由计划时期割裂的二元结构向城乡统筹和融合方向发展。截至2018年，"中国人均GDP达到了59660元"①，而发达地区的人均GDP普遍高于平均数，如果换算成美元的话，发达地区大多数省份人均GDP已经超过1万美元，城镇化进入高速发展阶段，也为城乡融合奠定了重要的经济基础。因而，在经济社会的转型和高速发展期，发达地区拥有着大量资金、技术、人才，在合理统筹协调这些要素间关系的基础上，逐步建立了科学的流通机制，保障城乡间要素的互补。因此城市与乡村间的融合度较高，城乡二元结构体制的影响较小，呈现出城乡一体化的发展现状。而欠发达地区的发展重心仍然以中心城市为主，城市经济发展特色明显，城市对乡村的辐射范围有限，城乡发展差距较大，这种差距可以通过城乡居民可支配收入分析体现出来。从2014年到2018年五年的全国城乡居民可支配收入情况看（见表2.4），无论是城镇居民还是农村居民人均可支配收入增幅都较大，居民人均可支配收入同比增长率达到年均8.8%，城镇居民人均可支配收入同比增长率达到8.22%，农村居民人均可支配收入同比增长率达到年均9.14%，城乡人均可支配收入比的平均值为2.72。

表2.4　2014—2018年全国城乡居民可支配收入情况

年份	居民人均可支配收入/元	居民人均可支配收入同比增长率/%	城镇居民人均可支配收入/元	城镇人均可支配收入同比增长率/%	农村居民人均可支配收入/元	农村居民人均可支配收入同比增长率/%	城乡人均可支配收入比
2018	28228.05	8.7	39250.84	7.8	14617.03	8.8	2.69
2017	25973.79	9.0	36396.19	8.3	13432.43	8.6	2.71
2016	23820.98	8.4	33616.25	7.8	12363.41	8.2	2.72

① 数据来源：《中华人民共和国2017年国民经济和社会发展统计公报》（http://www.stats.gov.cn/tjsj/zxfb/201802/t20180228_1585631.html）。

续表

年份	居民人均可支配收入/元	居民人均可支配收入同比增长率/%	城镇居民人均可支配收入/元	城镇人均可支配收入同比增长率/%	农村居民人均可支配收入/元	农村居民人均可支配收入同比增长率/%	城乡人均可支配收入比
2015	21966.19	8.9	31194.83	8.2	11421.71	8.9	2.73
2014	20167.12	9.0	28843.85	9.0	10488.88	11.2	2.75

数据来源:国家统计局统计数据。

但是,上述这些数据是全国城乡居民可支配收入的平均值,由于地区经济发展水平和城乡发展的差异,全国各个省份之间存在一定的差距,以2018年全国各省份居民人均可支配收入数据作为分析对象。(见表2.5)

表2.5　2018年全国各省份居民人均可支配收入情况

地区	居民人均可支配收入/元	城镇居民人均可支配收入/元	农村居民人均可支配收入/元	城乡人均收入差距/元	城乡人均可支配收入比
北京	62361.22	67989.89	26490.29	41499.60	2.566597
天津	39506.15	42976.25	23065.23	19911.02	1.863248
河北	23445.65	32977.18	14030.89	18946.29	2.350327
山西	21990.14	31034.8	11750.01	19284.79	2.641257
内蒙古	28375.65	38304.68	13802.56	24502.12	2.775187
辽宁	29701.45	37341.93	14656.33	22685.60	2.547836
吉林	22798.37	30171.94	13748.17	16423.77	2.194615
黑龙江	22725.85	29191.33	13803.65	15387.68	2.114754
上海	64182.65	68033.62	30374.73	37658.89	2.239810
江苏	38095.79	47199.97	20845.07	26354.90	2.264323
浙江	45839.84	55574.31	27302.37	28271.94	2.035512
安徽	23983.58	34393.08	13996.02	20397.06	2.457347
福建	32643.93	42121.31	17821.19	24300.12	2.363552
江西	24079.68	33819.40	14459.89	19359.51	2.338842
山东	29204.61	39549.43	16297.00	23252.43	2.426792
河南	21963.54	31874.19	13830.74	18043.45	2.304590
湖北	25814.54	34454.63	14977.82	19476.81	2.300377
湖南	25240.75	36698.25	14092.51	22605.74	2.604096

续表

地区	居民人均可支配收入/元	城镇居民人均可支配收入/元	农村居民人均可支配收入/元	城乡人均收入差距/元	城乡人均可支配收入比
广东	35809.90	44340.97	17167.74	27173.23	2.582808
广西	21485.03	32436.07	12434.77	20001.30	2.608498
海南	24579.04	33348.65	13988.88	19359.77	2.383940
重庆	26385.84	34889.30	13781.22	21108.08	2.531655
四川	22460.55	33215.91	13331.38	19884.53	2.491558
贵州	18430.18	31591.93	9716.10	21875.83	3.251503
云南	20084.19	33487.94	10767.91	22720.03	3.109976
西藏	17286.06	33797.38	11449.82	22347.56	2.951783
陕西	22528.26	33319.25	11212.84	22106.41	2.971526
甘肃	17488.39	29957.00	8804.13	21152.87	3.402608
青海	20757.26	31514.53	10393.34	21121.19	3.032185
宁夏	22400.42	31895.22	11707.64	20187.58	2.724308
新疆	21500.24	32763.55	11974.50	20789.05	2.736110

数据来源：国家统计局统计数据。

从居民人均可支配收入看，上海、北京、浙江位列前三，分别为 64182.65 元、62361.22 元和 45839.84 元，贵州、甘肃和西藏位列最后三位，分别为 18430.18 元、17488.39 元和 17286.06 元。从城镇居民人均可支配收入数据看，上海、北京和浙江位列前三，分别为 68033.62 元、67989.89 元、55574.31 元；排在最后三位的依次为吉林、甘肃、黑龙江，分别为 30171.94 元、29957.00 元、29191.33 元。从农村居民人均可支配收入数据看，上海、浙江、北京位列前三，分别为 30374.73 元、27302.37 元、26490.29 元，青海、贵州、甘肃位列最后三位，分别为 10393.34 元、9716.1 元、8804.13 元。从居民人均可支配收入、城镇居民人均可支配收入、农村居民人均可支配收入三组数据看，位列前三位的是上海、北京和浙江，而位列后三位的省份主要集中在中西部地区，从全国其他各省份的数据看，东部发达地区城乡支配收入也普遍高于中西部地区，反映出东部地区的城乡发展水平较中西部地区高，存在明显的区域差异。

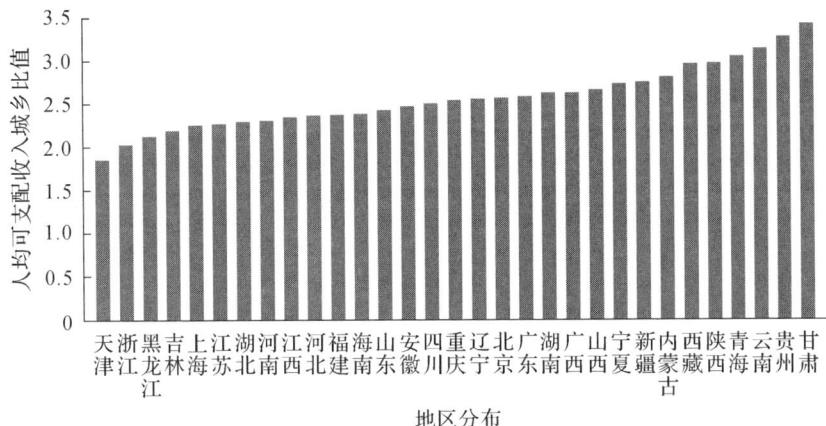

图 2.2　各地区城镇居民与农村居民人均可支配收入比

从 2018 年城镇居民与农村居民人均可支配收入比看（见图 2.2），城乡人均可支配收入比值较低的前三个省份为天津、浙江、黑龙江，数据分别为 1.87、2.04、2.11，城乡人均可支配收入比值最高的三个省份分别为云南、贵州、甘肃，数据为 3.11、3.25、3.4。从城乡人均可支配收入比值较低的前十个省份看，东部和中部各占五个，而收入比值最高的五个省份皆为西部地区。因此，从数据来看，东部地区城乡发展水平较高，城乡居民收入差距较小，城乡融合发展度较高；中部地区在城乡发展水平较低和差距较小的情况下，城乡居民收入比也呈现较低的现状；西部地区在城镇居民和农村居民人均可支配收入水平较低的情况下，还存在着城乡居民可支配收入差距较大的问题，城乡发展凸显不平衡性。

二、发达地区内部差异

中国幅员辽阔，不仅发达地区与欠发达地区在地理空间、经济发展水平、产业结构以及城乡统筹发展等方面存着较大差异，而且从发达地区内部来看，也存在着经济发展模式、产业结构和城乡发展之间的差异。

（一）经济发展模式的差异

由于工业化和城市化进程直接影响着乡村社会的变迁，因此，不同的经济发展程度必然会呈现出不同的乡村社会结构。贺雪峰认为村庄结构可以从经济水平和历史文化差异进行划分，历史差异呈现为南中北的不同，而经济发展水平呈现出东中西的差异，他主要从经济角度分析发达地区乡村社会呈现出的结构特征。"经济发展水平也对村庄社会结构有着巨大影响，从经济发展水平来看村庄，就是经济社会结构的视角。"①经济是社会发展的基础和原动力,经济发达地区拥有较高的生产力水平和科技发展水平,这种优势逐渐转变为人才优势、科技优势等发展要素优势,大量人才、技术等生产力发展资源向发达地区聚居,成为优质资源的流入地。同时,欠发达地区由于缺乏经济发展优势,大量人才、技术等资源外流,成为发达地区的资源输出地,呈现东西部地区经济发展不平衡。东部发达地区是一个区域性范畴,它是发达地区的一个统称,包含很多地区,经济发展也呈现出不同的发展模式,同样作为发达地区,不同地区之间的经济发展模式也不同,有的地方强调政府的主导地位,通过政府力量推动经济发展;有的地方则强调市场和社会的作用,在政府发挥服务职能的前提下,通过市场、社会的自我发展和民众创造性发挥实现经济飞跃;有的地方则是利用国家政策扶持、有利的区位和土地、劳动力优势,通过引进国外的大型企业和生产技术发展外向型经济,让中外合资、中外合作与外资企业成为经济发展的主体,权力下放,使经济主体具有较强的自主性。无论是哪种经济发展模式,只要因地制宜,符合本地的发展需要,能有效推进经济社会的发展,就是可行的。例如苏南模式通过工业化发展促进市场化,政府组织资源并主导乡镇企业发展,走是的一条先建企业再拓展市场的集体经济发展之路;浙江模式(以温州为代表)是通过市场化促进工业化发展,通过小作坊、小企业生产的小商品成为市场经济发展的先导,通过温州人走南闯北建立商品市场,而后通过市场再扩大企业规模,走是的一条先有市场后有工业化的发展之路;广东模式是积极利用国家的特殊经济政策和其独特的区位优势,由政府主导而形成的以中外合资、中外合作和外资企业为主的一种外向型经济发展模式。因此,苏南地区在乡镇企业快速发展的过程中,政府发挥了主导作用,组织大量资源,助推企业发展,企业呈现规模化、集约化和国际化的特点。同时,苏南乡村社会体现较强的地方政府管理机制,政府在干预地方经济的同时也干预地方管理。温州模式强调个体价值在资源配置中的作用,私营经济在市场经济中占据主导,政府本着"无为而治"的思路,推动温州民营经济的快速发展。广东模式强调外来资金、技术和人才等资源方面的优势,政府采用积极主动的政策、法律等手段,提升行政效率,在城乡经济社会发展中发挥着主导作用。

（二）产业结构差异

由于区位条件、产业结构等差异,东部发达地区在地区生产总值和人均可支配收入等指标上普遍高于中西部地区,体现了发达地区在经济发展方面的优势。但

---

① 贺雪峰:《论中国村庄结构的东部与中西部差异》,《学术月刊》,2017 年第 6 期。

是,从东部 11 个省份内部看,发展水平也存在着较大差异,下面着重从产业结构上进行分析(见表 2.6)。

表 2.6　2018 年东部地区三产数值及占比情况

省份	第一产业		第二产业		第三产业		总产值/亿元
	产值/亿元	占比/%	产值/亿元	占比/%	产值/亿元	占比/%	
北京	118.69	0.39	5647.65	18.63	24553.64	80.98	30319.98
天津	172.71	0.92	7609.81	40.46	11027.12	58.62	18809.64
河北	3338.00	9.27	16040.06	44.54	16632.21	46.19	36010.27
辽宁	2033.30	8.03	10025.10	39.60	13256.95	52.37	25315.35
上海	104.37	0.32	9732.54	29.78	22842.96	69.90	32679.87
江苏	4141.72	4.47	41248.52	44.55	47205.16	50.98	92595.40
浙江	1967.01	3.50	23505.88	41.83	30724.26	54.67	56197.15
福建	2379.82	6.65	17232.36	48.13	16191.86	45.22	35804.04
山东	4950.52	6.47	33641.72	44.00	37877.43	49.53	76469.67
广东	3831.44	3.94	40695.15	41.93	52751.18	54.23	97277.77
海南	1000.11	20.70	1095.79	22.68	2736.15	56.63	4832.05

从东部地区第一产业的产值及其占比情况看,上海、北京和天津第一产业占比最小,分别为 0.32%、0.39% 和 0.92%,占各自地区生产总值的比值都不足 1%,而辽宁、河北和海南则第一产业占比最高,分别为 8.03%、9.27%、20.7%;第二产业占比较低的前三位分别是北京、海南和上海,分别为 18.63%、22.68% 和 29.78%,而河北、江苏和福建占比最高,分别为 44.54%、44.55% 和 48.13%;第三产业比重除了福建、河北和山东外,其他省份都超过了 50%,北京最高达到了 80.98%。东部 11 个省份三产比值的差异反映了各个地区发展阶段的差异,像北京、上海和天津后工业发展特征明显,服务业成为支撑经济发展的最主要产业,而河北、福建、江苏等地工业占比仍较高,工业化发展程度依然较高,这主要与它们的产业发展模式和发展阶段有关。

(三)城乡发展的差异

东部发达地区工业化快速推进,不仅为城市发展提供了充足的资金等条件,也为乡村提供了更有利的发展机会,城乡一体化发展趋势明显。从东部 11 个省份 2014 年和 2018 年城乡居民可支配收入比看(见图 2.3),2018 年城乡居民可支配收入总体上比 2014 年要低，城乡融合发展度呈增长态势。

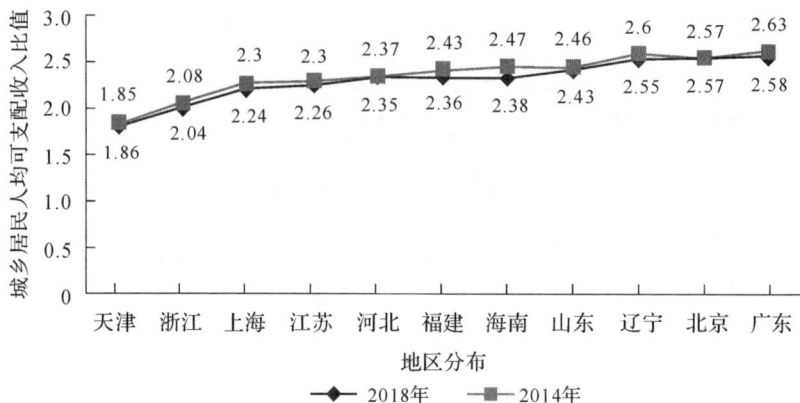

图 2.3　东部 11 个省份 2014 年和 2018 年城乡居民可支配收入比

　　虽然，东部地区 2018 年较 2014 年城乡居民可支配收入比总体呈下降态势，城乡融合度逐步提升，但是，由于工业化的发展模式不同，东部地区各省份的城乡居民可支配收入比还存在着一定差距。从东部各省份城乡可支配收入比看，2014 年城乡居民可支配收入比值平均数为 2.37，天津、浙江、上海、江苏和河北均低于平均数，而福建、海南、山东、辽宁、北京和广东都高于平均值，特别是广东高于平均值 0.26，与城乡居民可支配收入比值最低的天津相差 0.78，城乡可支配收入差距最大。2018 年城乡居民可支配收入比值平均数为 2.33，11 个省份中，低于平均值的有 4 个，高于平均值的有 7 个，比值最高和最低的依然是广东和天津，二者相差 0.72，与 2014 年的 0.78 相比，差距在缩小。从东部地区人均可支配收入看，虽然各个省份内部的城乡差距在缩小，但是，11 个省份之间相比城乡发展还存在的较大差距。

　　从东部地区 2014 年和 2018 年城乡居民人均消费水平比看（见图 2.4），各省份比值总体呈现下降趋势，消费水平均比值也从 2014 年的 2.19 下降到 2018 年的 2.03，反映出在城市居民消费水平不断提升的情况下，农村居民消费水平提升幅度较大。但是，发达地区内部城乡居民消费水平比也存在着一定的差距，2014 年和 2018 年比值最低和比值最高的省份都为浙江和辽宁，二者差距分别为 0.75 和 0.55，虽然比值在减小，但是差距依然较大。因此，从东部地区城乡居民可支配收入和消费水平数据分析，各省之间的城乡比总体在减小，但是差距依然较大，也客观地反映了各省份城乡发展水平的差距和发展模式的差异。

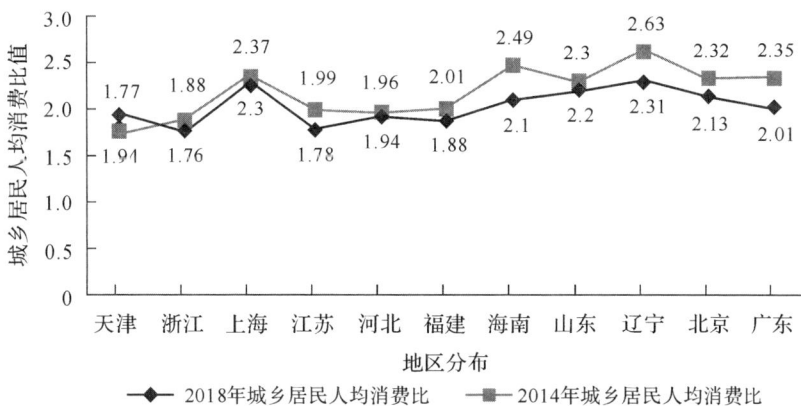

图 2.4　东部地区 2014 年和 2018 年城乡居民人均消费水平比

三、发达地区乡村共性特征

由于不同地区间经济发展水平存在着差异,工业化和城市化的进程直接影响着乡村社会的变迁,因此,不同的经济发展程度呈现出不同的乡村社会现状。虽然,发达地区的经济发展模式不尽相同,在产业结构和城乡发展方面存在较大差异,但是,也有共性之处,从发达地区乡村社会发展实际来看,发达地区乡村在经济发展水平、乡村社会建设、农民的民主意识、城乡融合发展等方面存在着诸多共性。

(一)乡村经济发展水平普遍较高

工业化和城市化进程直接影响着乡村社会的变迁,因此,不同的经济发展程度和发展模式必然会呈现出不同的乡村结构。从东部地区发展的现状看,乡村经济发展主要表现为三种路径,一是改革开放以来,以村庄私营经济为基础而形成的乡村民营经济发展模式,以浙江为典型;二是在原集体经济发展的基础上经过经济体制变革而形成的具有一定规模和影响力的民营企业,以江苏为典型;三是主要依靠改革开放的历史机遇,沿海地区的农村利用区位优势而引入的大量的外资企业,通过土地、劳动力等资本因素来助推乡村经济的发展,以广东为典型。这些发达地区省份在改革开放的时代背景下,结合各自的发展优势逐步探出了适合本地乡村经济发展的路径,极大地推动了乡村经济社会的发展。

由于影响乡村经济发展的因素较多,因此,衡量经济发展水平的指标也应该综合化,这里主要从 2018 年农村居民人均可支配收入、人均消费支出和农村居民平均每百户主要耐用消费品拥有量进行分析。

根据图 2.5,2018 年全国农村居民人均可支配收入为 14617.03 元,东部地区农民人均可支配收入为 20185.4 元,中部地区为 13832.4 元,西部地区为 11614.7 元,其中只有东部地区农村居民人均可支配收入超过全国平均数,中西部地区人均可支配收入均低于全国平均线。2018 年全国农村居民人均生活消费支出为 12124.27元,东部、中部、西部地区农村居民人均生活消费支出分别为 15337.7 元、11513.4元、10285.2 元,其中东部地区农村居民人均生活消费支出超过全国平均数,而中西部地区则低于全国平均数。

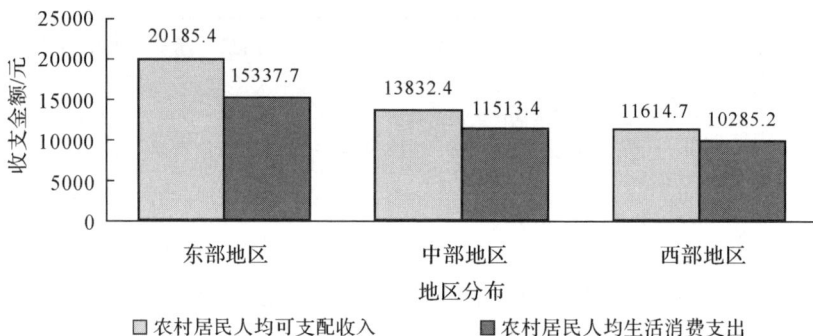

图 2.5   2018 年各地农村居民人均可支配收入与人均消费支出

下面将分析 2018 年农村居民平均每百户主要耐用消费品拥有量,以汽车、洗衣机、电冰箱和计算机为分析对象(见表 2.7)。从汽车、洗衣机和电冰箱的百户拥有量看,东中西部虽有差距,但差距不大,特别是洗衣机作为日常生活必需品,拥有量非常接近。作为现代智能设备的计算机,它是信息化、智能化、数字化时代的必备工具,极大改变了人们的工作和生活方式。从东中西部计算机拥有量来看,东部地区拥有量最多,西部最少,数据一定程度上反映了东中西部地区农村居民生产和生活方式的差异,东部地区乡村的现代化特征最为明显。

表 2.7   2018 年农村居民平均每百户主要耐用消费品拥有量情况统计

地　区	汽车/辆	洗衣机/台	电冰箱/台	计算机/台
东部地区	25.5	87.3	100.1	36.1
中部地区	19.2	85.3	94.5	26.7
西部地区	23.1	89.1	91.1	15.7

因此,从农村居民人均可支配收入和人均生活消费支出两项指标分析看出,东部发达地区的农民在收与支两方面均超过中西部地区,无论是经济实力水平还是生活水平都客观反映出东部地区乡村经济发展水平高于中西部地区。从农村居民主

要耐用消费品拥有量的角度看,不仅在拥有消费品数量,而且在拥有消费品新型化程度上东部地区都普遍优于中西部地区。

（二）经济精英治理程度较高

发达地区的城乡二元壁垒小,大量生产要素实现了从城市到农村的转移,乡村社会的城镇化率也逐步提升。"以苏南乡镇企业、浙江省个私民营企业、珠三角'三来一补'为典型的东部沿海农村快速工业化,农村经济快速增长,农民离土不离乡,进厂不进城。沿海地区出现了城乡一体的城市带,村庄被纳入城市带中发展。"①虽然,发达地区的经济发展模式不同,不管是政府主导的集体经济,还是积极发挥市场和社会主体的民营经济,在乡村经济的发展中,都需要发挥农民的积极作用。在政府主导乡镇集体经济发展模式的地区,政府为了更好地发挥乡镇集体企业在乡村社会建设中的作用,需要培养和选拔具有一定领导和致富能力的农民,发挥他们的引领作用。这些具有领导和致富能力的农民也逐渐成为乡镇集体企业的管理者,成为乡村社会治理的精英。在民营经济发达地区,农村中具有较强经济头脑的人较早进入市场,他们通过自身努力在市场中寻求发展,并逐渐推动民营企业发展,这些先知先觉先为者们也就成为农村的富人和能人。这些富人和能人善于捕捉市场信息,可以带领其他农民致富,自然也就成为乡村经济发展的带头人。不同于政府主导模式下的经济精英,他们不是通过政府干预形成的,而是在民营经济发展过程中通过群众认同形成的。例如浙江民营经济较为发达,虽然企业规模较小,但数量众多,呈现一种块状型发展模式,在民营经济发达的基础上,农村居民先富群体较多,经济优势在村庄治理方面的体现是富人治理村庄的结构;改革开放后,苏南地区积极发挥村庄主动性,大力兴办乡镇和村办集体企业,而后随着村办集体企业改制,原集体企业逐渐转型为民营企业,村干部不仅是村级事务的直接管理者,也是先富群体的典型代表,他们在村庄治理中具有较强的话语权;广东积极发展外向型经济,农村利用土地、厂房等优势条件积极吸引外来资金,村干部作为村庄管理者在参与企业的共建过程中也获得了一定的经济利益,成为村庄的先富群体。三个地区乡村治理都体现一种富人治村的模式,"简单地说,东部地区村干部基本上都已经企业家化了,或富人化了。无论是企业家当村干部,还是村干部变成企业家,在东部地区农村,企业家与村干部身份出现了明显的合二为一"。② 虽然,发达地区普遍体现出一种经济精英治村的模式,但三个地区的治村结构存在一定的差异。浙江在农村民营经济发展

---

① 贺雪峰:《论中国村庄结构的东部与中西部差异》,《学术月刊》,2017 年第 6 期。

② 贺雪峰:《论中国村庄结构的东部与中西部差异》,《学术月刊》,2017 年第 6 期。

的过程中,民众的利益诉求和自主性增强,在乡村社会治理中实现自我管理、自我服务,在村庄治理中呈现出一种由内生致富主体主导的自治模式;苏南地区是在政府主导下而逐渐形成的一种外在权威式村庄治理模式,政府不仅决定企业发展方向,也主导地方的乡村社会治理;广东地区则更多的是在改革开放历史机遇中,利用外来的有利条件,在乡村经济发展的基础上逐渐形成的一种村庄内生权威式治理模式。虽然,东部发达地区较中西部地区经济发展水平较高,产业结构也较为优化,但是其内部经济发展模式呈现多样化特征,反映在乡村经济发展路径和治理结构上也不仅仅是上述三种,呈现出乡村治理的现实复杂性。相对而言,欠发达地区在城市发展过程中,由于城乡之间差距较大,在城市就业和利益驱使下,大量农村劳动力外出务工,许多经济、技术和知识精英流向城市,这也意味着乡村社会治理精英主体和活力逐渐缺失。

(三)乡村社会建设的基础较好

社会建设是一项系统工程,它与人民的生活息息关联,社会建设必须在经济发展和改善民生的基础上积极推动社会治理体制变革。乡村社会建设处于社会建设的最基层,乡村社会建设的实效直接反映在农民日常生产生活中,也直接影响着基层社会的稳定。乡村社会建设主要分为民生问题与社会治理,而不同经济发展水平所呈现出的民生问题和社会治理内容也存在较大差异。乡村振兴战略提出产业兴旺、生态宜居、乡风文明、治理有效、生活富裕,这为乡村社会建设提出了战略规划,但是不同地区的乡村社会建设完善程度也有非常大的差异。如果从社会建设的层级上划分,发达地区乡村社会建设的层级相对较高,这是因为发达地区的乡村社会在工业化和城市化的大力推动下,城乡融合度较高。而经济发展水平高,基本形成了适合自身发展的产业之路,奠定了乡村振兴的基石。因而,发达地区乡村社会建设的主要内容是在治理有效的基础上实现生态环境优化和农民生活富裕,即在保持社会稳定的基础上,发挥经济优势,实现生态宜居、乡风文明、治理有效和生活富裕。而欠发达地区由于工业化水平较低,乡村社会建设的主要内容首先是保障乡村经济社会的有效运转和秩序稳定。对于欠发达地区而言,实现乡村振兴,前提是要先脱贫,保障落后地区与发达地区一起进步,让老百姓过上幸福生活,实现共同富裕。从社会保障方面分析,2018年我国农村居民最低生活保障人数为3519万人,东中西部地区农村最低生活保障人数分别为614万人、1116万人、1789万人。东中西部农村最低生活保障人数分别占各自农村人口数的比重为3.3%、5.8%和10%。(见表2.8)从全国数据看,农村最低生活保障人数占农村人口数的6.3%,东部地区和中部地区均小于平均数,特别是东部地区占比最小,而西部地区则远大于平均数,占比最大。从农村最低生活保障人数来看,东部保障占比最小,客观反映了东部地区乡村贫困率较低,前期民生和社会保障程度较高;西部地区保障占比高,说明西部地区乡村贫困率较高,参与最低生活保障人数较多。

表 2.8　2018 年我国东中西部地区农村居民最低生活保障人口统计

地区	农村人口/万人	农村最低生活保障人口/万人	占比/%
东部地区	18709	614	3.3
中部地区	19129	1116	5.8
西部地区	17879	1789	10
总　计	55707	3519	6.3

数据来源:国家统计局统计数据。

当然,乡村社会建设的内容较为丰富,从民生内容视角看,包括教育、就业、医疗、住房、养老、社会保障等方面,可以从不同的衡量标准去分析发达地区与欠发达地区乡村社会建设的程度,这里主要是从农民最低生活保障人数的这一衡量指标去分析东中西部地区乡村社会建设差异,东部发达地区的乡村社会建设程度要高于中西部地区。因此,从乡村社会建设的程度上看,发达地区较欠发达地区程度要高,但这并不意味着发达地区不需要产业兴旺,不需要精准扶贫,也不是说欠发达地区不需要实现其他振兴要求,而应该在全国整体实施乡村振兴战略的基础上,分地区、分阶段开展乡村社会的各项建设,因地制宜,有的放矢,实现全面建成小康社会的目标。

(四)农民的民主意识程度较强

民主意识主要是指人们在对民主权利的认识和自身利益的维护过程中所形成的一种对民主的理解。民主意识是推动民主政治发展的重要条件,改革开放以来,农民的民主意识逐步增强,极大地推动了基层民主政治建设进程。但是,由于我国幅员辽阔,地理区位条件不同,不同地区的农民受到传统文化、地区经济发展水平等差异的影响,所表现出的民主意识程度也不同。从发达地区与欠发达地区看,一是由于东部地区市场经济发展较为充分,农民的思想观念受到市场经济的影响较大,对民主权利的要求和自身利益的维护意识较强,民主意识程度高。经济是民主政治发展的基础,发达地区的农民拥有了一定的经济基础后必然会追求政治民主。而欠发达地区受市场经济的冲击较小,产业结构单一,经济发展基础薄弱,旧有经济体制和传统思想文化的影响依然较大，导致农民的民主权利意识淡薄，思想较为保守，对村民自治和基层民主政治建设参与度不高。同时，发达地区拥有经济发展的基础优势，这种优势逐渐转化为人才、技术等发展优势的集聚，伴随着大量的新型产业和科技人才涌入，这种集聚优势成为发达地区经济发展新的动力源。而欠发达地区本身经济发展基础较弱，特别是乡村缺乏经济发展的产业支撑，在发达地区强大经济优势吸引下，大量的人才、技术能流入发达地区，造成了二者之间发展的严重不平衡。在上述农村居民人均可支配收入、农村居民人均消费水平、耐用消费品的拥有量等方面欠发达地区都与发达地区有较大的差距。二是由于发达地区大多都是东部沿海省份，受地理区位优势的影响，东部沿海的居民在接受外来思想和文化等方面有着天然的优势，农民的开放度和接纳度都较高。特别是改革开放以来，东部沿海地区作为改革开放的前沿阵地，最先享受到国家政策的福利，也最先打破了计划经济体制的束缚，在乡村经济发展的同时，市场经济的开放性、平等性等逐渐被沿海地区的农民所接受并将其应用于实际的经济发展中，极大地推动农村生产力的发展，也逐渐增强了农民的自主意识，推动了村民自治发展。而欠发达地区，大多深处内陆，不仅受市场经济和外来思想的影响较弱，而且又受旧有体制和思想的影响较明显，农民在日常的生产生活中依然依靠传统固有的方式去处理村庄内部事务。如在农村经济发展中，农民过多依赖地方政府去解决经济发展的困境，自我发展的意识不强；在村庄公共事务的处理上依赖传统家族式管理方式或者采用一些过激的行为方式，农民的现代民主和法治意识淡薄。三是由于发达地区的乡村产业基础好，能够吸引农村中青年留下来，文化知识水平较高，发展农村经济理念和治理村庄事务的方式方法较先进。发达地区乡村在产业兴旺的基础上培育了一大批经济精英，他们的致富能力较强，接受先进思想程度较高，能够很好地发挥致富带头的引领作用，并逐渐改变乡村治理的旧有结构，成为乡村治理的内在主体。而欠发达地区，由于缺乏现代产业的支持，农村中青年有生力量外流，农村老龄化特征明显。这些农民年龄普遍偏大，知识水平较低，接受外流新鲜事物的能力较弱，在乡村经济社会的发展中仍采用传统的生产方式和治理模式，思想保守，乡村社会现代化进程缓慢。

（五）城乡融合发展程度较高

随着市场经济和城市化发展，城乡二元结构使城市与乡村在地理空间结构对接上产生了一系列问题。因此，如何统筹城乡发展、缩小城乡发展差距，促进经济社会全面协调发展成为国家和社会所关注的重要内容。十九大报告提出乡村振兴战略时指出："要坚持农业农村优先发展，按照产业兴旺、生态宜居、乡风文明、治理有效、生活富裕的总要求,建立健全城乡融合发展体制机制和政策体系,加快推进农业农村现代化。"①建立健全城乡融合发展体制机制就是化解城市与乡村之间的不平衡发展,缩小二者之间的差距,为决胜全面建成小康社会奠定基础。城乡融合发展是一个漫长的过程,也是未来城乡发展的基本方向,融合发展并不是要完全消除城市与农村之间的差别,实现同样发展,而是要实现城市与农村资源的相互流动,保障二者资源的优化配置,实现城乡经济社会的全面发展。改革开放以来,发达地区逐渐实现了城市工业化和乡村城镇化发展,城市与农村发生了很大变化,城乡融合发展程度较欠发达地区水平要高。20世纪90年代以来,东部沿海地区在城市工业化的基础上,积极推进工业对农业、城市对农村的反哺,逐渐形成以工促农、以城带乡的新型城乡一体化关系,城乡资源合理化配置和城乡公共服务和公共资源的均等化发展。因而,发达地区在经济快速增长的同时,城乡之间的关系由计划时期割裂的二元结构向城乡统筹和融合方向发展。截至2018年,"中国人均GDP达到了59660元"②,而发达地区的人均GDP普遍高于平均数,如果换算成美元的话,发达地区大多数省份人均GDP已经超过1万美元,城镇化进入高速发展阶段,也为城乡融合奠定了重要的经济基础。因而,在经济社会的转型和高速发展期,发达地区拥有着大量资金、技术、人才,在合理统筹协调这些要素间关系的基础上,逐步建立了科学的流通机制,保障了城乡间要素的互补。因此城市与乡村间的融合度较高,城乡二元结构体制的影响较小,呈现出城乡一体化的发展现状。

第二节　发达地区乡村社会治理面临的突出困境

现阶段乡村社会治理难,这是因为乡村社会出现了新的情况,面临着新问题,而这些问题的出现是中国传统社会几千年来所未遇到的。乡村社会治理已经不是以往静态化、封闭式、单一性的管理,而变成动态化、流动式、多元性的治理。发达地区作为经济先发区域,在乡村经济发展水平、乡村社会建设、农民民主意识等方面较欠发达地区高,也在乡村社会治理的方式方法方面进行了诸多有益探索。但是,发达地区在积极探索乡村社会治理模式的同时,也面临着双向困境:一方面,由于发达地

---

① 习近平:《决胜全面建成小康社会 夺取新时代中国特色社会主义伟大胜利》,《人民日报》,2017年10月20日01版。

② 数据来源:《中华人民共和国2017年国民经济和社会发展统计公报》(http://www.stats.gov.cn/tjsj/zxfb/201802/t20180228_1585631.html)。

区市场经济发展程度较高,农民的民主、法治意识较强,带来对传统乡村治理方式的冲击也较大,传统治理方式呈现明显的弱化趋势;另一方面,在传统治理方式弱化的现状下,现代乡村社会治理体系尚未真正建构起来,特别是缺乏乡村内在认同机制的支撑,治理呈现外在探索与内在认同之间的失衡。

一、人口外流削弱了乡村社会治理的内生性

(一)人口外流态势及原因分析

20 世纪 80 年代初,农村的生产方式发生了重大变革,家庭联产承包责任制取代了以队为单位的集体化生产,极大释放了农民的生产积极性,农村的生产力水平快速提升,在人口不断增长的背景下农村由此产生了大量剩余劳动力。但是,由于城市工业化发展在农村改革之后才逐步推进,城市容纳劳动力的数量和就业机会有限。因而,城市短时间内无法容纳大规模的农村劳动力,国家一定程度上采取一系列措施来限制农民向城市流动。"直到 80 年代中期,当农村改革取得了巨大成功、城市就业压力得到了缓解,这些促使政府开始放松对农民工进城的控制。"[①]特别是1992 年邓小平进行南方谈话之后,人们的思想进一步大解放,加快了改革开放的步伐,也给民营经济的发展开拓了广阔的市场。随后,东南沿海地区先行发展,带来了大量的就业机会,也吸引了大量农村劳动力进城务工。从改革开放之初至今,城镇人口逐年增长而乡村人口则呈现逐年减少态势。(见表 2.9)

表 2.9　我国 1980—2019 年城乡人口统计

年　份	总人口/万人	城　镇		乡　村	
		人口/万人	比重/%	人口/万人	比重/%
1980	98705	19140	19.39	79565	80.61
1985	105851	25094	23.71	80757	76.29
1990	114333	30195	26.41	84138	73.59
1995	121121	35174	29.04	85947	70.96
2000	126743	45906	36.22	80837	63.78
2005	130756	56212	42.99	74544	57.01

---

① 张广胜,田洲宇:《改革开放四十年中国农村劳动力流动:变迁、贡献与展望》,《农业经济问题》,2018 年第 7 期。

续表

年　份	总人口/万人	城　镇		乡　村	
		人口/万人	比重/%	人口/万人	比重/%
2010	134091	66978	49.95	67113	50.05
2015	137462	77116	56.10	60346	43.90
2019	140005	84843	60.60	55162	39.40

数据来源:中国统计年鉴。

进入 21 世纪以来,国家积极统筹城乡发展,加快户籍制度改革,在城市优质资源吸引下,乡村社会人口呈大规模外流态势,这对于乡村社会的发展产生了长远的影响。乡村人口大量外流,究其原因主要有两方面:一方面,随着人民公社体制的解体,农民不需要完全依赖集体组织谋求生存,这促使大量农民跳出农村进入城市;另一方面,由于城乡发展不平衡,农村公共产品与服务配套改革缓慢,较为优质的城市公共资源对农村劳动力的吸引力越来越强。"在社会进入到工业社会大背景中,依靠从事小规模的农业生产而获得一份与城市居民相当的收入是根本不可能的。农村形成了一种人多地少、小规模经营而导致的普遍贫困化。普遍的贫困化使得几乎农村中的每个劳动力都是潜在的流出者。"[1]在外流的乡村人口中,学习与就业是其主要目的,他们大多以中青年为主,而这些人恰恰是农村社会人口组成的中坚力量,是农村社会实现自我管理与服务的村庄内生主体。从社会发展角度看,人口外流的过程也是对乡村的社会侵蚀过程,一定程度上也会造成乡村的衰败。当然,人口大规模外流是城镇化发展的必然现象,这种现象也不仅仅在当下的中国出现,发达的欧美国家在城镇化的发展过程中同样也遇到过类似的情形。例如法国社会学家孟德拉斯针对 20 世纪 60 年代法国工业城市化发展带来的农村人口外流等一系列社会变迁所引起的乡村发展缓慢进而衰落的现象,写出了其代表作《农民的终结》。作者以法国二战后农村社会的变革为研究对象,通过对传统农业文明消亡过程的深入研究,得出"永恒的农民精神在我们眼前死去了,同时灭亡的还有建立在谷物混作基础上的家族制和家长制"。[2] 同时,作者对可能的未来作了深度预测,也对乡村社会未来的发展提出了担忧。这种担忧,一是对传统乡村社会的怀旧;二是对乡村社会变迁引起的现实发展的担忧;三是对未来社会发展充满着更多期待。时隔半个世纪

---

① 孙立平:《断裂:20 世纪九十年代以来的中国社会》,北京:社会科学文献出版社,2003 年,第 102 页。

② [法]H. 孟德拉斯著,李培林译:《农民的终结》,北京:中国社会科学出版社,1991 年,第 16 页。

之后的中国，也正在经历着这样一场乡村社会的巨变，也面临着法国 20 世纪 60 年代城市化进程中的所遇到的现实问题，加上中国地域广阔、地区发展不平衡等因素，这种巨变持续的时间可能会更长。农民是否会终结呢？陆学艺对农民的终结做了预测，他从农民职业化、农民组织化和城乡一体化三个方面分析了农民必然走向终结，他认为农民的终结就是农业现代化的走向。不过，"只要人类存在一天，就需要一部分人来从事农业生产和经营……我们所指的终结是指传统农民的终结"。① 传统意义上农民的终结是现代化进程中的必然现象，这种终结其实是原有农村生产方式和原有农民角色的终结，它是现代化发展进程中的重要一环，而我们现在正处于终结的过程中，这个过程必然会是经过一个较为漫长的时间阶段。

（二）人口外流削弱了乡村社会治理的内生性

现阶段，乡村人口流动带来的影响也是双方面的：一方面，农村人口流出会极大地释放农村劳动力，使他们转移到城市中来，为工业化和城市化的推进发挥积极作用；另一方面，人口流动使得乡村社会由静态转为动态，增加了社会治理的不稳定因素。而对于乡村自身而言，人口流动造成了村落的变化，一些村庄逐渐衰败，一些村庄已经彻底消亡，一些村庄正在随着城市化进程的加快逐渐消失在城市大规模的拆建中。"他们悄悄地逝去，没有挽歌，没有讣文，没有祭礼，甚至没有告别和送别，有的只是在他们的废墟上新建的文明的奠基、落成仪式和伴随的欢呼。"② 如果农民会终结的话，村庄也必然会终结，但是村庄的失去也许是一个更为漫长的过程，因为它不仅仅是农民身份的转变，而且更多涉及农村经济结构转型、原有血缘和地缘所形成的熟人关系网及传统文化习俗的变迁。总之，乡村人口外流使得中国最广阔的农村失去了经济社会发展的原动力和乡村社会自我管理的主体，这不利于乡村社会的可持续发展。

1. 乡村社会的内生主体流失

党的十一届三中全会后，乡村社会进行了经济、政治等一系列体制改革，在经济方面打破了人民公社体制下集体劳动的生产方式，农民在完成国家和集体任务的基础上，通过诚实劳动可以获得更多的农业产品和收入，个体劳动的积极性得到了极大释放，农业和农村呈现出蓬勃的发展生机。在人民公社时期，农业集体化生产需要大量的劳动力作为支撑，因而，农村人口增长较快，大量的农民被束缚在土地上从

---

① 陆学艺：《中国社会主义道路与农村现代化》，南昌：江西人民出版社，1996 年，第 202 页。

② 李培林：《村落的终结——羊城村的故事》，北京：商务印书馆，2004 年，第 1 页。

事农业生产。包产到户后,土地分给农民承包经营,农民生产积极性和农业生产力水平大幅提升,面对相对固定的土地,在经过一段时间之后,农村出现了大量的剩余劳动力。这些农民不需要再被地方政府强制束缚在土地上从事农业生产,他们开始摆脱体制的束缚,去城镇寻求更大的经济利益和发展空间。与此同时,相比较工业投入与产出,农业的效益较低,农村呈现出了发展的短板,在已经基本解决温饱的基础上,农民自然要求追求更好的物质利益,选择去城市工作和生活。在城市经济利益的外在刺激和农村社会发展缓慢之间的落差下,农村的青壮年劳动力率先踏出农村,加入城市化的进程中。

从农民工规模角度进行分析,根据国家统计局抽样调查结果显示(见表 2.10),从 2011—2019 年,全国农民工总量增速从 4.4% 下滑到 0.8%,其中外出农民工增速 3.4% 下滑到 0.9%、本地农民工增速 5.9% 下滑到 0.7%,三个增速均呈现下滑趋势,但三者总量还在不断增加,全国农民工总量从 25278 万人增长到 29077 万人,其中外出农民工总量从 15863 万人增加到 17425 万人,本地农民工数量从 9415 万人增加到 11652 万人。因此,从农民工规模角度看,虽然农民工总量增速放缓,但从总体态势分析,农民工仍处于外流状态中。

表 2.10　2011—2019 年农民工外出情况统计

年份	农民工总量		外出农民工		本地农民工	
	总人口/万人	总增速/%	人口/万人	增速/%	人口/万人	增速/%
2011	25278	4.4	15863	3.4	9415	5.9
2012	26261	3.9	16336	3	9925	5.4
2013	26894	2.4	16610	1.7	10284	3.6
2014	27395	1.9	16821	1.3	10574	2.8
2015	27747	1.3	16884	0.4	10863	2.7
2016	28171	1.5	16934	0.3	11237	3.4
2017	28652	1.7	17185	1.5	11467	2
2018	28836	0.6	17266	0.5	11570	0.9
2019	29077	0.8	17425	0.9	11652	0.7

数据来源:国家统计局《农民工监测调查报告》。

外流的这些青壮年农民是农业生产与农村社会建设的主体,他们通过学习、经商、务工或其他途径进入城市,逐渐接触并熟悉了城市的文化和生活方式,与现有农村的生活方式渐行渐远。从农民工年龄构成看(见表 2.11),21—50 岁的农民工作为农村经济社会建设的中坚力量,他们占农民工总数比重最高,从 2014—2019 年占比分别 79.4%、78.4%、77.6%、76.1%、75.2%、73.4%,虽然占比呈现逐年下降趋势,但数量仍占绝对多数,反映出新生代农民工已逐渐成为农民工的主体。

表 2.11　2014—2019 年农民工各年龄段占比　　　　　　单位:%

年份	16—20 岁	21—30 岁	31—40 岁	41—50 岁	50 岁以上
2014	3.5	30.2	22.8	26.4	17.1
2015	3.7	29.2	22.3	26.9	17.9
2016	3.3	28.6	22	27	19.1
2017	2.6	27.3	22.5	26.3	21.3
2018	2.4	25.2	24.5	25.5	22.4
2019	2	23.1	25.5	24.8	24.6

数据来源:国家统计局《农民工监测调查报告》。

从农民工的受教育程度看,农民工受教育程度呈现逐年增长趋势(见表 2.12)。近六年来,未上过学的农民工基本维持在 1% 左右,小学和初中文化程度呈现一定的递减趋势,而大专及以上文化程度总体呈增长趋势。从年龄和受教育程度分析,一般受教育程度较高的农民工年龄也相对较小,当受教育程度较高且年龄较小的农民成为流出农村的主力,客观上也反映出留守的农民受教育程度偏低和年龄较大。

表 2.12　2014—2019 年农民工的受教育程度占比情况统计　　　　单位:%

年份	未上过学	小学	初中	高中	大专及以上
2014	1.1	14.8	60.3	16.5	7.3
2015	1.1	14	59.7	16.9	8.3
2016	1	13.2	59.4	17	9.4
2017	1	13	58.6	17.1	10.3
2018	1.2	15.5	55.8	16.6	10.9
2019	1	15.3	56	16.6	11.1

数据来源:国家统计局《农民工监测调查报告》。

从农民工输出地看,2015—2018 年,东部地区农民工输出从 10760 万人下降到 10410 万人,整体呈现下降趋势;中部地区农民工输出在回落后呈现一定的增长态势;西部地区农民工输出呈现逐年增长趋势。(见图 2.6)从近四年农民工输出总量看,虽然,东部地区农民工输出量呈下降趋势,但是它依然是农民工输出最多的地区。在农民外流态势依然延续、农民工年轻化和受教育程度普遍提升的现状下,东部发达地区作为农民工输出的最主要区域,由于农民外流所带来的乡村经济社会建设内生主体缺失问题也表现得最为突出。而乡村社会建设需要发挥农民的积极作用,就必须加强对农民主体的培育,培育具有创新精神、具有一定文化和技术水平的乡村建设主体。但是,这些农村内生力量的大量流失,一定程度上造成了农村劳动力整体文化素质的下滑,农业科技的推广和产业结构的调整推进较慢,这不利于建设现代新型农业和农村。

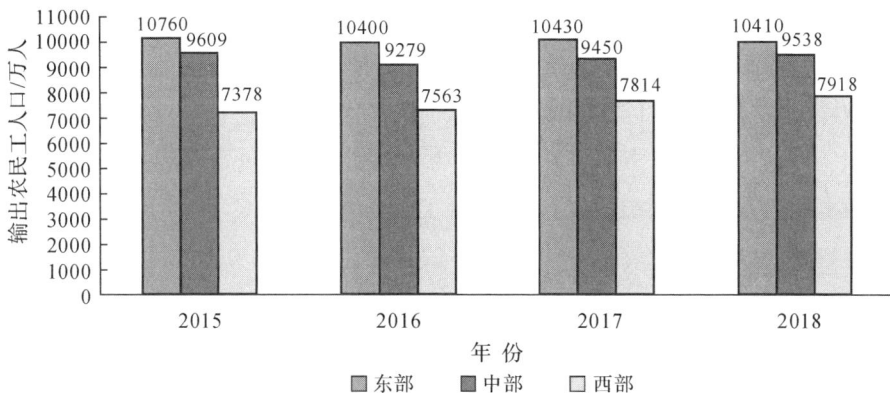

图 2.6　2015—2018 年各地区农民工输出情况

数据来源:国家统计局《农民工监测调查报告》。

2. 农民的固有村庄归属感呈减弱趋势

传统意义上的村庄是数千年历史的承载地,是农民进行生产与生活和日常交流的场所,在这个场所中,农民基于对村庄的集体认同而形成村庄归属感,这既是农民心理的反映,也是村庄公共事务得以开展的基础。在中国传统社会,农村是保持原始文明和习惯的场所,农民在村庄内部通过亲情和邻里之间的互助建立起熟人社会,这种熟人社会使农民通过日常交往形成了一种村庄内在认同,精神的归属和文化的认同使得村庄成为农民心灵的寄托和归属地,农民与土地在乡土社会中形成了天然的依赖关系,"人和地在乡土社会中有着感情的联系,一种桑梓情谊,落叶归根的有机循环中所培养出来的精神"。[①] 因此,在较为封闭、熟悉、有限的空间里,同质性的生产生活方式使他们形成了一种村庄归属意识。人民公社时期,国家政治意志高度影响着乡村社会,农村逐渐变成一个个生产与政治化单位,集体主义原则成为

---

① 费孝通:《乡土重建》,长沙:岳麓书社,2012 年,第 57 页。

支配农民行为的价值观念,也逐渐形成了乡村集体意识和集体精神。但是,改革开放以来,由于市场化的影响,农村人口大量外出,乡村社会已经固化的秩序随之解体,基于血缘关系形成的纽带和集体化时期形成的集体意识也变得日益疏远。与此同时,个体化的农民进入城市后,离开了原有的生活空间,需要去适应以业缘关系为基础的城市交往方式,原有的亲情和地缘关系减弱,农民的村庄归属意识逐渐淡化。具体来说主要受三方面因素的影响:一是经济因素。一般而言,与留守的农民比较,当外出的农民进入城市并逐渐适应城市的生活,特别是随着经济收入增加和生活条件的改善,他们被城市所容纳,就会逐渐减弱对原有农村的依赖感和归属感。二是生活方式。传统农村是以家庭为生活单位,在封闭的乡村社会里,人们习惯了以血缘和地缘为纽带的群体生活,流动性较差,一代一代生活于此,对农村有着强烈的归属意识。但是,当农民大规模外出谋生成为社会发展的潮流,传统的生活方式随之发生根本性的变化。农民进城后基本摆脱了农村的生活方式,脱离了原有的村庄群体生活空间,也逐渐失去了对村庄共同体的依赖。农村劳动力的流失不是短暂性的,从现阶段来看,它可能是一种彻底的失去。"因为外流的村民只是把村庄看作一个暂时歇脚的驿站,或者看作一个远航前的锚地,却并不将其视为一个终将回归的港湾"。① 三是价值观念。农民逐步摆脱血缘、地缘束缚的同时,也摆脱了乡村社会的价值体系。传统乡村社会的价值体系建立在传统的伦理基础上,它强调的是家族和宗族的利益,个体利益相对得不到有效的重视和保障。市场经济强调个体利益的最大化,凸显的是个体之间的差异,因此,外出农民追求自我利益最大化的现状减弱了对原有家族和宗族乃至整个村庄利益的考虑。当农民的价值观念由集体转向个体时,乡村社会也就失去了原有的村庄集体性,农村人口外流留给乡村社会的便是村庄集体归属性的减弱和外出农民的乡愁。从 2016—2018 年三年进城农民工归属感情况看,2016 年进城农民工中,35.6% 的认为自己是所居住城市的本地人,2018年上升 2.4 个百分点,38% 的农民工认为自己是所居住城市的本地人,其中已经在城市定居的农民工认同比例为 79.2%,认同度较高。而从对农民工进城后对生活的适应度看,2016、2017、2018 年对本地生活非常适应的农民工占比分别为 16%、18.4% 和 19.6%,呈现逐渐增长趋势。2018 年与 2017 年相比,对本地生活非常适应和比较适应的占比总和上升 0.7%,达到 81.1%。(数据来源于国家统计局农民工监测调查报告)

---

① 吴毅:《村治变迁中的权威与秩序》,北京:中国社会科学出版社,2002 年,第 344 页。

3. 人口外流影响乡村社会的发展与稳定

改革开放以来,城市规模的扩大和工业现代化建设都需要大量劳动力,而此时农村由于生产方式的变革产生了大量剩余劳动力,城市的吸附和利益驱使促使许多农民离开了熟悉的农村,进入到一个较为陌生的城市中工作与生活。这与传统的人口流动有着本质的区别,传统的人口流动是一种短期性的离开而后返回住所的活动,它没有改变居住地,不能称之为人口迁徙或人口移动。如在传统乡村社会中,一些农民迫于生计,在农闲时进入城镇从事临时性的工作,农忙时返回乡村从事农业活动,这种季节性流动是短暂的。但是,当前乡村人口外流的一个显著特点就人口外流逐渐趋于长期性,甚至是永久性。特别是随着城乡统一、以人为本、科学高效、规范有序的新型户籍制度改革的推进,一些具有合法稳定住所和合法稳定职业的农民逐步市民化,脱离了农村。

一方面,乡村人口外流使得乡村人口下降趋势明显(见表2.13)。2011—2019年,乡村人口数量从65656万人下降到55162万人,年均减少约1166万人,乡村人口占总人口比重从2011年的48.7%下降到2019年的39.4%。

表 2.13　2011—2019 年全国总人口及乡村人口占比

年份	全国总人口/万人	乡村人口/万人	占比/%
2019	140005	55162	39.4
2018	139538	56401	40.4
2017	139008	57661	41.5
2016	138271	58973	42.7
2015	137462	60346	43.9
2014	136782	61866	45.2
2013	136072	62961	46.3
2012	135404	64222	47.4
2011	134735	65656	48.7

数据来源:国家统计局年度数据。

另一方面,大量中青年农民流出,导致乡村人口老龄化特征突出,特别是东部发达地区。从第六次人口普查数据看,全国乡村人口总数为662805323人,比第五次人口普查数据783841243人减少121035920人,其中60岁及以上人口数为

99303297 人比第五次全国人口普查数据 85568096 人增加 13735201 人,占比为 14.98%,比第五次全国人口普查 60 岁及以上人口占比 10.92% 高出 4.06 个百分点,十年间乡村人口老龄化程度明显加深。(见表 2.14)

表 2.14　两次人口普查中 60 岁及以上人口占比变化

统计批次	乡村人口/人	60 岁及以上人口/人	60 岁及以上人口占比/%
第五次人口普查	783841243	85568096	10.92
第六次人口普查	662805323	99303297	14.98

数据来源:国家统计局人口普查数据。

从地区划分看(见表 2.15),第六次全国人口普查东部地区乡村人口总数为 220539393 人,其中 60 岁及以上人口数为 35173562 人,占比为 15.95%;中部地区乡村人口总数为 230088155 人,其中 60 岁及以上人口数为 33487860 人,占比为 14.49%;西部地区乡村人口总数为 211077775 人,其中 60 岁及以上人口数为 30641875 人,占比为 14.52%。因此,从东中西部地区看,60 岁及以上人口数占比东部最高。老年抚养比作为人口老龄化的重要指标,东部、中部、西部地区分布为 22.78%、21.01% 和 20.25%,东部地区最高,反映出东部地区的老龄化程度较中西部高。

表 2.15　第六次全国人口普查各地区乡村 60 岁及以上人口及老年抚养比

地　区	乡村人口/人	60 岁及以上人口/人	60 岁及以上人口占比/%	老年抚养比(%)
东部地区	220539393	35173562	15.95	22.78
中部地区	230088155	33487860	14.49	21.01
西部地区	211077775	30641875	14.52	20.25
全　国	662805323	99303297	14.98	22.75

如上所述,从乡村人口占比看,乡村人口呈现逐年下降趋势,而从老龄化特征分析,第六次全国人口普查与第五次全国人口普查相比乡村人口老龄化加剧,特别是东部发达地区,由于东部地区乡村中青年农民工输出量最大,乡村老龄化程度最高。伴随着乡村中青年农民的流出和留守农民的老龄化程度的加深,现阶段乡村社会的内生人力资源缺乏,影响可持续发展的深度。

乡村人口的外流不仅给流入地的经济社会发展带来挑战,也一定程度上影响着流出地的社会稳定。中国传统社会是一个以农业为主的社会,而农业社会的一个重要特征就是人口的流动性较弱,农民在一个固定的地域内从事生产与生活,形成了一种较为固定的社会秩序。而工业化进程打破了这种静态的秩序,形成了一种动态秩序,这给乡村社会秩序的稳定带来了一定挑战。主要体现在:农民之间由于文化水平和市场信息捕捉能力的差异,当一些先富群体在外获得经济利益带回乡后,造成原有乡村社会分层加剧和价值多元化,对乡村社会的和谐造成一定的影响;农村人口大量外出使得乡村社会缺失了应有的延承与活力,导致一些村级组织的职能发挥不足,自我治理能力减弱,这严重影响着乡村社会的稳定;当这些外出农民将城市的消费理念和价值观念带回乡村后,原有的关系纽带被冲击,农民将经济实力作为衡量权威的标准,传统的乡村社会运转的秩序被这种以金钱为中心的个体利益观所取代,造成家族内部和村庄邻里之间的心理失衡,也影响着乡村社会内部稳定与和谐。同时,当中青年农民流出农村后,乡村社会的老龄化所带来的弊端显现,如留守老人问题、留守儿童教育和管理问题等等。在乡村振兴提出的背景下,无论是实现产业兴旺还是乡风文明,都需要有一个稳定和谐的社会环境,而乡村人口外流所带来的有生力量的减弱,严重影响着战略目标的实现和乡村社会的现代化进程。

二、传统管理模式限制了乡村社会治理主体的多元化

改革开放后,虽然乡村社会发生了巨大变化,村民自治作为基层民主政治建设的重要内容,有效地促进了乡村社会的和谐发展。但是,由于受到城乡二元结构的影响,政府仍然对农村实行较为严格的社会管理,没有为农民提供全面、公平和有效的服务,乡村社会逐渐形成了自上而下的政府主导性管理模式。特征主要体现在:

(一)"管理"特征仍然明显,治理主体单一

在"乡政村治"的治理结构下,乡镇政府处于行政组织的最底层,直接面对广大农民,是政府在乡村的代言人。作为最基层的地方政府,乡镇政府肩负着领导和组织实施管辖区内的经济、文化和社会管理的职能,同时也承担着指导村级组织搞好组织建设和生产经营的任务。在乡镇政府与村委会关系上,《中华人民共和国村民委员会组织法》第五条规定:"乡、民族乡、镇的人民政府对村民委员会的工作给予指导、支持和帮助,但是不得干预依法属于村民自治范围内的事项。"因而,乡镇政府与村委会的关系是一种指导与被指导,协助与被协助的关系。但是,由于历史和现实的发展原因,乡镇政府对村委会的领导性仍然较强。从历史原因分析,1982年宪法规定了乡镇建制,重新确立了乡镇与农村之间的关系,特别是农村自治制度建立后,村组法规定乡镇政府与农村自治组织之间是一种指导与被指导关系。但是,这种新

型的乡村关系是建立在废除人民公社三级管理体制的基础上，短时期内原有体制的影响依然存在。在人民公社体制下，人民公社与生产大队之间是一种绝对的领导与被领导关系，1962年党的八届十中全会通过了《农村人民公社工作条例修正草案》，其中指出人民公社是政社合一的组织，实行公社、生产大队、生产队三级所有制，党在人民公社体制中起到领导和核心作用，公社管委会（相当于乡政府）负责领导生产大队。在计划经济体制下，人民公社和生产大队根据国家计划和生产队实际情况制定生产计划，设定一定的包产指标并进行督促检查，使生产队能够完成包产计划。因此，在二十余年的人民公社管理体制下，逐渐形成了一套计划经济的管理体制。改革开放后，虽然乡村改变了行政体制和生产管理方式，从计划经济体制转向了市场经济体制，但是，人民公社体制下形成的公社与生产大队间的领导关系，在乡级政府与村委会间仍然存在一定的影响。"村民委员会原本是村民自我管理、自我教育、自我服务的基层群众自治组织，但由于传统管理体制的影响，乡镇政府在治理乡村社会政治事务时往往将其视为自己的下级行政组织，沿用传统的命令——服从型领导方式，使得村民自治组织具有严重的行政化倾向"。[①] 从现实发展角度看，为了更好地促使基层政府服务民众，上级政府制定了一系列考核指标，指标完成情况直接与基层干部的政绩挂钩，这种由上而下的政绩考核体系，一方面可以有效地监督基层政府完成上级政府交付的各项任务，但另一方面也会形成基层干部唯上不唯下的工作作风。对于处于权力末端的乡镇而言，其所拥有的经济和政治资源极为有限，为了完成上级交付的各项考核任务，他们往往通过行政命令的方式加强对基层自治组织的行政干预，而作为农村自治组织的村委会在这种行政控制下则失去了自治的空间和应有的自治职能。乡镇政府通过对农村的管控，变相地将农村自治组织转变为政府的派出机构，村委会需要应付乡镇政府地各项任务，在实际工作中充当乡镇政府的执行机构。在基层政府的行政权与村委会自治权的相互交叉中，由于村委会组成人员能力有限，乡镇政府的行政权往往会主导村庄各项事务的开展，影响了村委会自治权的有效发挥。

（二）村民自治水平较弱，主体作用发挥不足

在人民公社体制下，公社与生产大队、生产队之间存在上下级的领导关系，这种较为严密的行政层级保障了国家政治权力的有效执行。在中央与地方国家政治权力高度统一的情况下，农村组织被圈囿于人民公社体制之中，它们只能依附人民公

---

① 张厚安，徐勇等《中国农村政治稳定与发展》，武汉：武汉出版社，1995年，第518页。

社完成上级政府的各项生产和建设任务。"乡政村治"的结构形成后,乡级政府与村委会、村民小组实行了分离,原有的公社、生产大队和生产队三级所有体制打破,乡级政府取代了公社成为国家权力机构的最基层一级,由公社体制的领导关系转变为乡镇政府对村民委员会工作的指导、支持和帮助的关系。村委会不同于生产大队,村民也不同于社员,国家对农村社会的政治性管控随着人民公社体制的解体而逐步放松,农村社会自治空间增大,村级组织的自治性增强。村委会是农民开展自我管理、自我教育和自我服务的群众性自治组织,它具有管理农村公共事务、组织实施农村公共基础设施建设等职能,而要发挥这些职能就需要在发展和壮大集体经济的基础上,提升农民的公共精神,增强组织的凝聚力。村民自治是一种直接民主的体现,但是,由于农民利益的多元性,现实中不可能让每一个农民都参与农村具体事务的管理,因而,需要有一个组织来统一行使自治权,村委会则是其主要组织机构。1987年《中华人民共和国村民委员会组织法(试行)》中规定村民委员会是村民自我管理、自我教育、自我服务的基层群众性自治组织,1998 年《中华人民共和国村民委员组织法》进一步完善了村委会作为自治组织的性质及其职能。村民委员会的成立使农民更好地依托这个组织,有效弥补家庭分散经营的不足,使村民自治更有组织性和规范性地开展。同时,在农村经济发展过程中,村委会也承担着农业生产的服务和协调工作,保障农村社会主义市场经济的发展。特别是乡镇企业和村办企业的发展充分发挥了农村基层组织的领导和协调作用,提高了农民的收入水平,增强了村委会的凝聚力和权威,也体现了社会主义民主。"乡镇企业容纳了百分之五十的农村剩余劳动力。那不是我们领导出的主意,而是基层农业单位和农民自己创造的。把权力下放给基层和人民,在农村就是下放给农民,这就是最大的民主。我们讲社会主义民主,这就是一个重要内容。"[①]但是,由于国家对乡村社会的管控职能短期内不可能完全消失,农民的自治水平也有待提升。一些学者认为:"现阶段的村民自治制度体系不是以村民自治为起点并围绕这一原则展开,而是以村民自治组织法为起点展开。尽管村民自治组织法体现、贯彻了村民自治的原则精神,但突出的是村民自治组织,而不是村民自治本身。由于村民自治的原则精神不突出,以致一些地方和农村制定的相应法规和制度,并不能充分体现和贯彻村民自治的原则。"[②]地方政府行政权在农村社会的延续和延伸,使得农村基层组织具有一定的依附性,这使得村民自治的原则很难落地。农村自治不是说农村完全自我治理,它们仍然需要政府

---

① 《邓小平文选》(第 3 卷),北京:人民出版社,1994 年,第 252 页。

② 徐勇:《中国农村村民自治》,武汉:华中师范大学出版社,1997 年,第 75 页。

发挥重要的引导作用,"由于现代化进程的紧迫性和相对落后的乡村现状之间的矛盾,也由于社会主义意识形态的影响,同改革前的情况一样,改革后的国家在推行乡村经济社会发展的过程中,继续扮演着十分重要的角色"。① 现阶段,农村自治组织的发展刚刚处于起步阶段,农民自我组织农村经济社会发展的能力和水平有限,这促使农村组织需要地方政府给予它们必要的支持和帮助,这必然会加强村级组织与地方政府之间的紧密关系。村组织依靠基层政府的指导和帮助,虽然保障了村级各项工作的有效开展,但也往往会加强基层政府对农村的管控,农村组织也过多地依附基层政府而疏远了与农民之间的关系,影响了村民自治的自治性。因此,在乡镇政府无法完全改变传统上下级的行政管理方式的同时,农村自治组织也需要依靠乡镇政府去解决现实发展的困境:一方面,农村经济基础薄弱,特别是村庄集体经济收入有限,缺乏自治的经济支撑,为了维持农村经济社会的发展必须依附于基层乡镇政府;另一方面,由于人口外流,特别是中青年农民的流失,使得乡村发展的内生力量后继无人,村庄的老龄化特征明显,一些农村无法有效地开展村庄的各项事务,必须依靠乡镇政府来加强管理,行政性增强的同时村级自治组织的自治性随之减弱。当村委会过于依赖乡级政府时,自治角色也就转变为代理人角色,长此以往,农村便失去了自我组织与管理的能力。

(三)民间组织自身发展受限,社会治理功能欠缺

党的十八届三中全会提出了要创新"社会治理"体制,从社会管理到社会治理,反映的是社会治理理念和方式的转变,单一的政府社会管理已经无法适应社会发展形势,需要积极发挥多主体间的协商合作。党的十九大报告更进一步提出要"加强社区治理体系建设,推动社会治理重心向基层下移,发挥社会组织作用,实现政府治理和社会调节、居民自治良性互动"。社会组织作为参与社会治理的重要主体,通过制度体系的建构和治理功能的发挥,可以有效弥补政府单一治理的不足,增强社会治理的有效性。乡村社会的治理主体如果从基层组织层面上看,主要包括乡镇基层党委政府、村两委与农村社会组织三部分。乡镇基层党委政府行政管控特征明显,村委会的依附性较强,那么社会组织的发展及治理功能又如何呢? 当前,农村社会组织的发展主要围绕经济和社会性质展开。农民为了进行农业生产和工业发展,按照一定的组织原则成立经济合作组织,如一些农业合作社等。这些经济合作组织可以提供农村经济发展的组织依靠,弥补单个家庭生产经营的不足,有效抵御经济投

---

① 彭勃:《乡村治理:国家介入与体制选择》,北京:中国社会出版社,2002 年,第 161 页。

入风险,维护组织成员的利益。同时,这些经济组织通过合作、互助的方式不仅提高了农村的经济发展水平,也能化解农村社会矛盾,部分承担了基层社会治理的职能,并且,随着组织化程度的提高和规模的扩大,这种化解乡村社会矛盾的作用就愈加明显。另外,农民为处理邻里矛盾和社会纠纷而成立的一些社会性组织,如调解委员会等,它们主要的目的是化解乡村邻里间的矛盾,服务于乡村社会治理。这些组织通过非政治化的协商来达到稳定农村社会秩序的目的,一定程度上也助推了基层民主的进程。而随着经济社会发展,乡村社会也迫切需要发挥农村社会组织的治理职能,让它们加入治理主体中,成为化解乡村社会矛盾的润滑剂。因此,农民民间组织的发展对于转变乡村社会治理理念、改进乡村社会治理方式、推进乡村治理体系和治理能力现代化都具有重要的作用。但是,民间组织是非政府组织,无论是经济性组织还是社会性组织,它们自身的发展受到费用、人员等条件的限制,在实现其组织目标的前提下,社会治理功能的发挥还非常有限,社会责任意识较淡。一方面,由于农村民间组织在其产生与发展过程中或多或少地受到基层政府和村两委的影响,民间组织的性质带有一定的行政色彩,其职能无法完全凸显社会性,导致组织缺乏民众的广泛认同和参与乡村社会治理的群众基础;另一方面,民间组织的小团体意识浓,组织活动的目的只是为了满足少数内部成员的利益,一些民间组织还存在与其他农民争利的现象,没有承担起民间组织的社会责任,也没有充分地挖掘和发挥组织的社会治理功能。

三、农民的公共认同薄弱影响了治理的政治与群众基础

当前,政党已下乡,农村已经开展村民自治,并积极推行了网格化社会治理,乡村社会形成了一种比较完善的治理组织体系,并且在治理中已经发挥着重要的作用。但是,农业税取消后,在乡村社会治理中面临最突出最尖锐的问题就是农民的政治认同和集体认同程度较低,直接影响了乡村社会治理的政治与群众基础。

(一)农民的政治认同薄弱影响了治理的政治基础

农民政治认同的形成很大程度上不是来源于地方上级党委、政府,而是来源于农村居民对村级组织的认同,这种认同是通过政党下乡与村民自治的推行逐渐形成的。政党下乡实现了中国共产党对农村的党建引领和政治统领,一些学者认为:“在中国,农民社会是一个分散的而不是组织内分化的社会。要将一个‘一盘散沙’的农民社会整合到国家体系中来,仅仅依靠外部性的政权机构是远远不够的。中国能够

成功地进行乡土政治整合,得益于政党向乡村的延伸。"①在革命年代,中国共产党的根据地在农村,发展农民积极入党成为根据地建设的主要措施。1927年毛泽东考察湖南农民运动时就提出将农民通过农会的方式组织起来,一切权力归农会所有,并通过政治宣传的方式逐步建立共产党在农村的政治影响力。同时,也号召农民积极加入党组织,发挥党在农村的领导作用。为此,对于"几乎完全是农民成分的党"②,只有成为群众革命的领导者和生活的组织者,才能依靠他们取得革命的胜利。新中国成立后,农村进行了大规模的土地改革,农民普遍获得了赖以生存的土地,进一步提升了群众对中国共产党的政治认同。同时,中国共产党在农村建立基层党组织,使农村党组织成为党中央的最基层单位,中央的权威通过基层党组织和党员延伸到家庭与农民个体。集体化时期,广大农村在党中央的号召和基层党组织的领导下呈现出同质化的生产建设运动,这是一种集体化的运转模式,个体不可能脱离这个政治集体而求得自我生存与发展,这体现了中央对农村的政治与资源控制。党组织在农村实现了全方位覆盖,"合作化运动的一个重要影响就是将党的支部由行政乡一直延伸到村庄和生产单位"③。人民公社体制将农民置于国家和政党的意志之下,使得老百姓形成了对国家权力的高度认同,而这种认同通过对基层党组织权威的服从体现出来。进入人民公社阶段后,乡村形成了"政社合一"的结构,国家为了加强对农民的政治控制和实现农业生产的目标,将党支部、党小组设在生产大队和生产队上,并赋予它们绝对权威。人民公社体制的建立,也使得土地成为国家和集体资源,农民必须在国家的统一安排下才能谋求生存,生产生活的集体化行为促使农民形成了对公社和生产队的依赖,这种依赖也使得农民被约束在乡村社会之中。20世纪80年代中期,随着人民公社体制解体和家庭联产承包责任制的推行,原有的政治和资源控制的影响力逐渐减弱,国家对农村社会的经济管控逐渐放松,农民逐步脱离原有体制的束缚,获得了土地的个体承包权,他们可以较为自主地在土地上从事农业生产,也将生产方式由集体拉回到了家庭,呈现了分散性的特点。因而,在农民自主性和灵活性增强的情况下,农村基层组织很难再像集体化时期那样依靠政治化的命令实现对农民的支配。随着农民在经济社会生活中的主体性增强,他们对基层组织的依赖性降低,基层组织对农民获取利益的资源掌控力也进一步减弱。当这些农民逐渐远离农村,他们也就逐渐脱离了原有基层政权对他们的管

---

① 徐勇:《"政党下乡":现代国家对乡土的整合》,《学术月刊》,2007年第8期。
② 《毛泽东选集》(第1卷),北京:人民出版社,1991年,第77页。
③ 徐勇:《"政党下乡":现代国家对乡土的整合》,《学术月刊》,2007年第8期。

控,当他们不必再依靠原有基层组织生存的时候,也就自然削弱了原有基层组织对它们的政治影响力。同时,城市工业化的发展也造成了原有村镇集体企业的衰败,乡村两级的集体经济呈现下滑趋势,地方基层组织失去了集体经济的支撑,地方财政实力有限使得乡村公共服务和公共产品的提供缓慢,引起群众对基层组织的不满,影响乡村社会的凝聚力。因此,由于社会转型的影响,特别是原有政治控制与资源控制模式的解体,农民的政治认同也处于一个转型的过程中,呈现出基础薄弱的现状,一定程度上影响着乡村社会治理的有效开展。

(二)农民的集体认同薄弱影响了治理的群众基础

在集体化时期,人民公社将个体的农民组织起来,在集体主义原则和"一大二公"政治意识的影响下,农民将自己与公社融为一体,对公社和生产队有着高度的集体认同。在这种体制中,农民的个体私利让位于集体利益,生产与生活带有明显的集体主义色彩。但是,这并不意味着农民没有私利追求,只是缺乏适时的环境。其实,人民公社体制下仍然存在着个体离心倾向,正如一些学者认为"小农继续追求着家庭的利益,村内仍然进行着家际竞争。集体制度内部始终存在着一种离心倾向,一种导致瓦解的力量"。① 因为"一大二公"的人民公社实际上是"一平二调",这种平均主义压抑了农民的生产积极性,限制了农业生产发展和个体利益追求。在当时的时代背景下,"人民公社的政治理想与农民源于自身利益而生发的经济动机,在根本上是不能相容的,与我们国家自古以来以家庭为基本生产单位的农业传统也不能合拍"。② 这种离心倾向在改革开放后,逐渐得到释放。特别是市场经济追逐利益最大化,使个体趋利行为凸显,农民不需要再被限制在土地上从事较为单一的农业生产,而去寻找更多的谋生途径,"离土不离乡"甚至"离土又离乡"的人口流动,拉大了基层组织和农民之间的距离。随着集体化时期国家政治化管理模式的结束,地方政府对乡村社会的政治控制减弱,农民逐步脱离了集体束缚,进入到一个相对自主的社会空间内谋求自身的发展。分散的家庭和个体农民利益多元化趋势加剧,原子化的个体凭借自身的能力,在城市与农村社会中努力地追求个体利益,这种人口的流动和农民个体化程度的加强,减弱了农民与乡村基层组织间的关系,一定程度上也削弱了农民对基层组织的认同。同时,由于经济利益的诱惑、农村基层干部法制观念淡薄、村务财务不透明、监督机制不完善等原因,在经济体制的转型进程中,市

---

① 张乐天:《告别理想:人民公社制度研究》,上海:上海人民出版社,2016年,第135页。
② 凌志军:《历史不再徘徊——人民公社在中国的兴起和失败》,北京:人民日报出版社,2011年,第203页。

场趋利观念使得农村干部谋求个体利益的行为增加。一些农村干部利用权力将掌握的农村资源据为己有,特别是在乡村集体经济转型的过程中,集体资产流失和贪腐现象严重。农村基层干部是行政管理体系中的最末端,是党和国家形象在基层社会的代言人,基层领导干部的贪腐行为不仅会直接影响党在群众中的形象,而且由于贪腐行为会侵犯农民的利益,极易形成群体性事件,严重危害乡村社会的稳定。因而,在经济体制转型和生产方式转变的过程中,由于利益驱使,一些基层干部滥用权力,与民夺利,在群众中造成了不良影响,严重败坏了党在人民群众中的形象,也破坏了基层民主制度,削弱了农村党组织的权威和公信力。

第三节 创新乡村社会治理的顶层设计与逻辑理路

现阶段乡村社会受到人口外流和经济市场化的影响,原有以家族、宗族为代表的地方治理体系已逐渐瓦解,集体化时期所形成的集体主义原则也在虚化,特别是受到个体私利的影响,乡村社会集体认同缺失,进而造成了村庄的治理危机、伦理危机与价值危机。"当前,乡村社会整体处于相对稳定状态,但是农村潜在的不稳定因素较频发,特别是农民基层民主和社会组织作用难发挥,基层维稳资源配置和矛盾化解能力有限,导致农村稳定缺乏有效的缓冲带,社会矛盾极易集中爆发。"[①]因而,如何有效化解乡村社会治理的困境就成为乡村社会建设的当务之急。加强和创新乡村社会治理,化解乡村社会矛盾,从应然方面讲,既需要国家层面加强顶层设计,也需要理论工作者结合乡村社会实际加强对治理逻辑的梳理。国家的顶层设计是以整个国家的乡村作为范围限度,并且为整个乡村社会提供方向性指导,无论是对发达地区还是欠发达地区都具有普遍适用性。对于发达地区而言,由于经济社会发展变迁比欠发达地区早,并在社会转型的过程中最先触碰一些新问题,因而可以较早地按照国家顶层设计和治理的逻辑展开实践探索,为其他地区创新乡村社会治理发挥示范作用。

一、国家层面的顶层设计

农业税的取消使国家对乡村社会的资源索取逐步减弱,农村迎来了一个新的发展期。与此同时,国家从宏观层面加强了对乡村社会的建设的规划,2005年《十一五规划纲要建议》中提出了要推进社会主义新农村建设,之后,国家加大了新农村建

---

① 徐勇:《中国乡村政治与秩序》,北京:中国社会出版社,2012年,第309页。

设的步伐。但是,由于"乡政"的行政影响和"村治"的有限性,农村社会的经济建设、政治民主、社会和文化建设等方面还存在着诸多问题。党的十八大以来,面对乡村社会的发展现状,以习近平同志为核心的党中央审时度势,提出了一系列行之有效的发展理念和战略规划,从中央层面为中国乡村社会的发展做了顶层规划。党的十八大报告指出:"解决好农业农村农民问题是全党工作重中之重,城乡发展一体化是解决'三农'问题的根本途径。要加大统筹城乡发展力度,增强农村发展活力,逐步缩小城乡差距,促进城乡共同繁荣。"①从现实看,在城市化的发展过程中,一些地区农村、农业和农民问题较为突出,影响着城乡一体化的进程和全面建成小康社会目标的实现。2013 年 7 月,习近平总书记在湖北省考察农村工作时强调:"农村绝不能成为荒芜的农村、留守的农村、记忆中的故园。城镇化要发展,农业现代化和新农村建设也要发展,同步发展才能相得益彰,要推进城乡一体化发展。"②之后,面对一些地区经济发展水平较低,农民尚未脱贫致富的现状,2013 年 11 月,习近平总书记在湖南农村考察时,首次提出了"精准扶贫"的概念。习近平总书记指出:"必须在精准施策上出实招、在精准推进上下实功、在精准落地上见实效。"③打赢脱贫攻坚战,这是全面建成小康社会进入决胜阶段的重要部署,也是逐步实现共同富裕的重要保障。而要实现共同富裕、全面建成小康社会就需要进一步深化改革。为此,党的十八届三中全会提出了全面深化改革的总目标,即完善和发展中国特色社会主义制度,推进国家治理体系和治理能力现代化。国家治理体系和治理能力现代化的推进是一项综合性工程,不仅需要进行治理体制机制创新,也要注重治理能力的提升。因而,在社会治理方面,党的十八届三中全会提出要坚持系统治理、依法治理、综合治理和源头治理四大治理方式创新,这也标志着社会管理向社会治理理念的转型。为了更进一步深化社会治理体制机制改革,加强和创新社会治理,党的十八届五中全会提出要加强和创新社会治理,推进社会治理精细化,构建全民共建共享的社会治理格局。2016 年 4 月 25 日习近平总书记在安徽凤阳小岗村农村改革座谈会上指出:"农村稳定是广大农民切身利益。农村地域辽阔,农民居住分散,乡情千差万别,加强和创新社会管理要以保障和改善民生为优先方向,树立系统治

①　《坚定不移沿着中国特色社会主义道路前进 为全面建成小康社会而奋斗》,《人民日报》,2012 年 11 月 18 日 01 版。

②　《习近平:农村绝不能成为荒芜的农村》,新华网 ,2013 年 07 月 23 日,http://cpc. people. com. cn/n/2013/0723/c64094-22297499. html。

③　中共中央宣传部:《习近平总书记系列重要讲话读本》(2016 年版),北京:人民出版社,2016 年,第 220 页。

理、依法治理、综合治理、源头治理理念。"①因此,习近平总书记在全国社会治安综合治理表彰大会上指出发展与稳定都是硬道理,稳定是硬道理,抓发展、抓稳定两手都要硬。如何实现乡村社会的稳定与发展?2017年党的十九大报告提出了实施乡村振兴战略,坚持农业农村优先发展思路,加快推进农业农村现代化。农业农村现代化是乡村振兴战略的总目标,没有农业农村的现代化就没有整个国家的现代化。

十八大以来,历年的中央一号文件内容中都会涉及完善乡村治理机制的相关表述,通过对这些内容的梳理,可以进一步明确中央对乡村治理的基本要求及走向。2013年中央一号文件是全面贯彻十八大精神,深入推进新农村建设的重要体现,也是中国特色社会主义进入新时代,农村社会主义现代化建设的重要纲领。在完善乡村治理机制的相关表述中,文件侧重强调要发挥党组织的核心价值,加强农村基层党组织建设,通过加强农村基层党建工作和推进农村基层民主政治建设来进一步提高社会管理科学化水平。2014年中央一号文件围绕党的十八届三中全会做出的全面深化改革的重大决定展开,在改善乡村治理机制方面,文件要求既要强化党组织领导核心作用,巩固和加强党在农村的执政基础,也要深化乡镇行政体制改革,完善乡镇政府职能。2015年中央一号文件则提出创新和完善乡村治理机制要积极探索村民自治的有效形式,充分调动和激发农村各类社会组织的活力,特别是要重点培育和发展专业协会、公益慈善、社区服务类等社会组织。同时,文件也围绕党的十八届四中全会做出的全面依法治国的重大决定,提出在乡村治理中要加强农村法治建设。2016年中央一号文件关于创新和完善乡村治理机制则形成了一个较为系统的表述,要进一步完善多元共治的农村社区治理结构。2017年中央一号文件是贯彻党的十八届六中全会精神,将全面从严治党要求落实到农村基层的重要体现,文件要求完善村党组织领导的村民自治有效实现形式,并重视发挥优秀传统文化的积极作用,培育与新农村建设和社会主义核心价值观相契合的优良家风、文明乡风与新乡贤文化。2018年中央一号文件是在党的十九大作出实施乡村振兴战略部署的基础上颁布的实施意见,文件要求建立健全党委领导、政府负责、社会协同、公众参与、法治保障的现代乡村社会治理体制和坚持自治、法治、德治相结合治理体系。2019年中央一号文件是在全面建成小康社会决胜期,经济下行压力加大、外部环境发生深刻变化的复杂形势下颁布的,文件要求完善乡村治理机制,保持农村社会的和谐

---

① 《习近平在主持农村座谈会发表重要讲话》,《人民日报》,2016年04月29日01版。

稳定,建立健全党组织领导的自治、法治、德治相结合的领导体制和工作机制,进而增强乡村治理能力。2020年是全面建成小康社会目标实现之年,也是全面打赢脱贫攻坚战收官之年,为完成这两个目标,在乡村治理方面,中央一号文件要求健全乡村治理工作体系,扎实开展三治相结合的乡村治理体系建设试点示范,把更多资源下沉到乡镇和农村,提高乡村治理效能。

综合十八大以来的一号文件的表述,我们可以清晰地梳理出新时代中央提出的创新和完善乡村治理的总体要求,即加强农村基层党组织建设、加强乡镇政府的服务功能、激发农村社会组织的活力、推进农村精神文明建设和法治建设、最终形成多元共治的农村社区治理结构。多元共治的农村社区治理结构的形成,不仅需要发挥基层党组织和基层政府的职能,积极引导乡村社会建立一种规范化、程序化的治理模式,同时也要积极调动农村最广大农民和社会组织的积极性,在社会主义核心价值观的引领下,形成一种发自乡村社会内在的治理认同机制,实现治理的内在与外在结合,构建三治融合的乡村治理体系。总之,从党的十八大以来以习近平同志为核心的党中央一直都在关注着乡村社会的现实问题,始终将"三农"问题作为党工作的重中之重,并积极推动乡村社会的全面振兴。

二、治理研究的逻辑理路

乡村社会治理困境的化解从应然层面分析,一方面需要中央做出科学有效的顶层设计,为乡村社会治理提供方针指引,另一方面也需要学术研究者们集思广益,从理论层面加强研究,为建立共建共治共享的社会治理格局奠定理论基础。

(一)从"管制"向"管理"转变的研究

1978年12月召开的党的十一届三中全会,开启了改革开放和社会主义现代化建设的新征程,在党的历史上具有深远的意义。而2005年12月29日,十届全国人大常委会决定,自2006年1月1日起废止《中华人民共和国农业税条例》,中国农民开启了一个不同以往任何历史时期的阶段,彻底告别延续了几千年的"皇粮国税",迈开了解决"三农"问题和建设社会主义新农村的第一步。从1978年改革开放到2006年取消农业税,这个阶段学术界主要围绕着农业、农村、农民问题展开,其主要的原因是人民公社时期国家对农村社会的管制过多,乡村社会失去活力和应有的自主权。

1.基层政权建设研究

在改革开放政策的正确指引下,农村经济体制改革取得了显著成就,农民逐步摆脱贫困,精神面貌焕然一新。在经济体制改革的基础上,农村的政治体制改革也逐渐展开。但是,与经济体制改革相比,政治体制改革较为滞后,"如何才能建立一种与经济体制发展相适应的农村基层政权,架构党和国家联系农村和农民的桥梁"逐渐成为学术界首先关注的焦点。学者们主要围绕基层政权与乡村社会关系、从国家与社会二元视角展开,研究呈现从单一到综合的态势。从基层政权的历史演进、基层政权的职能定位及结构性改革、基层政权与乡村社会的关系、基层民主政治建设以及乡村治理方面,做了大量学术理论研究,取得了丰硕的成果。虽然,不同的学者研究的视角不一,观点也存在着碰撞,但是,他们都是以乡村社会为研究范围,对于乡村社会体制转型期如何才能更好地发挥基层政权的作用以及如何有效构建基层民主政治建设、推进乡村经济社会发展都做了深入探讨,奠定了改革开放初期乡村社会研究的理论基础。

2."三农"问题研究

随着乡村政权组织形式的变化,高度政治化的政社合一结构转变为政社分离的组织结构,在这种组织结构的变迁过程中,中国乡村社会及其成员也随之发生了相应的变化,农村和农民问题逐渐成为学术界研究的对象。在家庭联产承包责任制的推进过程中,如何实现农业农村的社会化和现代化;在基层政权建设逐步完善的基础上如何激发农村和农民的自我创造性;在"乡政村治"格局形成的背景下如何发挥村民自治对农村社会有效治理的作用等问题也成为学术界研究的重点。学者们开始从较为宏观的角度去讨论这些问题,研究方向主要集中于农村现代化建设、农村社会变迁和村民自治方面。学者们对中国农村的现代化道路选择与步骤、农村社会变迁轨迹、村民自治的困境及发展趋势、农民民主选择的现状及对策、乡村关系及村两委关系等做了大量的学术研究,虽然学者的研究视角不一,但都是围绕着"三农"问题展开,反映了这个时期由于治理结构变化所带来的诸多理论和现实问题。

3. 制度变迁的实证分析

20世纪90年代以来,学术界在进行学理分析的同时,也在积极进行着实证研究,其研究把某一地区乃至某些地区的村庄作为研究对象,通过解剖麻雀和多点抽样的方法去探析制度变革所带来的乡村经济、社会、文化等方面的变迁。任何制度都要适应特定的经济、社会和文化的发展,人民公社体制和家庭联产承包制对农村社会产生了巨大的影响,作为农村基本组织单位的家庭和家族在这其中究竟发生了哪些变化,引起了学者们的研究兴趣。同时,制度是建立在一定历史文化和社会关系基础上的,社会文化是认识和理解制度的关键要素,这些学者从村落家族文化变迁、村落制度变迁、乡村政治结构变迁、乡村社会文化变迁、村级组织功能发挥、乡村文化与权力及农民心理等方面去探析制度变革所带来的乡村经济、社会、文化等方面的变迁。

（二）从"管理"向"治理"的转变研究

2006 年取消农业税后,乡村社会进入一个新的发展阶段。虽然,"乡政村治"治理结构极大地释放了农村经济社会的发展活力,农民生产和生活方式也变得多样性,乡村逐渐由原来的集体型和管控型社会进入到分散型和自主型社会。但是,由于国家行政权力的影响、农村社会的自治水平有限和市场经济带来价值多元化使乡村社会呈现出较为复杂的现状。面对乡村社会治理的困境,学术界研究侧重于对乡村社会治理主体和政府职能转变的研究,积极探索动态、多元的治理模式。

1. 基层政府职能转变研究

21 世纪初,在社会主义新农村建设的背景下,经过一系列农村综合改革,农民负担过重的突出问题得到有效解决,这改变了自传统社会以来国家与农民的关系从资源汲取转变为公共服务,基层政府职能发生根本性变革。但是,由于基层政府存在着财政收支失衡、服务职能发挥不足、公共产品提供有限等问题,如何化解这些问题、确保新农村建设顺利开展,学术界将研究的重点转到乡镇政府职能转变上来。学者们围绕改变乡镇政府服务方式、转变服务职能以及满足农民公共需求等方面展开学术研究,他们从乡村社会发展的现实出发,要求乡镇政府积极转变管理方式,将其职能转到公共服务上来。

2. 乡村治理有效性研究

随着基层乡镇政府的职能定位和村民自治框架的形成,乡村治理主体逐渐由单一的政府转变为政府、农民、民间组织等共同参与的多主体治理结构。新的治理结构改变了基层政府对乡村社会的硬性行政管控,乡村社会自发建立的民间组织在乡村治理中发挥了化解基层矛盾和维持社会秩序的作用,承担了应有的社会治理功能。但是由于受历史的影响,基层政府的行政控制性仍然较强,村民自治的水平和能力仍然有待提升,民间组织的功能发挥仍然有限,乡村多主体共治合力有待加强。因此,如何有效发挥治理主体的作用成为架构多元共治模式的首要任务,学者们围绕治理主体的有效性和系统性展开了理论探索。

（三）逻辑理路分析

人民公社解体之后,为有效解决"三农"问题,国家权力从乡村社会退出,减少了对农村经济和社会的管控。特别是 20 世纪 80 年代中后期,随着农村经济体制改革,政社体制逐步分开,农村政治体制改革也迈出了重要一步,"乡政村治"结构逐步形成。但是,由于受到人民公社体制的影响,高度政治化的权力影响不可能短时间内完全消除,在这个新旧体制转换的过程中,乡村社会还存在着诸多亟待解决的现实问题,新的基层政权将如何发挥组织的作用? 如何理顺乡镇与农村之间的关系? 如何有效构建基层民主政治建设,进而推进乡村经济社会的发展? 学术界主要对国家与社会的关系进行了深入的理论探讨,反映在乡村社会管理方面,主要体现在管理方式、管理理念和管理主体的变化,表现如下:一是管理方式变化。家庭联产承包责任制打破了原有集体化时期所形成的管理高度集中和方式过于单调的人民公社管理体制,逐渐形成了以家庭为单位的农业生产责任体制,极大调动了农民的生产积极性,给乡村社会发展带来新的活力。二是管理理念的变化。社会主义市场经济体制的确立,既是改革开放实践的必然结果,也是理论探索的成果,过去吃大锅饭的平均主义转变为效率优先兼顾公平的发展之路。经济体制的变革反应在乡村社会管理方面则体现为管理理念的变化。在灵活的市场体制下,基层政府无法再采用固有的管制方式去管理乡村社会,需要结合乡村社会发展的实际,积极转变管理理念,将原有的管制理念转变为管理理念。三是管理主体的变化。在高度政治化的体制下,乡村社会的治理主体是单一的,伴随着人民公社体制的解体,特别是村民自治的有效开展,农村政治民主化逐步推进,依靠政府单一主体很难全面有效地完成各项任务,因此,乡村社会管理主体趋向于乡级政府与村级组织的结合。

从 2006 年起全国范围内取消了农业税,它不仅大大减轻了农民的负担,调动了农民的生产积极性,而且也有效化解了因交农业税而引起的基层干部与群众的紧张关系,促进了乡村社会的稳定。但与此同时,农业税取消后也给乡村社会带来了一些新的问题,如基层政府财政收入渠道减少,财政压力增大,无法保障一些惠民政策的落地实施;基层政府职能转变缓慢,乡村干部角色转变带来一些消极影响,特别是在面对乡村社会危机时,依然采用传统的管理理念和方式,不能积极采用有效的方式去处理,容易引发一些群体性事件,进而减弱了基层政府在群众中的公信力等。因而,现阶段的乡村社会治理研究,主要围绕着乡镇政府职能转变、村民自治程度提升和民间组织治理功能的发挥展开,主要体现在:一是发挥乡镇政府的服务功能。乡级政府以公共服务理念为引导,积极构建服务型政府,为农村居民提供良好的公共产品和服务;二是积极推动基层民主政治建设。乡村社会问题的解决和矛盾的化解需要发挥内生主体的积极作用,在村民自治制度不断完善的背景下,需要积极发挥农民主动性,提高村民自治能力,形成自下而上的治理路径;二是引导民间组织承担社会治理职能。在乡村社会治理中积极培育和发挥乡村民间组织的作用,加强基层政府与民间组织之间的合作,引导乡村民间组织承担起社会治理的职能。在乡村社会变迁的背景下,改革改革以来,乡村社会治理的理念和方式经历了从管制向管理和治理的转变,这是实现乡村社会有效治理和保障乡村社会建设有序推进的现实要求。

三、乡村社会治理新格局的构建

社会治理作为国家治理的重要方面,其治理水平是维持社会秩序和保持社会稳定的重要保障。改革开放以来,中国共产党坚持走中国特色社会主义道路,不断探索适合中国社会发展需要的治理体制和机制,创新社会治理方式方法,在经济取得辉煌成就的同时,也为人民群众创造了一个和谐稳定的社会环境。从顶层设计角度看,党的十七大提出"要健全党委领导、政府负责、社会协同、公众参与的社会管理格局,健全基层社会管理体制",党的十八大提出了"要围绕构建中国特色社会主义社会管理体系,加快形成党委领导、政府负责、社会协同、公众参与、法治保障的社会管理体制",由四位一体的社会管理体制转变为五位一体的社会管理体制。党的十八届三中全会提出要创新社会治理体制,改进社会治理方式,坚持系统治理、依法治理、综合治理和源头治理,社会治理的理念实现从"管理"到"治理"的转变。党的十九大提出要加强和创新社会治理,打造共建共治共享的社会治理格局,完善党委领导、政府负责、社会协同、公众参与、法治保障的社会治理体制,提高社会治理社会化、法治化、智能化、专业化水平,这是社会治理在新时代的更高要求。从十七大提出的"四位一体"的社会管理格局,到十八大"五位一体"的社会管理体制,再到十九大"五位一体"的社会治理体制,治理主体也实现了从单一向多元转变,逐渐形成了较为完善的治理体制和系统的治理体系。乡村是整个社会的稳定器,乡村社会治理也是社会治理中最基层的治理层面,加强和创新乡村社会治理是实现乡村治理现代化的重要基石。改革开放以来,乡村社会的生产方式、社会结构和农民的价值观念都发生了重大的改变,新情况的出现对乡村经济发展和社会秩序稳定都产生了巨大影响。在中国特色社会主义进入新时代背景下,党的十九大提出了实施乡村振兴战略,要求加快推进农业农村现代化,促进产业融合发展,健全三治融合的乡村治理体系。2019 年中共中央办公厅、国务院办公厅印发《关于加强和改进乡村治理的指导意见》,要求积极推进乡村治理体系和治理能力现代化,乡村社会基本形成了党委领导、政府负责、社会协同、公众参与、法治保障、科技支撑的六位一体的现代乡村社会治理体制和自治、法治和德治相结合的乡村治理体系，进一步夯实乡村振兴的基础。党的十九届四中全会，中共中央做出了《关于坚持和完善中国特色社会主义制度 推进国家治理体系和治理能力现代化若干重大问题的决定》，提出了要健全党组织领导的自治、法治、德治相结合的城乡基层治理体系，积极构建基层社会治理新格局。总之，加强和创新乡村社会治理需要从综合性、系统性角度搭建治理体制和体系的架构，形成现代乡村治理的制度框架和政策体系。

从学术研究的逻辑理路看，经历了从"管制"到"管理"，再从"管理"到"治理"两个阶段的发展，第一个阶段主要对农村社会变迁和基层政权建设作了学理和实证研究，第二阶段侧重于对乡村社会治理主体和政府职能转变的研究，包括如何转变政府职能、发挥多元主体治理的有效性、形成系统治理体系等方面。面对纷繁复杂的乡村社会现状，从化解乡村治理的困境看，不管是中央的顶层设计还是治理逻辑的研究，它们都形成了一个治理的共识，就是乡村社会必须形成一种良性的治理结构，充分发挥各个治理主体的主动性，加强主体间的协调配合，构建一个多主体共治的治理格局。具体而言主要体现在两个方面。一方面，要创新乡村治理理念。乡村社会治理的主体是农民，必须确立以农民为中心的治理理念，让他们能够以主人翁的态度积极参与到乡村社会治理中，体现农民的主体地位。在党委领导和政府负责下的乡村社会治理中，国家应该采用自上而下和自下而上的治理途径，除了积极发挥政府的理念引导外，也要充分尊重农民的主体地位，加强政府与农民的协商合作，奠定共建共治共享的理念基础。另一方面，要构建多主体共治的格局。十九大报告提出要打造共建共治共享的社会治理格局，就乡村社会而言，就是要改变原有乡村社会以基层政府为单一主体的治理结构，充分发挥党委、政府、社会、公众、法治等在乡村社会治理中的价值，推进治理主体的多元化，进一步健全自治、法治、德治相结合的乡村治理体系。

如何实现共建共治共享？拉高标杆与补齐短板需要同步进行。在乡村社会治理中，基层政府已经发挥着举足轻重的作用，但仍需要积极转变职能，坚持一切从农民群众的根本利益和现实需求出发，为农村社会提供更多更好的公共服务，切实维护乡村社会的秩序和稳定。在发挥政府社会治理功能的同时，也要充分调动其他治理主体的积极性，补齐治理的短板，这是实现多元共治格局的关键所在。从乡村社会现状看，乡村治理形成共建共治共享格局最大的短板就是乡村社会的自我管理和自我服务能力有限，没有形成内在认同的治理机制。中国进入 21 世纪，乡村社会出现了千年未有之大变局,这种乡村社会的变化是现代化的后果,"现代化并不只是工业化,而且是现代组织方式与思维观念对传统的替代。乡村社会基本秩序由内生为主变成国家基层政权建设的组织部分,外生秩序逐渐代替了内生秩序,这种替代产生了乡村社会价值认同的缺失"。① 乡村社会治理不仅需要发挥乡村外在治理主体的作用,也需要发挥乡村内在主体的自我治理价值,实现外在引导与内在认同的有机结合。因而,要构建"共建共治共享"的治理新格局,就需要发挥内外治理主体的作用,特别是需要补齐内在治理主体功能缺失的短板,充分调动乡村居民和民间组织的积极性,提升他们参与乡村社会公共事务的能力,形成乡村社会治理的共治格局。

第四节　公共精神在创新发达地区
乡村社会治理中的价值

公共精神是构建乡村社会共建共治共享治理格局的重要纽带,因而,我们不仅要深刻理解其内涵与特征,更重要的是要挖掘现代公共精神的价值去解决乡村社会发展中所遇到的一系列问题。乡村公共精神以乡村公共空间为形成土壤,以公共道德为内在支撑,以农民的共同利益为追求目标,一个是否形成具有良好公共精神的乡村社会关系到乡村社会的稳定与农民个体价值的实现。当前,从发达地区来看,无论是推进乡村社会现代化进程、创新乡村社会治理方式,还是增强农民公共意识等都需要发挥公共精神的价值。

一、公共精神有助于推进发达地区乡村社会的现代化进程

一般意义上讲,现代化的特征主要体现为现代先进科技水平,而现代化不仅仅是技术的现代化,它包含经济、政治、社会、文化等各个领域,作为一个有机体,社会就是在不断吸收现代科技成果的基础上实现科技与各个单元的结合,进而推进现代化的进程。乡村现代化是乡村社会由传统向现代推进的过程,是整个社会现代化的重要组成部分。乡村是农民、农业和农村三者的有机统一体,乡村现代化的实现不仅需要农业现代化,也需要农村现代化。党的十九大报告提出实施乡村振兴战略要加快推进农业农村现代化,乡村现代化就是要实现农业现代化和农村现代化的结合,将农业发展建立在科学技术发展基础上,构建现代农业产业体系、生产体系、经

---

① 贺雪峰:《回乡记:我们所看到的乡土中国》,北京:东方出版社,2014 年,第 2 页。

营体系,实现乡村振兴战略提出的产业兴旺、生态宜居、乡风文明、治理有效、生活富裕的总要求。

乡村现代化的最显著的特征就是乡村经济的现代化,而乡村经济现代化的实现需要建立在乡村振兴战略实施的基础上。"乡村振兴的主体是组织起来的农民。将农民组织起来的最重要制度基础是农民集体土地制度及建立在该制度基础之上的农民集体经济"①,集体经济是实现乡村振兴的必由之路。新中国成立后,通过土地改革、合作化运动和人民公社,乡村社会逐渐建立一种集体化的生产和经营体制。20世纪80年代以来,农村改变了人民公社体制下所形成的高度统一的单一集体经营体制,积极发挥家庭在农业生产和经营中的积极性,实现家庭分散经营与农村集体经营的有机结合,逐步确立了统分结合的双层经营体,发挥了集体和个体的双重优势。特别是随着家庭联产承包责任制的推行,调动了农民的生产积极性,极大地释放了农民在集体化时期被压抑的生产力,促进了农村经济的快速增长。但是,随着市场经济推进,以家庭为单位的生产方式在农村经济发展和农民增收方面的局限性也逐渐显现,农业生产较为分散,经营缺乏规模化,无法有效地应对市场经济的挑战,也必然会影响乡村经济的现代化水平。当前,对个体利益的追求在缺乏共同体意识的社会中抑制了集体性的发挥,乡村社会的诚信机制与集体合作能力减弱,如何协调个体与集体两者之间的利益关系成为乡村社会现代化建设的重要问题。在过度追求个体利益的同时,农村的集体经济弱化显著,特别是农业税取消后,个体的农民与农村或村干部之间缺少了必然的利益关系,农村也失去了为自身发展提供经济支撑的能力,村庄共同体变得日益松散。一些学者认为:"村社集体虚化了,村社集体不计算分配,村民不分配利益也不承担风险,村干部与村民之间就没有实质性利益关系,村民与村民之间也不再是可以进行利益协调共同体的一员。村庄失去了再分配能力,村社集体丧失了公共性。"②乡村振兴是要实现农业农村的现代化,而不仅仅是个体农民的脱贫致富,它既要充分发挥个体农民的主动性,更要依靠村级组织和农村集体经济的支撑。因此,在巩固家庭联产承包责任制的基础上,要完善和创新统分结合的双层经营体制,特别是要发挥集体经济的作用,进一步增强集体经济在乡村经济社会发展中的基础作用。党的十九大报告指出:"深化农村集体产权制度改革,保障农民财产权益,壮大集体经济。"农村集体经济是生产资料归农民集体所有的一种公有制经济,作为农村经济的重要组成部分,它有利于增强农村基

---

① 贺雪峰:《乡村振兴与农村集体经济》,《武汉大学学报》,2019年第4期。
② 贺雪峰:《如何再造村社集体》,《南京农业大学学报》,2019年第3期。

层组织凝聚力和农民自治能力，为农民提供更优质的公共产品和公共服务，为乡村现代化奠定经济基础和实现农民共同富裕。当前，从发达地区看，农村集体经济发展还存在着基层组织领导和创新能力不足、底子薄、基础差等现状，还没有真正发挥集体经济在乡村现代化中的基础作用，因而，必须抓住实施乡村振兴战略的机遇，大力提升农村集体经济发展水平。集体经济不同于个体经济，它是一种合作式经济发展模式，就农村集体经济而言，就是要加强农民之间的合作和组织，为农村经济整体发展提供保障。在农村社会分层加剧和农民利益诉求多元化背景下，如何将分散的农民和农村资源整合起来，成为集体经济发展的前提条件，这就需要发挥公共精神的引领作用。公共精神以公共利益为价值导向，在乡村集体经济发展中可以发挥农民的主动性，有效地引导农民加强集体意识，积极构建现代农业体系和培育现代农业经营主体，推进乡村现代化进程。

　　乡村现代化不仅仅需要实现农业的现代化，还需要实现农村的现代化；乡村经济的现代化也不仅仅是乡村经济的繁荣，而应该是乡村全面发展的过程，是整个乡村社会的现代化，这是一个系统工程。乡村现代化的实现不可能一蹴而就，在农业和农村现代化的进程中还存在着一系列问题。农业现代化的实现主要体现在生产力和生产关系上。在生产力方面，乡村现代化的目标就是要推动农业现代化，提升农业的综合生产力水平。但是，由于存在农业生产基础设施薄弱、产业结构不合理、农业生产效益低等因素，导致农业的综合生产力水平不高。特别是改革开放以来，随着市场经济和城市化的推进，农村青壮年劳动力大量外流，从事农业生产的有生力量减弱，这也严重影响农业的现代化进程。在生产关系方面，主要体现在农业的组织化程度较低，一家一户的生产方式仍占较大比重，市场竞争力不强。发达地区乡村社会的经济发展水平较高，经济基础较好，为农村产业结构的调整、基础设施的完善和公共服务水平的提高提供了重要的经济保障，但是，与乡村振兴战略总要求相对照还存在一定的差距。乡村振兴是中国特色社会主义进入新时代背景下，国家为解决农业、农村、农民问题和实现城乡社会融合发展而做出的战略选择，这为乡村现代化建设迎来了重要的战略机遇。当前，影响发达地区乡村社会现代化的因素较多，除了包含经济、政治、社会等外在因素，还包含受到乡村社会内在价值观念变迁的影响，而这种影响是最深远的。市场经济强调发挥个体的价值，乡村社会农民原有的集体意识受到市场经济多元文化价值的冲击，造成了价值体系的混乱，呈现出极端的个人主义和道德的沦丧。因此，"现代化及其获致的现代性将静止、封闭、同质的地方共同体强制拽入工业化、城镇化、市场化，人们逐步从阶层、宗族、社区等地方共同体和地方性知识的制约中解放出来，直接面对国家、市场和全民性规范。从此个人不再'被他人所决定'，而进入'自己决定自己命运'的过程"。[①] 伴随着个体自主性的增强，农民获得了自我发展的广阔空间，同时，由于人口流动和个体追逐私利的影响，乡村社会呈现分散态势，村庄的归属感和认同感减弱。面对利益多元化的挑战，乡村社会需要有一种理念去引领，让农民树立正确的价值观，进而形成推进乡村社会现代化进程的合力。因此，乡村振兴的主体是农民，要实现乡村振兴的目标，就必须发挥农民的主体性、积极性和创造性，而要发挥农民的主体价值就需要积极培育农民的公共精神，充分发挥公共精神的公共价值，将农民组织和动员起来。在乡村公共精神的指引下，农民在经济社会交往过程中逐渐形成对村庄共同利益的认识，并在此基础上协商互助，产生平等和规则意识，而这正是乡村社会现代化的重要体现。乡村振兴是一个长期的发展战略，需要农民跨越个体私利的狭隘观念，以整个农村的公共利益为追求目标；乡村现代化是要实现整个农村的现代化，不仅需要国家的战略部署和支持，而且更需要激发农村社会内部的活力，通过平等协商、互助合作等创新现代化的实现方式，在这过程中首先要发挥公共精神凝聚农民合力的作用。因而，乡村公共精神不仅要求个体农民努力提升自我道德素质，形成良好的个人声誉，满足自我利益需求，而且也要求农民积极参与集体公共活动，在实现自我利益的基础上努力推动乡村社会经济的发展。

二、公共精神有助于创新发达地区乡村社会治理方式

党的十八届三中全会将国家治理体系和治理能力现代化作为全面深化改革的总目标，对新时代中国特色社会主义建设具有重要的意义。十九届四中全会进一步将坚持和完善中国特色社会主义制度、推进国家治理体系和治理能力现代化，作为全党的一项重大战略任务。国家治理体系和治理能力是一个有机整体，

国家治理体系是国家治理能力的基础，治理体系的现代化是治理能力现代化的前提，而治理能力的提升可以充分发挥国家治理体系的效能，治理能力现代化对治理体系现代化产生积极的推动作用。国家治理体系是一个综合性制度系统，它包含经济、政治、文化、社会、生态文明和党的建设等各领域体制机制，如果从空间结构看，国家治理可以分为城市和乡村治理两方面。作为一个由农业社会过渡而来的国家，乡村治理一直以来就是国家治理的重要组成部分，乡村治理体系和治理能力建设也是国家治理体系和治理能力建设中最基础的内容。因而，当前在推进国家治理

---

① 张良：《现代化进程中的个体化与乡村社会重建》，《浙江社会科学》，2013 年第 3 期。

体系和治理能力现代化的进程中,必须积极推进乡村治理体系和治理能力的现代化。为此,国家发布了《关于加强和改进乡村治理的指导意见》,其中提出到 2020 年要基本形成现代乡村治理的制度框架和政策体系,到 2035 年,乡村治理体系和治理能力基本实现现代化。乡村治理体系现代化是要实现乡村治理制度、结构等方面的现代化,乡村治理能力则是要实现乡村治理方式方法的现代化以追求最大的治理效能,而公共精神能够为治理体系的优化、治理方式方法的创新和新的治理格局的形成提供最大化的理念引导。一方面,公共精神可以健全自治、法治和德治相结合的乡村治理体系。乡村振兴战略的实施需要有一个良好的乡村社会秩序,而健全的乡村治理体系能为乡村振兴创新一个和谐稳定的社会秩序。为此,党的十九大在提出实施乡村振兴战略时指出要健全自治、法治和德治相结合的乡村治理体系。自治、法治和德治是一个有机整体,自治是基础,法治是保障,德治是内在支撑和有益补充。自治主要是充分尊重农民的主体地位,在村民自治的推进过程中,通过农民民主意识的增强来实现乡村社会的自我管理、自我服务和自我监督。20 世纪 80 年代,农村普遍都成立了村委会,广大农民通过四个民主直接行使其民主权利,把人民当家作主真正落到了农民的社会生活之中。当前,乡村社会发展面临着诸多挑战,需要整个社会都参与到社会治理中来,特别需要发挥农民的自治作用,激活乡村社会活力,构建人人都参与的乡村自治体。法治主要是通过运用法治思维和法治方式,以一种规范化、法治化和标准化的法律制度和规则来实现乡村治理的现代化。党的十八届四中全会提出要全面推进依法治国,建设社会主义法治体系。在乡村社会要通过开展法治宣传和搭建法治建设平台来增强农民的法治意识,积极引导农民依法办事;要增强农民参与乡村法治建设的动力,形成乡村社会法治建设的合力;要健全法律法规,在国家法律允许的范围内,引导农民制定民间法来治理农村,使乡村治理进入法治化轨道。

德治主要是通过发挥道德的内在支撑作用,在实现优秀传统道德的延承和新时代道德文化的融合的基础上,提升农民的道德修养,为乡村治理提供内在支撑。随着市场经济的推进,由于价值观多元化趋势的影响,农民在追求个体经济利益的同时道德水平呈现下滑态势,严重影响乡村社会秩序的稳定。乡村社会不仅需要打造产业兴旺经济结构,也需要构建乡风文明的社会环境,要积极构建现代德治体系,将道德建设贯彻于乡村社会治理中,发挥德治的内在作用。因此,自治、法治和德治相结合的乡村治理体系的健全需要在充分调动各治理主体主动性的基础上,通过外在规则架构和内在道德支撑来实现。而无论是外在和内在治理都需要一种价值引领,通过正确的价值引领可以有效融合三种治理的形式,在保证治理效果最大化的前提下,实现乡村治理体系和治理能力的现代化,公共精神则可以实现这种价值引领。乡村公共精神是在乡村内部所形成的一种公共价值理念,这种公共价值观可以有效促成自治、法治和德治的结合。乡村公共精神是一种基于公共利益之上而形成的价值理念,这种理念的形成需要发挥村庄内部农民的民主性,通过民主选举、民主决策、民主管理和民主监督来实现农民参与农村各项集体事务的决策权、参与权和知情权,体现村庄治理的自治性;现代乡村公共精神具有现代性特征,如法治性,在这种法治精神的指引下,农民在乡村社会治理中逐渐形成了一种法治意识,在国家法律允许的范围内,通过制定和使用民间法等形式去处理村庄内部的一些纠纷;现代乡村公共精神以道德为基础,它的形成融入了优秀传统道德文化和当代社会主义核心价值,并通过宣传和引导促使农民在乡村社会治理中发挥德治的重要价值。乡村公共精神与自治、法治、德治的精神实质是一致的,在乡村社会治理中,乡村公共精神的培育过程也是自治、法治和德治的融合过程,这个过程不仅形成了乡村居民的自我认同、法治认同和文化认同,也健全了三治结合的乡村治理体系。

公共精神可以引导乡村治理方式的变革,提升治理能力现代化水平。乡村社会治理创新不仅需要健全乡村治理体系,完善乡村治理体制,也需要不断创新治理方式,提升治理的现代化水平。在社会主义革命和建设时期,在强大的国家意志的影响下,乡村采用政治动员和运动的方式逐渐形成了高度集权的政社合一的治理结构,政府采用一种政治化的硬性管制方式来处理乡村社会面临的各种复杂问题。这种管理方式是这个时期经济社会现状的一种反映,政治化的乡村管制对于稳定乡村社会秩序,巩固社会主义革命和建设成果,发挥了应有的作用。但是,由于采用一种强制性政治管控,乡村社会失去了应有的自主性,政社合一的结构使得乡村社会完全处于国家的政治主导下,缺乏乡村的社会特性,也没有充分发挥农民自我价值,呈现出乡村管理主体的单一特征和管理方式的政治性。改革开放以来,农村的生产和组织方式发生了重大变革,在乡村社会管理方面也逐渐改变了社会主义革命和建设时期高度政治化的管控模式,形成了"乡政村治"的结构。随着基层民主政治建设的推进,农民的民主意识逐步增强,以四个民主为核心的村民自治实践,进一步拓展了农民自我管理、自我教育和自我服务的民主空间,也促使乡村社会治理方式由单一的政府管控型向政府主导型的转变。但是,由于社会主义革命和建设时期所形成的政府行政管控职能的影响和村民自治的具体实施中存在着诸多问题,在乡村社会管理中,地方政府呈现出较强的行政控制力而村民自治则显示不足。如在四个民主建设中,农民对民主选举的参与度较高,而在民主决策、民主管理和民主监督方面则参与度较低,村民自治制度建设内部存在失衡。而在民主选举中,无论是参选者还是拥有投票权的农民,由于缺乏集体意识和公共精神,它们往往将选举和选票作为获取个人利益的工具,使选举失去了真正的民主内涵。因而,在政府行政权力影响和村民自治制度尚不完善的情况下,乡村社会管理呈现出一种以行政为主导的特征。当前,随着市场经济的发展和城市化的推进,整个社会进入到一个快速流动的时期,乡村社会原有的管理方式也无法适应这种流动性的特征,需要进行方式方法的创新。理念是创新乡村社会管理的先导,党的十八届三中全会提出了"社会治理",开始了社会治理理念由管理向治理的转变。习近平总书记深刻指出,"治理和管理一字之差,体现的是系统治理、依法治理、源头治理、综合施策"①,这是实现由政府主导的社会管理理念向以人民为中心思想的治理理念转变的重要体现。对于乡村而言,社会主义革命和建设时期、改革开放初期所形成的以管控和管理为主要目的的社会管理呈现出主体单一、方式方法陈旧等问题,无法适应乡村社会发展的实际。现代乡村治理,需要实现治理方式的现代化,需要加强和改进乡村治理,需要夯实政府、社会和居民之间的协作基础,打造共建共治共享的乡村社会治理格局。共建共治共享治理格局的形成需要建立一种公共的、协商的、合作的理念,而公共精神强调主体的多元性和参与的公共性,是实现治理体系和治理能力现代化的重要理念。乡村公共精神是在乡村社会内部所形成的基于农民公共利益追求之上的一种价值理念,它不仅能引导基层政府发挥其服务和治理职能,而且能够通过公共价值观的树立充分调动乡村居民和民间组织参与治理的积极性,实现治理主体的多元性。因此,现代乡村治理需要以公共精神的公共内涵和价值追求为理念基础,积极发挥公共精神的在治理中的引领作用,创新现代治理方式,不断提升乡村治理的能力和水平。

三、公共精神有助于增强发达地区农民的公共意识

公共意识是个体在公共领域中所形成的一种整体意识,是现代社会公民所应具有的一种基本意识。在现代社会中,个体不可能独立地存在于社会之中,在个体利益实现的同时也必然与他人建立各种关系,并在协商和合作的过程中逐渐形成实现他们共同利益的价值认同。因此,个体意识与公共意识之间不是一种对立关系,他们之间存在必然的联系,从一定程度上讲,公共意识是个体主体价值发挥的必然结

---

① 中共中央宣传部:《习近平总书记系列重要讲话读本》,北京:人民出版社,2014 年,第 116 页。

果,也是现代公共精神产生和发展的前提条件。在个体意识和公共意识的双重作用下,公民不仅仅是个体利益的追求者,而且也是公共利益和公共目标的实现者。农民的公共意识主要是指农民在日常社会生活中所形成的积极参与乡村公共事务的态度,对于增强乡村社会的凝聚力和构建和谐社会具有重要的作用。公共精神本质上讲就是一种公共意识,从乡村公共精神的理念看,它是要推进农民对村庄公共利益的追求,这是对传统社会狭隘关系的超越。对于农民而言,通过积极参与村庄公共事务,他们可以在一个更广阔的整体中认识自己、理解自己从而形成农民的村庄共同体意识,产生对村庄集体的内在认同。

改革开放以来,伴随着乡村经济社会的变迁,发达地区的农民的意识发生了显著的变化。生产方式的变革使得农民逐步摆脱了集体的束缚,个体的自主性和独立性增强,特别是村民自治制度的确立和发展,使得农民的平等意识、民主意识、权利意识得到最大限度的实践。但是,在个体自主性和独立性得到发挥的同时,农民的集体意识呈弱化趋势,这里的集体意识不仅包括集体化时期所形成的集体精神,也包括中国传统社会几千年来所形成的村庄集体意识。中国传统乡村社会,农民以血缘关系为纽带,以伦理为基本价值理念,形成了以家族和宗族为单位的集体,在这个彼此熟悉的空间内产生了自然形态的村庄集体意识。这种意识是建立在较为稳定的熟人社会中,一旦这种稳定的社会关系被打破,就将意味着传统型的农民集体意识受到挑战,而传统的计划经济向现代市场经济的转变则为打破这种传统关系创造了客观条件。在乡村社会的转型期,虽然,发达地区农民个体的自主性得到充分发挥,但在市场经济体制尚不完善的情况下,个体的私利性显现,以利益为纽带的社会关系逐渐取代了原有的血缘和地缘关系,特别是当农民随着市场经济的大潮流出农村的时候,也就意味着传统村庄集体意识开始瓦解。当前,农民公共意识缺乏是乡村社会存在的一个较为普遍的现实问题,农民意识呈现个体化和碎片化趋势,表现为对公共事务参与的主动性和积极性不高,甚至存在损害公共设施和侵害公共利益的行为。发达地区农民公共意识缺乏的原因主要体现在:其一,城市化进程的加快,农民为了获得更大的经济利益,逐渐从农村流入城市,这种流动性加剧了农民原有集体意识的弱化;其二,在民主选举、民主决策、民主管理、民主监督过程中还存在一系列问题,农民参与农村公共事务的平台和渠道缺乏,影响农民参与的积极性;其三,在中国乡村社会较长的历史时期内,农民主体性缺乏,特别是在国家缺位的影响下,农民依附于家族和宗族,一直都处于被动地位,缺乏参与村庄公共事务的主动意识;其四,受小农思想的影响,农民的意识缺乏开放性,特别是受私利性的影响,农民往往将目光局限于家庭上，缺乏对家庭之外农村社会的关心，也缺乏现代农民间的协商与合作，影响着农民公共意识的形成与发展。乡村社会是一个整体，乡村经济社会的发展离不开农民公共意识的支持，针对农民公共意识缺乏的现状，应该在个体自主性和独立性增强的背景下，加强农民间的协商与合作，构建适应现代乡村社会的农民公共意识。

现阶段，农民公共意识培育是一项非常重要但也是非常艰巨的任务，农民自利性的膨胀导致农民意识的碎片化。特别是由于受到传统小农经济和现代市场体制不完善的影响，在乡村社会的生产与生活中所表现出的农民公共意识依然较弱。每一个农民依照血缘形成一条关系线，单线的运行使得乡村社会缺乏一定的公共空间，而这种公共空间的有限性抑制了农民公共意识的形成与发展，也使得我们无法有效建立起各独立个体之间平等而且普遍的社会关系。人都是社会中的人，一个健康的社会应该是实现个人权利的社会，而一个健康社会的形成和发展也需要个体自觉地奉献社会。农民是乡村社会的主体，乡村振兴需要集聚农民的合力，在实现个体利益的同时积极参与乡村公共事务，这既是农民的权利也是农民作为村庄公共体成员的义务。因此，在社会主义市场经济体制中，农民在追求自我利益的过程中必然会将现代公民的理念贯穿其中，这也必然会使他们转变为具有现代乡村公共意识的农民。公共意识包括主体意识、法治意识、参与意识等，而这些意识也是组成现代公共精神的重要因素。在现代化的过程中，乡村社会需要发挥公共精神的内在价值，不断增强农民的主体意识、法治意识和参与意识。同时，农民主体意识、法治意识和公共意识的增强，会促使他们更加主动地参与村庄事务和公共活动，进一步推动乡村公共精神的发展。其一，公共精神可以增强农民的主体意识。主体意识是个体对自身地位和价值的一种自觉意识，是公民在参与社会公共事务时具备的独立意识。公共精神强调公民以自由、平等的方式进行协商和共处，它不仅可以激发公民的主人翁地位，也可以在公共事务的参与过程中塑造出具备主体意识的现代公民。因此，乡村公共精神以农民为塑造主体，在村庄公共事务的参与过程中，注重发挥农民的主体价值，增强农民的主体意识。其二，公共精神可以增强农民的法治意识。法治意识是人们对法治的内在认同，是人们在社会中所形成的一种法治观念。法治意识是构建法治国家的内在支撑，也是当代社会公民所必须具备的基本意识。中国自古以来在解决社会事务时侧重于发挥伦理的约束价值，特别是在农村社会，农民以家庭伦理来评判是非曲直，法律基础薄弱，法治意识欠缺。当前，随着经济社会的发展，在农民受教育程度的普遍提高和法律宣传的持续深入的基础上，农民的学法、用法意识不断增强。但是,由于受到历史和现实的影响,农民的法治意识依然薄弱,仍需要不断加强。现代乡村公共精神是农民在乡村社会内部通过民主协商与合作而形成的,它建立在一种新的契约关系上,而这种契约关系的维护需要法治的保障。乡村公共精神崇尚法治理念,农民在不断追求村庄公共利益的过程中,既培育了公共精神的现代性,也增强了他们的规则和法治意识。其三,公共精神可以增强农民的协商合作意识。公共精神在乡村社会中体现为农民对村庄公共事务的关心和对公共利益的追求,并通过农民的协商合作得以实现。可见,乡村公共精神就是在农民围绕农村公共事务的协商合作中逐渐形成的,没有协商合作就无法形成农民的集体认同,同时,在公共精神的培育和发展过程中也不断强化了农民的合作意识。合作意识是个体为参与集体行动而形成的一种认同,它是开展合作和实现公共利益的前提。合作意识需要在一定空间领域内,通过人与人之间的协商沟通,并在追求公共利益和实现公共目标的过程中产生。从乡村社会看,要实现乡村振兴的目标,除了发挥政府作用外,也需要挖掘乡村社会内部的资源,在发挥农民个体积极性的基础上,加强农民间的合作,发挥乡村社会内在主体的合力。当前,在乡村社会中,无论是农业合作社的成立,还是农村集体经济的增强,都反映出农民合作意愿的增强。但是,从现状分析,农民的合作方式仍然较为单一、合作对象范围狭小,严重影响农民合作的积极性。因而,要进一步增强农民的合作意识就必须适应乡村现代化发展的客观实际,积极培育现代乡村公共精神,搭建农民合作的平台,在乡村振兴的实践中去增强农村的合作意识。

随着村民自治的推进和农民民主意识的增强,面对日益分化的利益群体,需要在乡村社会内部构建一种以信任、合作和共赢为基础的利益诉求表达机制,而这正是公共精神的价值所在。在乡村社会中,公共精神是农民在参与村庄公共事务中所形成的一种价值认同,包含着信任、合作等社会资本的内涵。农民作为乡村社会的活动主体,对村庄各项公共事务都有知情、参与和监督的权利,如果农民缺乏公共精神就不可能调动其参与村庄公共事务的积极性,反之具有公共精神的农民就能够充分地认识到自身的主体价值,积极主动关心和参与村级公共事务。可见,乡村公共精神有助于培育农民的民主和平等意识,通过农民之间的互助合作,进而推动基层民主政治的发展。乡村公共精神与民主政治建设是相辅相成的,乡村公共精神是村民在参与民主政治生活的过程中表现出来的,而村民参与政治生活所形成的村庄共同体意识则有力地推动了基层民主政治的发展。一方面,乡村公共精神有利于构建公共政治生活空间。传统宗法思想注重人与人的关系,追求小范围利益,农民没有也不可能主动参与村庄政治事务,缺乏政治活动空间。而现代乡村公共精神可以改变这种狭隘的以宗法为基础的宗族、家族管理结构,使农民进入村庄共同体,以一种公共价值理念去参与公共政治活动,打破少数人主导的乡村政治格局,形成多数人参与的政治生活空间。因此,乡村民主政治的发展需要具有公共精神的农民积极参与村级公共事务,并在公共精神引领下促使农民超越个人利益的狭隘,形成以公共为导向的思想理念和行动指南,乡村公共事务成为村民积极融入乡村生活的推手。因而,现代乡村迫切需要调动农民参与村庄事务的积极性,提升他们的集体归属感,进而推进农村民主政治建设的发展。村民自治的开展使乡村公共事务越来越成为乡村生活的重要内容,村民也逐渐融入参与公共事务的民主管理之中。另一方面,乡村公共精神有利于形成村庄共同体。村庄共同体是指农民对自己所生活的村庄具有的集体认同感,这种共同体可以形成村民之间的民主和参与意识。农民在积极参与农村公共事务的过程中,逐渐形成了一种平等、公正、互助、合作的精神,使农民充分地认识到个体利益与农村集体利益间的关系,在产生强烈的公共意识的基础上推动乡村公共精神的发展。而乡村公共精神能够使农民通过对乡村公共事务的参与实现集体利益的追求,促使村民形成村庄内部的协商合作,合理地处理个人与村庄之间的关系,形成具有村庄归属感的精神共同体。因而,乡村民主在农民围绕着公共事务而展开的合作中被激发,他们不仅会到民主在满足自身发展中的重要性,而且也深刻地认识到公共精神在推动基层民主政治建设中的重要价值。同时,对乡村公共政治空间和精神共同体的培育可以促进民主政治的发展,为现代乡村公共精神奠定民主基础。

第三章　发达地区乡村公共精神
缺失及原因分析

公共精神是一个历史的产物,在中国历史的漫长岁月中,由于经济发展水平、社会性质和结构以及地理空间等方面的差异,在不同的历史阶段,乡村社会具有不同的公共精神特征。改革开放以来,随着乡村经济社会体制的变革,农民的价值观念也发生了重大变化,乡村社会呈现出传统公共精神衰微的态势。而与此同时,在村民自治制度不断完善和法治下乡的基础上,农民的主体价值也得到一定程度地发挥,逐渐形成了以民主、法治等为特征的新的精神特质。但是,就发达地区而言,由于历史与现实的原因,传统乡村公共精神已呈支离破碎之势,而与市场经济相适应的现代乡村公共精神又尚未真正建立起来。因此,发达地区需要在梳理乡村公共精神时代变迁的基础上,找出乡村公共精神缺失表现,并深入分析造成其缺失的原因,积极重塑现代乡村公共精神。

第一节　乡村公共精神的时代变迁

由于社会性质的迥异,在不同的历史时期具有不同的乡村社会结构和状态,公共精神也具有明显的时代特征。从历史发展的角度划分,中国乡村社会结构变迁主要历经了传统时期、民国时期、社会主义革命与建设时期和改革开放以来四个历史阶段。不同的文化孕育出不同的精神,西方的公共精神产生于古希腊的城邦政治之中,城邦的善与精神成为西方公共精神思路之源,而对于家国同构的传统中国来讲,公共精神孕育于中国独特的儒家思想文化之中,并在不同的历史阶段衍生出不同的精神内涵。

一、儒家伦理支撑着传统乡村社会的内在秩序

原始社会生产力水平低下,氏族成员之间必须通过合作维持个体的生存,因此

形成了最早的狭隘的"公"思想。随着私有制的产生,进入阶级社会后,天下成为王的天下,公的内涵具有了阶级性,正如《小雅·大田》所描述的那样"雨我公田,遂及我私。"①先秦的思想家们在争霸称雄的格局中为适应各种政治势力的需要极力阐述自己的思想,形成了百家争鸣的局面。虽然他们都按照自己的利益和要求提出了不同的政治学说,但他们的主要目的是化解武力征伐,建立和平安宁的社会。无论是儒家以仁为核心的民本思想、法家强大的公私之分,还是道家的无为而治、无私无欲公天下、墨家以法度和天志为基础的兼爱、非攻,都是对未来理想社会的追求,追求一种天下为公的境界。这是先秦时期崇尚公共生存平等、追求大同社会的一种普遍思想理念。从所处的时代分析,这个时期是中华民族进入文明的时代,也是社会秩序逐步确立的时代,不同学说应时而生,为政治统治和经济社会发展提供思想之源。虽然各个学派的观点不一,但其研究主要围绕人与人的关系展开,虽有思想局限性,但是在理想上都追求"公"的境界,它们共同构成了中华民族天下为公的理想,给后人留下了宝贵的精神财富。因而,研究先秦时期中华民族所特有的公共特性,需要从诸子百家的思想和著作中进行梳理,如儒家的"民本思想"、法家的"公私之分"、道家的"无私无欲"、墨家的"兼爱"等,这些思想都体现了公天下的理念,是一种较为理想化的原始公共精神思想。

秦始皇统一六国后,天下权力高度集中于皇帝一身,形成了皇权专制的封建社会。在皇权社会里,皇家利益成为国家利益,皇帝为自己而不是为民众治理天下。因此,秦朝统治者没有遵循民本思想,而采用酷法重刑治理天下,大肆横征暴敛,激发了民怨和社会矛盾,葬送了短暂的秦王朝。汉朝吸取了秦朝灭亡的教训,大力推行休养生息政策,轻徭薄赋,提倡节俭,减轻刑罚,经济社会得以稳定,获得民众的拥护。在文化和思想领域罢黜百家,独尊儒术,儒家学说逐渐为统治者所用,成为一种教化民众的思想。东汉时期,经学成为儒家学说的继承与发展。士人通过注释儒家经典来影响统治者的施政策略,统治者也希望获得士人的支持,传统儒家民本思想和公的理念得以延承。隋唐开创了中国封建社会的繁荣,生产力得到较大发展,社会相对安定。但到唐代中后期,政治腐败,形成了藩镇割据、宦官专政、朋党之争的混乱局面。柳宗元强调政治革新,了解底层群众的疾苦,提出了人民群众是推动历史发展的主体,统治者应该爱民。"是故受命不于天,于其人;休符不于祥,于其仁。惟人之仁,匪祥于天;匪祥于天,兹惟贞符哉!"②柳宗元提出君主受命于人民,要以

---

① 程俊英、蒋见元:《诗经注析》,北京:中华书局,1991年,第674页。
② 柳宗元:《柳宗元集》,北京:中华书局,2017年,第35页。

民为本，推行仁政。与此同时，韩愈也大力复兴儒学，以继承儒学道统自居，倡导古文运动，开宋明理学之先河。韩愈突出儒学的地位，他提出了"夫所谓先王之教者，何也？博爱之谓仁，行而宜之之谓义；由是而之焉之谓道；足乎己无待于外之谓德……是故以之为己，则顺而祥；以之为人，则爱而公；以之为心，则和而平；以之为天下国家，无所处而不当"。① 北宋大儒张载关注民生，提倡传统儒家"仁"的价值取向，他将"仁"的内涵扩展到人与人之间的普遍之爱并希望这种仁爱能延伸到自然万物之爱。所谓"民吾同胞，物吾与也……凡天下疲癃、残疾、惸独、鳏寡，皆吾兄弟之颠连而无告者也"。② 朱熹总结宋代以来的理学思想，创立了一个以大同社会为己任的宏大理学思想体系，挽救沦丧的传统伦理道德。朱熹提出"存天理，灭人欲"，天理是一种公共之理、公共规范，人只有去私欲，提升道德修养，方能找到自然之共同之理。明末清初的一些思想家认为君主过于专制是明朝衰落和灭亡的原因，他们对专制统治进行了强有力的批判，认为良好的政权必须在正统文化中运行，倡导天下为公的思想。黄宗羲对比了古今君主之别，认为"古者以天下为主，君为客，凡君之所毕世而经营者，为天下也。今也以君为主，天下为客，凡天下之无地而得安宁者，为君也"。③ 顾炎武以整个中华民族的生存为己任，喊出了"保国者，其君其臣肉食者谋之；保天下者，匹夫之贱与有责焉耳矣"④的口号，充分体现了其"天下兴亡，匹夫有责"的思想。王夫之认为天下之治必须遵循天下为公的正统，天下不是某一姓的王朝，而是天下人的天下。所谓："天下之生，一治一乱。当其治，无不正者以相干，而何有于正？当其乱，既不正矣，而又孰为正？有离有绝，固无统也，而又何正不正邪？以天下论者，必循天下之公，天下非一姓之私也。"⑤

在几千年的传统社会发展史中，封建统治者从儒家伦理教化中获得了其统治的思想基础，统治者们通过儒家伦理的教化实现了对老百姓的思想控制，而老百姓则从伦理教化中养成了思想约束机制和主动的敬畏之心。费正清在介绍中国传统经济与社会时提出："中国社会并没有因法制观念淡薄而出现无政府状态，整个社会被儒家学说牢固地连在一起。这一伟大的伦理制度在中国的地位之重要相当于法律

---

① 韩愈著，马其昶校注：《韩昌黎文集校注》，上海：上海古籍出版社，1988年，第19页。
② 张载著，章锡琛点校：《张载集·西铭》，北京：中华书局，1978年版第62页。
③ 黄宗羲著，段志强译注：《明夷待访录》，北京：中华书局，2011年，第8页。
④ 顾炎武著，阎文儒、戴扬本校点：《日知录·正始》，上海：上海古籍出版社，2012年，第527页。
⑤ 王夫之著，舒士彦点校：《读通鉴论》，北京：中华书局，2013年，第922页。

和宗教在西方共同所占的地位。"①从费正清对中西的比较分析中得出,中国传统社会是一个儒家伦理主导的社会,它与西方的法律和宗教一样,维持社会的有效运行。费孝通分析了传统社会与现代社会的不同,"乡土社会秩序的维持,有很多方面和现代社会秩序的维持是不相同的。可是所不同的并不是说乡土社会是'无法无天',或者说'无需规律'……但是,'无法'并不影响这社会的秩序,因为乡土社会是'礼治'的社会"。② 费孝通认为这种教化的礼治使人产生了对传统的敬畏,并能够主动去维持礼治秩序,而这正是传统社会的乡土特色。正如梁漱溟所言:"此其社会秩序,殆由社会自尔维持;无假于外力,而寄于各方面或各人之自力;是礼俗之效,而非法律之效;彰彰甚明。教化之为用,盖在培植礼俗,引生自力;于此正不可或少。"③礼是需要教化而产生其治理功效的,那么如何使礼治下乡? 这里就需要研究中国传统社会的非官方的治理组织——"乡约"。乡约最早可追溯到《周礼》中所提到的六乡与六遂,"六乡的组织,是'五家为比,使之相保;五比为闾,使之相爱;四闾为族,使之相葬;五族为党,使之相救;五党为州,使之相赒;五州为乡,使之相宾'"。④ 之后,历经秦汉的乡里制度、北宋的保甲制,明清以来形成了种类繁多的民约。最早的成文乡约为北宋时期的《蓝田乡约》。《蓝田乡约》是吕氏兄弟"德业相劝,过失相规,礼俗相交,患难相恤"的伦理德行在陕西蓝田的延伸。老子曰:"修之于身,其德乃真;修之于家,其德乃余;修之于乡,其德乃长;修之于邦,其德乃丰;修之于天下,其德乃普。"⑤"乡约"是在乡村社会的精英阶层通过儒家伦理进行教化来达到稳定乡村的民间组织架构。传统村规民约和乡约在相当长的一段时间里对于维持乡土社会关系和秩序稳定发挥了重要的作用。从北宋熙宁年间到清朝,传统乡约历经了吕叔和的《蓝田乡约》、朱子增损吕氏乡约、王阳明的《南赣乡约》、陆桴亭的《治乡三约》、清朝诸位皇帝圣训的发展和延续,乡民组织的乡约逐渐由老百姓自己规劝演变成了皇权的圣训。"到了清朝末年,乡约空有宣讲,保甲空有门牌,社仓少有无谷,社学少而无人,中国乡村组织,几乎退化到一个无组织的状况。"⑥礼治作为一种皇权统治的方式,通过一种内在的、潜移默化的控制,实现对广大乡村社会的统治。而礼治反映

---

① ［美］费正清,赖肖尔著,陈仲丹、潘兴明、庞朝阳译:《中国:传统与变革》,南京:江苏人民出版社,2012 年,第 14 页。

② 费孝通:《乡土中国 生育制度》,北京:北京大学出版社,1998 年,第 49 页。

③ 梁漱溟:《乡村建设理论》,上海:上海人民出版社,2011 年,第 38 页。

④ 杨开道:《中国乡约制度》,北京:商务印刷馆,2015 年,第 5 页。

⑤ 《老子》,北京:中华书局,2016 年,第 134 页。

⑥ 杨开道:《中国乡约制度》,北京:商务印刷馆,2015 年,第 25 页。

在乡村社会就是乡约组织的教化体现。虽然这种教化到皇权统治的末期已经失去了其应有的意义,但是,对于巩固封建社会长期统治结构而言,发挥了决定性的作用。正如于成龙所言:"朝廷设立乡约,慎选年高有德,给以冠带,待以礼貌。每乡置乡约所亭屋,朔望讲解《上谕十六条》,所以劝人为善去恶也。至于查奸戢暴,出入守望,保甲之法,更多依赖焉。"①乡约是一种礼俗的教化,保证人的向善性,实现了民众由内而外的自我约束,有利于地方社会的稳定。

二、民国时期传统乡村公共精神式微

在传统社会里,由于疆域的广阔、农民的分散以及统治者管辖范围的有限,国家对乡村社会的管控能力较弱,在地方逐渐形成了绅士精英与地方宗族自治为主的治理结构。这种社会治理结构具有其双重特性:一方面,绅士作为一个社会阶层,其必然要维护自身阶层的利益,具有自利性特征;另一方面,绅士作为地方精英的代表,他们出身于地方的家族和宗族之中,与乡村社会有着天然的联系。因而,他们在维护自身利益的基础上,也自然会为了其管辖区域内乡村的利益而发挥自己的作用。清末民初以来,国家为了获得地方资源的支持,通过各种方式介入乡村社会之中,打破了封建社会两千多年以来形成的地方治理结构。虽然,民国初期,孙中山先生通过一系列演说积极倡导地方自治,但是,由于军阀统治本性,国民政府所推行的地方自治具有浓重的军阀统治特征,逐渐成为国家权力控制乡村社会的手段,而非真正意义上的自治。"国民政府时期乡村社会的官僚化改造,实际上违背了孙中山的地方自治思想。而基层自治作为国家权力渗透的一种手段被加以利用,它很快失去了它的原有含义。那些原本可以成为自治载体的机构,却蜕变成国家权力进一步渗透的工具。"②这其中,国民党政权在乡村社会推行的保甲制最为显著,它打破了传统社会地方精英主导乡村秩序的格局,将乡村社会置于较为恐怖的管制氛围中。对于国民政府而言,为了加强对乡村的管控,他们希望打破传统社会权力到县为止的结构,希望通过保甲制来实现从上到下的绝对控制。但是,地方势力特别是绅士阶层和地方宗族势力阻碍其完成这种控制,所以,军阀需要在地方物色新的代理人来实现对乡村的管理。"政府在推行保甲时,并不是简单地依赖旧式的乡村精英,而是企图采用'新政用新人'的方式,在乡村社会重塑一个新式的代理人。为保证新式代理人能够正确贯彻执行国家政策,政府通过限定保甲长的人选资格,将保甲长的任命

---

① 于成龙:《慎选乡约论》,徐栋《保甲书》,合肥:安徽师范大学出版社,2012年,第98页。
② 彭勃:《乡村治理:国家介入与体制选择》,北京:中国社会出版社,2002年,第81页。

控制在政府之手,并通过对保甲长的训练,进行政治灌输,使保甲长成为国家政权的代言人,而不是乡村社会的代言人。"①这些代言人的职责主要有两个方面:一方面维持地方秩序;另一方面实现民国政府或者地方势力对乡村资源的汲取。因而,保甲长不同于传统意义上的乡绅,乡绅一定程度上讲是地方利益的代表,他们为了地方社会的稳定与发展,承担着地方管理者的角色。而保甲长由地方政府任命产生,他们是政府权力的地方代表,主要任务是完成上级政府交给的各项任务,而非考虑乡村社会的实际利益。主要职能的变化导致保甲长变成军阀专制的地方工具,不可能像传统社会的乡绅那样徘徊于地方政府与乡村之间,他们与军阀一样带有明显的强制性和暴力性。正如有些学者认为的那样,"他们所赖以支配基层社会的资源基础是强制性的武力和财力,而不是传统士绅所具有的对乡土社会的内在道义性权威、外在法理性权威和个人魅力权威。"②那么这个时期谁会承担这个角色呢?杜赞奇以满铁调查为原始资料,通过分析地产、宗族等一系列乡村社会变化来呈现乡村领导者的不同构成,主要有三类:一是无赖,地痞流氓之类。"由于乡村精英退出'官位',乡村政治中出现空缺,'好人'不愿承充,但村中无赖去觊觎此位,他们视摊派和征收款项是榨取钱财的大好时机"。③ 二是普通老百姓。杜赞奇认为 20 世纪 30 年代拥有财富是进入乡村领导层的关键。而 40 年后,村中的有钱人开始躲避行政职务,许多村主任是一些普通村民。"随着国家政权的深入,精英们的影响力已不如从前,他们无法完全阻止政体的转变。"④当乡村精英退出后,普通村民可以通过保甲长之位来提高自己的地位,但这种情况较少。三是城居地主。随着摊派任务的加重,原有的乡村精英不堪重负,一些进入了城镇,变为了城居地主。城居地主在农村拥有土地,并通过培育自己在农村的代理人来实现对乡村的控制,但是由于此类人与一些农村没有必然的血缘地缘联系,因此他们也不替老百姓着想。"同时,不断出现的局部战乱迫使国家增加农业税收,并因此引起对基层动员及组织的重视,由此种种变故,使得基层治理逐渐被纳入了政府的考虑范围。"⑤

　　士绅阶层在乡村社会大量流失,传统社会所形成的固有治理结构解体,乡村权

　　①　肖如平:《民国保甲与乡村社会治理的困惑》,《晋阳学刊》,2012 年第 1 期。
　　②　王奇生:《革命与反革命:社会文化视野下的民国政治》,北京:社会科学文献出版社,2010 年,第337 页。
　　③　[美]杜赞奇著,王福明译:《文化、权力与国家:1900—1942 年的华北农村》,南京:江苏人民出版社,2010 年,第 140 页。
　　④　[美]杜赞奇著,王福明译:《文化、权力与国家:1900—1942 年的华北农村》,南京:江苏人民出版社,2010 年,第 137 页。
　　⑤　张静:《基层政权:乡村制度诸问题》,杭州:浙江人民出版社,2000 年,第 27 页。

力的基础也发生了根本变化，原有的精英主体已经被劣绅所更替。当国家政权确认政府与乡村社会之间联系的中介人是劣绅时，原来作为国家与乡村中介人的乡绅的地方职权也大为削弱了。这些劣绅与封建社会时期的乡绅有很大的不同，杜赞奇认为："此后的村长与前期的村庄领袖有很大的不同，他们不仅将担任公职视为捞油水的机会，而且他们只能在传统的权力的文化网络之外寻求支持，特别是勾结县衙中的营利型国家经纪作威作福"。① 用"土豪劣绅"概括此类人最为恰当，毛泽东在《湖南农民运动考察报告》讲道："旧时的都团（即区乡）政权机关，尤其是都之一级，即接近县之一级，几乎完全是土豪劣绅占领。"②从毛泽东对湖南农村的描述看，乡村社会的治理主体已经转变为了土豪劣绅，治理结构也由乡绅精英治理转变为了劣绅治理。因此，"土豪劣绅经手地方公款，多半从中侵蚀，账目不清"③，正是这种"武化的地主与地方官吏、军阀相互勾结，截留国家权益，加剧了国家权力与权威在基层社会的流失"④。

　　随着军阀专制的加强和摊派的加重，传统乡绅的角色也发生了重要的变化，一些乡绅家族没落，一些不堪重负进入市镇，一些转变为了劣绅。此时乡村领导层的构成已经发生了根本变化，由传统的乡绅精英治理转为了劣绅管控。当乡村社会的管理者由"保护型经纪人"转换为"营利型经纪人"的时候，乡村就失去了原有的地方保护，而传统社会所延承的"双轨政治"也随着治理主体的变化变为了单轨运行。这样也必然会削弱传统乡村势力，使农民失去了原有的保护伞。杜赞奇借用克利福德·吉尔茨的"内卷化"概念，提出了"国家权力的内卷化"，他从财政方面分析："国家财政每增加一分，都伴随着非正式机构收入的增加，而国家对这些结构缺乏控制力。换句话说，内卷化的国家政权无能力建立有效的官僚机构从而取缔非正式机构的贪污中饱——后者正是国家政权对乡村社会增加榨取的必然结果。"⑤保甲制的主要职能体现经济和政治上，在经济方面，军阀通过地方的保甲完成征税和摊派的任务；在政治方面，通过保与甲单位的建立来实现对乡村社会的政治统治。因此，国民政府推行的保甲制对乡村社会管理结构产生了重大影响：一方面，它打破了原有乡村

---

① ［美］杜赞奇著，王福明译：《文化、权力与国家：1900—1942年的华北农村》，南京：江苏人民出版社，2010年，第145页。

② 《毛泽东选集》（第1卷），北京：人民出版社，1991年，第27—28页。

③ 《毛泽东选集》（第2卷），北京：人民出版社，1991年，第24页。

④ 张厚安、徐勇等：《中国农村政治稳定与发展》，武汉：武汉出版社，1995年，第77页。

⑤ ［美］杜赞奇著，王福明译：《文化、权力与国家：1900—1942年的华北农村》，南京：江苏人民出版社，2010年，第54页。

社会的自治结构,通过建立中央政府主导地方自治的结构使中央权力实现了对乡村社会的直接管理与统治;另一方面,军阀专制权力的加强逐渐瓦解了原有的土绅阶层,破坏了原有中央与地方之间的纽带关系,在挤压乡村社会自治性的基础上失去了传统的地方自治结构,导致乡村社会内部的公共性减弱。同时,西方文化和管理方式的传入,也加速了旧有管理结构和理念的瓦解。费孝通认为西方现代技术和文化成就并没有带来物质生活的提高,反而使中国陷入了更为贫穷的地步,引起了乡村社会秩序的变化。"现代技术所具破坏社会完整的力量却在中国社会中开始发生效果。未得其利,先蒙其弊,使中国的人民对传统已失信任,对西洋的新秩序又难于接受,进入歧途。"①在内与外的双重影响下,原有乡村社会的公共精神和公共观念逐渐消失,进而形成了较为专制和混乱的统治氛围。

三、国家权力主导下的乡村政治认同形成

1949 年新中国成立以后,乡村社会经历了一系列的制度变革,乡村的政权组织结构、土地制度、乡村精英的构成、农民的经济活动方式和意识形态观念以及社会秩序等都发生了前所未有的变化,这种变化是在政府主导下进行的,体现了强大的国家意志。农民问题是乡村社会的中心问题,而土地问题则是解决农民问题的关键。"中国共产党人始终把中国革命与土地改革结合在一起。改变既存的土地关系,是任何农业社会向工业社会过渡的必要前提,也是改变乡村旧的秩序关系,用新的秩序关系取而代之的必要前提。"②为了解决土地问题,满足农民对土地的渴望,从革命到建设年代,中国共产党针对土地问题制定了各个阶段的政策,并因地制宜地在根据地和新解放区加以推行,获得了广大农民的拥护和支持,巩固了共产党在农村的基础地位,也逐渐改变了民国时期较为混乱的乡村社会秩序。土地改革并不仅仅意味着土地的分配制度改革和农民生活状况的改善,它通过国家权力的介入渗透到乡村社会之中,不仅改变了乡村治理结构,也开始将国家的意志融入农民日常生产生活之中。土地改革之后,土地的性质逐渐由地主土地私有制转变为农民土地所有制,农民分得了土地,生产积极性得到充分调动,但与此同时,农村也逐渐形成了一家一户的小农私有体制,这种个体私有具有非常大的不确定性,容易导致新的土地集中,产生社会的严重分化,不符合社会主义的发展要求。因此,1953 年过渡时期

---

① 费孝通:《乡土重建》,长沙:岳麓书社,2012 年,第 11—12 页。
② 王沪宁:《当代中国村落家族文化——对中国社会现代化的一项探索》,上海:上海人民出版社,1991 年,第 51—52 页。

总路线提出了要实现国家对农业、手工业和资本主义工商业的社会主义改造。而对农业的社会主义改造,主要通过农业合作化运动来实现的,表现为农业生产合作社的建立。通过合作化的方式来实现对农民分散型土地私有的替代,使农业生产较为快速和顺利地进入集体所有制,农业社会主义改造获得了成功。合作化运动之所以能快速推行,还有两个重要的原因:一是共产党长期扎根农村,在革命时期所建立的农民对共产党政权的支持体现为合作化运动中农民特别是贫民对党的政策的绝对支持,并积极投入其中,这是内在原因;二是共产党成为执政党,为人民服务的执政宗旨要求积极改变乡村社会旧有的土地制度和生产方式,重新整合乡村资源,而土地改革和合作化运动则是最有效的方式。与此同时,在以阶级斗争为纲的思想影响下,许多农村和基层干部将是否支持农业合作化运动归结为资本主义与社会主义的阶级斗争,采用政治动员和运动方式来推进合作化。"他(毛泽东)把互助合作看成缩小差别、共同富裕的手段,认为通过互助合作不仅能缓和农村中的各种矛盾,而且能够克服个体生产的局限性,通过集体经济社会化大生产更有效地发展中国的农业,以适应国家工业化的需要。"①因此,农业合作化运动是在当时特定的历史背景下发起的一场群众性运动,它通过国家权力的支持和政治化手段的推行,极大地调动了农民的生产激情和政治热情,这是那个时期以阶级斗争为纲思想指引下的必然产物,它逐渐将农民的生产与生活引入到集体化的轨道上。人民公社体制的形成是土地改革和农业合作化运动发展的结果。1958 年,党的社会主义建设总路线的提出,极大地调动了全党和全国人民建设社会主义的积极性,但是,社会主义建设总路线也存在着较大的主观性和片面性,提出了一些不合实际发展的目标和任务,为人民公社体制的确立提供了思想基础,至 1958 年 10 月,全国农村已基本进入人民公社体制。进入人民公社阶段后,农民所拥有的生产乃至生活资料为集体所有,统一进行农业生产与分配,乡村逐渐形成了高度政治化和集体化的社会特点。所以短时间内形成这样一种政治体制,主要因为:一是外在受到苏联发展模式影响;二是国内对实现社会主义的急切渴望。从 20 世纪 50 年代末开始,"经过合作化、集体化进程,伴随着人民公社体制逐步定型,中国农村进入一个长达 20 余年的政治上的迟滞性稳定和经济上停滞徘徊的历史时期"。② 但是,对人民公社体制的评价不能简单地全盘否定,不能认为它完全错误、没有任何历史价值和现实意义。其实,公社化运动期间,我国农村生产力还是有了很大提高,农业生产也取得了很大成绩。同时,党

---

① 董国强:《试论农业合作化运动中的若干失误》,《南京大学学报》,1996 年第 4 期。
② 张厚安,徐勇等:《中国农村政治稳定与发展》,武汉:武汉出版社,1995 年,第 92 页。

和人民也得到了不少合作生产的经验和教训。因此,应该本着客观的态度分析合作化、集体化运动等历史问题,正确对待错误,并能从中有所借鉴。

从土地改革、合作化运动到人民公社阶段近三十年,整个乡村社会无论是土地制度、农民的生产方式还是价值观念都发生了根本性变化。土地改革代表着最广大农民的利益,获得了最广泛的支持,对稳定农村秩序和恢复乡村经济起到了巨大作用。土地改革对农村最大的改变就是它彻底地摧毁了地主依靠土地进行剥削的基础,建立了农民对土地的所有权,从而迸发出了前所未有的劳动积极性。"但由于长期以来土地改革基本上是政治主导性的变革,物质生产力相应地没有得到大幅度的提高,村落家族文化存在的条件并没有全然消退。"①合作化运动的开展,从互助组到初级社,再到高级社,使得传统社会绵延千年之久的分散小农经济解体,进而形成了农业合作化、集体化的生产模式。农业合作化逐渐削弱了以个体或家庭为单位的生产模式,使农民逐渐摆脱了依赖宗族和家族为主体的活动方式,融入合作社和集体经济组织中。农业合作化运动是在国家权力的主导之下进行的,随着代表国家政治权力性质的生产合作组织的建立,国家与乡村社会的诸多职能已经重合。农业合作化运动从外在看是一种农民集体化的经济组织活动,内在实际上是国家权力伸入乡村的政治运动。所以,"一种新型的超家族的权威开始形成,并在以后的岁月中日益得到强化,社会体制慢慢渗透到村落家族共同体"。②而人民公社体制的建立则实现了经济上的集体化、政治上的党政合一和权力上的高度统一。于建嵘认为:"第一,经济集体化是人民公社政社合一体制的经济基础;第二,党组织不断扩大及下沉,是公社政社合一体制的政治组织基础;第三,权力神化和阶级斗争扩大化,是公社政社合一体制的政治文化基础。"③因此,人民公社体制使得党政机构将权力延伸到了农村,对乡村社会的管理达到了空前的水平。"行政组织、行政权力和行政体制和行政指挥等环节的确立,使乡村有了完整的正式组织。同时,这种正式组织又同国家权力相衔接,有着强而有力的后盾,成为乡村生活中不可替代的权威。"④人民公社体制与传统乡村治理最大的不同就是"皇权时代的国家政权虽曾企图,但从未

① 王沪宁:《当代中国村落家族文化——对中国社会现代化的一项探索》,上海:上海人民出版社,1991年,第53页。
② 王沪宁:《当代中国村落家族文化——对中国社会现代化的一项探索》,上海:上海人民出版社,1991年,第54页。
③ 于建嵘:《人民公社的权力结构和乡村秩序》,《衡阳师范学院学报》,2001年第5期。
④ 王沪宁:《当代中国村落家族文化——对中国社会现代化的一项探索》,上海:上海人民出版社,1991年,第57页。

成为像党政机构那样直接深入自然村和每家每户的政权。我们不应该把解放后的党政机构与皇权时代的国家机构混为一谈,前者的干部深入公社(乡)的层次,而后者的官僚直到县城为止"①。人民公社体制彻底打破了传统社会的治理结构,它用一种高度集中的单一权力取代了传统社会的糅合性双轨政治。由于人民公社体制具有的高度集权特质,在其管制下的乡村社会呈现出高度封闭的特点,这使得所有社员的生产生活趋于一致,他们必须依附在生产队上,别无其他选择。这种高度集权的政社合一体制,一方面既保证了国家各项方针、政策在农村得以贯彻执行;另一方面也抑制了乡村社会应有的主观能动性,呈现出高度的同质性和流动的有限性。随着公有化程度加深,农民失去了应有的私人空间,公共价值绝对化。当共产主义理想被当作现实来实践的时候,民众个体性必然丧失,社会便缺乏了应有的活力。之后,人民公社在20世纪60年代初逐步形成了三级管理体制,在这种体制下乡村社会实现了经济、政治和文化的高度认同,在人民公社与生产队管理下,农村内部形成了具有时代特色的公共精神。但是,这种公共精神一定程度上是建立在国家对乡村社会政治控制基础上的,是在较为封闭的乡村社会环境中通过意识形态宣传和农民群众运动,逐渐形成的以共产主义原则和集体主义精神为基础的政治认同。这种乡村社会的政治认同,一定程度上有效巩固了社会秩序,促进了农业生产的集体化,但是却也使乡村社会失去了自主性,基层自治领域也逐渐被这种政治化的运动覆盖,形成了高度政治化的空间。"政权权力向自然村落的渗透、政府对农民的行为的控制、泛政治化、计划经济、预设的经济发展模式等等村落外部的因素均左右着村社和村民行为"②,造成了国家和社会职能的重叠。因此,人民公社时期的乡村公共精神是在国家政治权力绝对主导下形成的政治认同,这种公共精神必须以强有力的国家政治权力和政治意识为依托。

四、改革开放以来乡村公共精神的变迁

改革开放以来,随着经济体制的转型和乡村治理结构的变迁,乡村公共精神也呈现出新的特征。20世纪70年代末期,人民公社体制的弊端使其难以维持乡村社会的有效运转,改革势在必行。1978年11月召开了中共中央工作会议,在闭幕会上邓小平同志发表了《解放思想、实事求是,团结一致向前看》的重要讲话,这次讲话也成为党的十一届三中全会的主题报告。十一届三中全会做出把党的工作中心转

---

①　黄宗智:《长江三角洲的小农家庭与乡村发展》,北京:中华书局,2000年,第165页。

②　张乐天:《告别理想:人民公社制度研究》,上海:上海人民出版社,2016年,第343页。

移到经济建设上来的决定,要求集中精力尽快将农业搞上去,与此同时,安徽凤阳小岗村 18 位农民秘密签订了一份包干保证书,这种源于农民的自发创举,促成了整个社会的大变革,而这些农民成为这场变革的先行者。针对一些地方的农村改革,邓小平同志要求解放思想,从群众意愿和具体条件出发,因地制宜地发展生产。1982年中央的第一个一号文件发布,文件提到当时从全国农村来看,百分之九十以上的生产队已经建立起了不同形式的农业生产责任制,中央以一号文件的形式正式肯定了农业生产责任制,解决了人民公社体制"一大二公"带来的弊病,纠正了农业生产管理过分集中的错误,极大地调动了农民的生产积极性。随着农业生产责任制的普遍实行,国家逐步下放经济管辖权,原来高度的集体化经济转变为以家庭为单位的生产体制。"这种新体制的推行改变了乡村的基本生产组织形式和生活模式。其中最大的差别是农户家庭的生产性功能重新处于决定性的地位。由于生产已经落实到各农户家庭来完成,农户家庭就必然成为生产组织的中心。"①生产组织的变化改变了农民的生产、生活方式,也改变了农民与乡村组织之间的关系。家庭联产承包责任制的推行使得农民生产活动摆脱了公社、生产队的统一管理,农业生产重新回归家庭,这种经济基本制度变革也带来乡村公共精神的变迁。当农民从人民公社体制下解放出来,获得了农业生产和经营的自主权、土地承包权、自主择业权,改变了国家政治权力主导下的集体生产生活方式,农民的集体主义观念也随着这种方式的转变也逐渐淡化。在这个时期农民在完成国家和集体赋税的过程中,国家、集体和个人之间的区分逐渐明显,这也标志着人民公社体制下所形成的以集体主义原则为核心的乡村公共精神开始解体。

由于乡村的社会生产方式逐渐由集体转变为个体,乡村正式的组织结构逐渐失去了原有的管制权威,凝聚力下降。为此,1982 年国家通过宪法的形式规定了乡、镇作为一级人民政府,村民委员会作为群众性自治组织,正式宣告人民公社体制解体。在人民公社体制的解体的同时,为更好地保持农村社会的良性运转,明确村级自治组织的治理职能及其与乡级政府之间的关系,1987 年 11 月,全国人大通过了《中华人民共和国村民委员会组织法(试行)》,该法律明确规定了村民委员会作为基层群众性自治组织具有自我管理、自我教育和自我服务的职能,村民委员会可以根据实际情况分设若干村民小组,这标志着村民自治制度在全国范围内正式形成并逐步推行。乡村社会逐渐形成了一种新的治理结构,一些学者将其称为"乡政村治",

---

①　王沪宁:《当代中国村落家族文化——对中国社会现代化的一项探索》,上海:上海人民出版社,1991 年,第 57 页。

"这里的'乡政村治',是指国家治理乡村社会政治事务的制度化的机制和活动。乡政以国家强制力为后盾,具有高度的行政性和一定的集权性;村治则以村规民约、村民舆论为后盾,具有高度的自治性和一定的民主性"①。这种乡政村治管理结构的形成,使得国家与乡村社会分离开来,农民高度组织化的生活方式也随之改变,他们可以在乡村空间内自主地参与村庄公共事务和公共活动。村民自治制度的确立,使得农民可以自主行使基层民主权力,"四个民主"不仅确保了农民享有选举权、决策权、参与权和监督权,而且也逐渐培育了以民主意识、参与意识、监督意识等为特征的现代乡村公共精神。

1992年邓小平南方谈话之后,中国经济社会发生了翻天覆地的变化,以"三个有利于"为代表的思想大解放逐渐成为建设中国特色社会主义市场经济体制的衡量标准。为了更好地推动市场经济的发展,解决中央集权和地方分权的关系,1994年我国开始实行分税制改革,中央和地方按照税种划分税权,各自管理,这对于进一步理顺中央与地方的关系,充分调动中央和地方积极性,推动市场经济的发展发挥了重要作用。但是,分税制改革也出现了中央与地方财权与事权间不匹配现象,特别是基层政府财政压力较大。"由于基层政府与上级政府的不同处境,使其在经济资源上严重依赖所辖乡村社区。在此情况下,基层政府不愿放弃对乡村社会的行政控制,在国家权力逐步退出的改革大背景下,乡镇政府却具有讽刺意味地在纵向和横向两个维度上进行权力扩张。"②为了解决地方财政困难,地方政府的乱收费和摊派等现象增加,县乡财政压力出现向农村转嫁的趋势,农民经济负担加重。同时,在村民自治的建设过程中,由于基层干部权力缺乏相应的监督,干部贪污腐败现象严重,在处理农村各项事务时缺乏民主,一定程度上造成了乡村干部关系的紧张。而从国家层面看,1985年开始国家进行普法规范,通过普及法律常识,增强法制观念,农民也是重要的普及对象。因此,在法制意识逐渐增强的背景下,农民逐渐通过法律途径或者集体组织的方式去解决自身在现实中所遇到的诸多问题,在参与的过程中,农民的法制意识和权利意识也逐渐成为乡村公共精神的重要内涵。

改革开放以来,面对农村集体意识弱化的现状,国家积极调整村庄治理结构,一方面积极转变政府职能,加强地方政府对农村自治组织的指导作用;另一方面,积极发挥农民的自我管理职能,实行村民自治,希望培育农民的自主意识,形成政府与农民之间互相配合的治理体制,重构村庄的公共精神。但是,人民公社时期所形成的

①　张厚安、徐勇等:《中国农村政治稳定与发展》,武汉:武汉出版社,1995年,第514页。

②　彭勃:《乡村治理:国家介入与体制选择》,北京:中国社会出版社,2002年,第152页。

全能型政治权力的影响使地方政府对村民自治组织的行政管控影响依然很强,加之农民自治能力有限,政府与农村之间依然是"强政府、弱社会"的格局,村民自治程度较低,农民参与村庄事务有限,不能形成乡村内在的公共参与机制,特别是由于缺乏监督,村庄选举和农村财政还存在着种种不良现象,使农民失去了对自治组织的自我认同。同时,农村家庭联产承包责任制的推行,集体化的生产方式被单个的家庭生产所取代,使得在集体化时期所形成的以集体利益为核心的价值观逐渐淡化,农民开展构筑以个体利益为核心的价值观念。为了更好地解决"三农"问题,化解乡村社会矛盾,国家从 2004 年起开始减免农业税,到 2006 年全面取消了农业税,极大地减轻了农民的负担,也有效地化解了干部矛盾。与此同时,为加快农村经济社会发展和维护农民的合法权益,2005 年党的十六届五中全会提出:"建设社会主义新农村是我国现代化进程中的重大历史任务,要按照生产发展、生活宽裕、乡风文明、村容整洁、管理民主的要求,扎实稳步地加以推进"。之后,新农村建设在全国范围内展开,新农村最大的特点在于农村不再是国家汲取资源的输出地,而成为工业反哺农业、城乡一体化发展的重要一环。为此,国家加大了农业生产补助和农村基础设施的建设力度。但是,取消农业税使得基层政府和农村组织退出了农业生产等环节,缺少了重要的财政来源,乡村干部服务乡村的职能也呈弱化态势,公共产品和公共服务提供有限,再加上集体化时期基层政权管制理念的存在,乡村社会管理仍存在着基层民主政治建设推进缓慢、民间组织作用发挥有限、干群关系疏远化等一系列问题,阻碍了乡村经济社会发展与稳定。乡村在缺乏组织管理的有序化的情况下,农民参与村庄公共事务的动力不足,农村公共设施和产品存在无人管理和破坏的现象,建立在集体意识基础上的乡村公共精神也逐渐弱化。

在中国特色社会主义进入新时代背景下,我国社会主要矛盾已经转化为人民日益增长的美好生活需要和不平衡不充分的发展之间的矛盾,要深刻认识社会主要矛盾的变迁。就乡村而言,由于城乡发展不平衡和经济市场化的影响,集体化时期所形成的集体主义原则虚化,特别是个体私利的影响,导致了农民集体认同缺失。农民在缺乏政治意识、权力意识和规则意识的背景下,村庄内的交往变得世俗化、物欲化,只讲利益不讲义务、不讲诚信,互信互利的人情关系淡化,村民互助合作精神弱化,这也造成了村庄的治理危机与价值危机。为此,十八大以来,党中央始终坚持将解决"三农"问题作为全党工作的重中之重,将农业农村现代化作为国家现代化的重要组成部分,并在此基础上,十九大报告提出了以"产业兴旺、生态宜居、乡风文明、治理有效、生活富裕"为总要求的乡村振兴战略,解决城乡发展不平衡和乡村内在治理的价值困境,努力实现全体人民的共同富裕。治理有效是实现乡村振兴的基础,乡村治理已经不是一种静态化、封闭式、单一性的管理,而是一种动态化、流动性、多元性的治理。因此,为了实现治理的有效性,不仅需要积极探索一种规范化、程序化的治理模式,更需要形成一种乡村内在的认同机制,而公共精神恰恰是认同机制的一种体现,具有重要的现实价值。十九届四中全会提出要坚持和完善共建共治共享的社会治理制度,建设人人有责、人人尽责、人人享有的社会治理共同体,推进国家治理体系和治理能力现代化,而培育新时代乡村公共精神则是实现乡村治理现代化必备条件。

第二节　发达地区乡村公共精神缺失表现

改革开放以来,随着农民民主意识的增强和社会建设程度的提升,乡村社会逐渐培育出了公共精神发展的现代土壤。从发达地区看,市场化程度较高,农民个体的民主意识较强,在主动参与村庄公共事务的过程中培育了现代公共意识。但与此同时,随着市场经济的发展,市场经济对个体理性的张扬和个体意识的激发较强,乡村社会内部分层加剧,农民的价值观念受趋利化的影响,农民脱离原有乡村集体的程度较高,它们更多地将生产生活寄托于个人,农村公共空间受到冷落。因此,由于历史与现实的原因,传统社会或者集体化时期所形成的"公"的思想和集体精神已呈支离破碎之势,而与市场经济相适应的现代乡村公共精神又尚未真正建立起来,缺少了公共精神和集体意识的乡村社会呈现出传统与现代、私利与公益、集体与个人之间相互交叉、相互依存又相互矛盾的状态。虽然,发达地区公共精神现代特征逐渐显现,但从构成公共精神的要素看,乡村公共精神又存在着诸多缺失表现,如传统伦理价值衰微、农民政治价值缺失和集体认同弱化、农村公共空间有限和农民公共活动鲜少、农村民间组织发展滞后。

一、传统伦理价值衰微

传统伦理价值主要是指在传统社会中形成的各种人伦规范、思想观念等(主要是儒家伦理),它是几千年中华文明的组成部分,也是构建维持乡村社会运行的价值体系。在这种传统伦理价值的支配下,农民无论是在家庭和家族内部还是在村庄内部,在处理人与人之间的关系时,都以这种价值观念作引导。在传统农业社会中,农民的生产生活方式单一,围绕着土地和村庄进行人际间交往,活动空间和范围有限,在这样一种封闭的乡村社会里,儒家伦理作为农民的内在价值观念支配着他们的行为并使其逐渐固化。但是,当下中国乡村社会正处于转型期,农民的私利化和村庄集体精神弱化,农民的价值多元化特征明显,传统价值观念遭受剧烈冲击,呈衰微态势。具体而言,传统伦理价值衰微主要来自两个方面。

（一）传统伦理的历史狭隘性

在传统乡村社会中,家庭是最基本的生产和生活单位,自给自足的生产、生活方式促使人与人之间形成了以血缘和地缘为基础的熟人关系,而家族和村庄则是血缘和地缘关系的延伸与体现。传统家族和宗族以家为单位,以血缘为联系纽带,具有一定的范围性和排外性,因而,在此基础上的家庭伦理具有天然的狭隘性。由于传统儒家伦理和"家"的狭隘观念的束缚,乡村社会的公共性形成及扩展受限,直接影响现代意义上公共精神的发展。梁启超说:"我国民所缺者,公德其一端。公德者何? 人群之所以为群,国家之所以为国,赖此得焉以成立者也。"[1]费孝通也认为:"在乡村工作者看来,中国乡下佬最大的毛病是'私'。……私的毛病在中国实在是比愚和病更普遍得多,从上到下似乎没有不害这毛病的。……在这种富于伸缩性的网络里,随时随地有一个'己'作中心的,这并不是个人主义,而是自我主义……因为我们所有的是自我主义,一切价值是以己为中心。"[2]从梁启超和费孝通的观点看,在传统乡村社会里,农民以家庭为中心,所关心的只是与家庭成员相关的事情,对集体和国家的公共事务考虑甚少,缺乏团体意识和公共认知。当代一些学者也认为,"政府与社会的关系是一种家国关系,社会伦理与国家治理伦理融会贯通,家族伦理放大为社会伦理,放大为国家治理伦理"[3]。在强调以家庭为基础的乡村社会里,人与人之间的关系表现为不同家庭和家族之间的利益关系,这种伦理结构和制度安排使得农民无法超越家庭范围而进入整个乡村社会,无法与具有民主、法治等特征的现代乡村社会相融合,传统伦理的历史狭隘制约着现代乡村公共精神的产生与发展。

（二）传统伦理受到外来条件的冲击较大

改革开放以来,经济的飞速发展,特别是社会主义市场经济体制的确立,使乡村社会发生了一系列重大变化,原有乡村社会治理结构和人们的价值观念,受到了现代化的强烈冲击。在城市现代性和市场利益的吸引下,农民逐渐摆脱了世代为生的

①　梁启超:《新民说》,北京:中国文史出版社,2012 年,第 33 页。
②　费孝通:《乡土中国 生育制度》,北京:北京大学出版社,1998 年,第 24—28 页。
③　周庆智:《在政府与社会之间——基层治理诸问题研究》,中国社会科学出版社,2015 年,第 1 页。

农业束缚，解开了捆绑于土地上的双脚，怀着对未来的美好憧憬进入城市、投入到轰轰烈烈的工业化生产和自主创业中。在自我价值实现的同时，农民在市场经济的大潮中最先接触到了多元文化和价值观，农民价值认同的多元化必然会导致固有传统价值观和集体价值观的褪去。同时，农村人口大量外出也使封闭的乡村空间被打破，乡村内部分层加剧，原有的以家庭伦理为基础的认同机制逐渐被以利益为基础的认同所取代。因而，"伴随着农村现代化进程的推进，现代农民日益成为单一性的原子式个体，这在一定程度上动摇了传统乡村伦理文化赖以生存和发展的主体性基础，传统乡村伦理文化也因此日渐式微"①。当城市工业的现代化生产取代旧有农业一家一户的家庭生产时，原有家庭伦理的内在价值也必然会随之减弱。"传统意义上的私人领域与私人生活就越来越缩小其边界，这就意味着，主要适用于家庭（夫妻关系、父母子女关系，以爱情和亲情为基础）、朋友（以友情为基础）、村社（以乡情为基础）的伦理规范也将缩小其范围、降低其效力。"②总之，面对现代化的冲击，在个人主义、利益至上等消极思想的影响下，乡村社会诸多矛盾凸显，原有的伦理观念和村庄集体意识在现代化的冲击下正在逐渐解体。

二、农民的政治认同缺失和集体认同弱化

（一）政治认同缺失

政治认同是人们在社会政治生活中产生的对政治权力的一种心理认同，就当前而言，政治认同就是对中国共产党领导的认同，具体表现为对中国特色社会主义政治制度、社会主义核心价值观以及中国共产党治国理政的方针、政策的认同。政治认同是坚持中国共产党领导和走中国特色社会主义道路的心理根基和情感认同，也是完善和发展中国特色社会主义制度、推进国家治理体系和治理能力现代化的重要政治基础。就乡村而言，农民对中国共产党领导的政治认同是乡村经济发展的重要基础，也是有效化解乡村社会诸多矛盾，维护社会和谐稳定的重要因素。新中国成立以来，农民的政治认同也伴随着农村生产方式的变革发生一系列的变迁。新中国成立后，在中国共产党的领导下，农村开展轰轰烈烈的土地改革运动，农民在获得了土地所带来经济利益的同时，也大大地提升了他们的政治地位，人民当家作主变为现实，农民对中国共产党领导的新政权产生了高度政治认同。在集体化阶段初期，由于有效地解决了农民种粮的现实问题，极大地调动了农民的生产积极性，进而加

---

① 张燕：《传统乡村伦理文化的式微与转型—基于乡村治理的视角》，《伦理学研究》，2017 年第 3 期。
② 晏辉：《在公共生活与私人生活之间：传统伦理的现代境遇》，《中国人民大学学报》，2008 年第 1 期。

强了农民对党和国家的政治认同,并在农业生产与日常生活中形成了浓厚的政治意识氛围。在人民公社体制下,一大二公和三级管理体制使得乡村失去了自主性,农民的政治认同在看似高涨的生产热情下逐渐发生一些变化。改革开放后,农村的生产经营方式发生了重大的制度变革,由集体统一经营转变为统分结合的双层经营体制,逐步摆脱了人民公社体制的束缚,乡村社会的自主性逐渐从高度政治化的管制模式下释放出来。农民获得了土地的经营权,极大调动了农民的生产积极性,从辛勤劳动中获得农业生产回报,在解决温饱问题和释放自主性的基础上,逐渐形成了新时期对党和政府行政权威的政治认同,农民参与农村公共事务的热情高涨。但是,随着社会主义市场经济体制的确立,在工业化和城市化急剧推进的现状下,地方政府将经济发展作为最重要的衡量指标,在土地征迁、项目投建等方面较为硬性的工作方式影响了党和地方政府的政治信任度的提升。从乡村社会内部看,市场经济的发展促使农村原有的集体经济解体,个体价值得到突显,在分的基础上统的原则执行不到位,导致农民将自己作为行动的中心,只关注个体得失,不考虑国家和集体利益。再加上利益驱使和权力缺乏适当约束,农村社会逐渐分层并利益固化,权力执行者滥用权力或借职务之便获取个人的特殊利益使基层政治生活病态化,干群关系逐渐疏远,这些不合时宜的思想观念和体制机制弊端使农民对党和政府的政治认同减弱。虽然,当前村民自治不断推进,基层民主政治建设不断完善,农民的政治参与意识也不断增强,但他们对于政治参与的目的及行为缺乏应有的公共理念支撑,因此会产生消极心理。"农村改革以来,农村政治生态环境发生巨大变化,农村社会发展的基础由过去国家意志的组织变为村民自治组织,农村价值体系随之呈现'碎片化'状态,同时由于多元文化带来的冲击,以及农民自身的一些原因,农民难以完全接受主流价值的引导,无法完全进行正确的政治价值选择和判断,他们对党的方针政策认识存在偏差。"①

（二）集体认同弱化

集体认同是人的一种社会性认同,它是人们对所关注的认同的一种相同性。从乡村范围看,集体认同主要体现为农民对各项村庄公共事务和公共活动的认同,它是乡村公共精神形成的内生认同基础。归属感是个体对自身所属群体的一种认同心理状态。从乡村社会看,在个人利益至上的现状和农民分层加剧的背景下,与集体化时期相比,农民的集体认同和村庄归属感呈减弱态势。一方面,改革开放后,农

---

① 王丽:《公共治理视域下乡村公共精神的缺失与重构》,《行政论坛》,2012 年第 5 期。

村社会的自主性逐步增强,农民个体化的生产生活占据主导,一家一户的家庭生产也使他们摆脱了集体化的农业耕作,小农经济的分散性使得农民的集体生产理念弱化。在此背景下,由于农村缺乏公共理念引导,乡村集体意识下降,凝聚力不足,一些农民很少考虑集体利益,对村庄的公共事务和公共活动漠不关心,认为农村事务是政府和村委会的事。这不仅影响着农村经济社会的健康发展,也使得农民对基层组织的职能产生不信任感,进而减弱了基层组织的认同感。另一方面,随着农村自治组织的成立,国家权力逐渐从农村社会退出,在增强农民自治性的基础上,一定程度上也造成了农村公共服务和公共文化的缺失现象。一些农村的集体经济发展较为薄弱,农村公共服务、公共产品自我供给不足,自治组织在缺乏应有财力保障的情况下,不能有效地服务乡村社会、为农民提供有力的组织支撑。同时,在经济建设放在发展首位的要求下,农村的文化建设和精神文明建设程度不高,特别是在文化基础设施、文化服务供给和活动方面与城市相比差距较大。如果乡村社会的公共文化资源不足,农民就缺失了开阔视野、增长知识的途径和平台,不利于他们站在一个更为宽阔的空间内去思考问题,狭隘的私利观必然会影响农民的行为,导致集体归属和认同的下降。"原有的价值体系和思想观念逐步瓦解,思想教育深入不到农民群众内心,农民思想意识缺少主流价值的支撑,出现了严重的信仰危机,农村社会陷入集体意识衰落状态。"①

三、农村公共空间有限和农民公共活动鲜少

(一)农村公共空间有限

公共空间是一个多学科概念,不同学科的研究者持不同的理解,从政治学、社会学角度看,主要是研究社会公共活动的开展和公共秩序的运行。"农村公共空间涵盖了农村居民日常的经济、政治、文化和社会生活的诸多方面,它不仅关乎农村社会的自身稳定和发展,同时也是国家控制和治理乡村的社会基础,因而对于农民的生活和乡村和谐稳定与发展都具有十分重要的意义。"②从历史的视角看,乡村公共空间历经了传统血缘性、集体化时期的政治性和改革开放以来现代性公共空间。在传统社会的长期进程中,整个国家与社会是合二为一的,呈现"强国家弱社会"的状态。社会力量弱小,社会组织的发展空间有限,社会的公共领域一直受到政治国家的挤压而发展维艰,因此形成了国家与家庭相结合的社会结构。在这种结构下,大到整

---

①　王丽:《公共治理视域下乡村公共精神的缺失与重构》,《行政论坛》,2012 年第 5 期。

②　庞娟:《农村公共空间研究的多学科视角回顾与展望》,《江西社会科学》,2013 年第 9 期。

个国家管理,小到家庭内部管理都缺乏应有的中间衔接,如果用现代词语来表述则是缺乏公共领域。人们逐渐形成了以家庭为主体,以乡村为空间的活动范围,在这个空间内农村依靠家庭和家族间的互助和协商来完成农村各项事务,其他乡村组织的建立往往以家庭和家族为基础,这是一种非常狭隘的公共空间,具有非常强的排他性。公共场所一般设在一些村庙、祠堂和院落内,农民在这些场所内围绕着生产生活中所需要解决的公共问题展开协调和讨论,或者开展公共活动,具有明显的传统自发性特征。因而,传统时期,乡村社会是一个典型的血缘共同体,农民依靠着血缘关系在狭隘的自发性公共空间内依靠传统儒家伦理和地方习俗来处理村庄内部事务和开展公共活动。新中国成立初期,特别是人民公社体制的建立使得乡村社会进入一种政治化特征明显的时期。在集体化时期,"国家的政治空间曾经扩展到几乎可以涵盖甚至替代基层社会空间的地步"①,乡村社会形成了较为绝对的公共空间,个人与家庭的生产与生活被这种公共性占据,私人领域也被公共空间包含,形成了一个政治共同体。因而,农村的各项生产任务、政治活动等一般都通过集体的方式在公社、大队礼堂、农田等场所展开,这些场所在政治统领下实现了农业生产与农民生活的统一,具有明显的政治性特征。党的十一届三中全会之后,农村改革率先展开,家庭联产承包责任制和村民自治制度的推行,使国家与社会的关系逐渐分离,让乡村获得了经济发展和自我管理的自主性。随着农业生产的发展和市场经济的繁荣,乡村交易市场、商店等场所在农民从事经济活动的同时也逐渐成为乡村经济社会发展的信息集聚地。随着村民自治的推进,村委会、老年活动中心、文化大礼堂等也逐渐成为农村参与公共事务和活动的新的公共场所。

（二）农民公共活动鲜少

虽然,乡村公共空间的扩大和农民自主意识的增强,使得农村参与公共活动的热情高涨,乡村焕发出新的活力,但是,乡村土地承包经营制度发生重大变革后,包产到户的推行使广大农民从人民公社体制中摆脱出来,集体化的生产生活也被个体所取代,农民逐步跳出集体谋求生存与发展,私人空间也逐渐显现出来。特别是随着市场化程度的不断加深,对经济利益的追求成为农民最主要的交往活动,由于致富水平的差距,乡村社会内部农民之间发生分层,贫富分化现象突出,经济实力的差距带来了社会交往隔阂,也一定程度上影响着农民的社会心理和价值观念。至于乡村社会中人与人之间的交往方式,最为显著的变化就是利益化特征明显,当农民将

---

① 吴新叶:《农村基层公共空间中的政府在场——以基层的政治性与社会性为视角》,《武汉大学学报》,2008 年第 1 期。

追逐自我利益作为行动指南时,农村集体的公共空间必然会被私人空间所占据,乡村公共空间呈现碎片化。与此同时,集体式生产生活方式终结,回归到以家庭为单位的生产与生活方式,集体化时期所凝聚起来的村庄集体主义意识也呈分散态势,再加上信息技术的发展和传播手段的现代化,农民将原有各项公共活动转入到了私人领域,农村公共空间缺少了公共活动的点缀。农村公共活动鲜少和公共空间有限产生的直接影响就是:"农民个体之间不再因为共同的活动和文化而彼此认同,在失去彼此之间关联的同时,农民的生活也失去了关联。"[①]因此,农村个体很少能够积极主动地去参与村庄各项公共事务和公共活动,农民对集体事业的关注减少,许多地方出现集体物品无人管理、村集体活动无人参加等现象,在这种现状下,农民公共参与意识的形成便无从谈起。因此,农民参与乡村事务的公共活动空间不足和活动有限会直接影响现代乡村公共精神的产生与发展。

四、农村民间组织发展滞后

(一)民间组织积极作用逐渐显现

农村民间组织是农民依据自身发展需要或者在政府推动下而建立的非政府性的社会组织,当前,从农村民间组织的类型看主要有经济类、政治类、文化类和社会服务类,它们在乡村经济社会发展中发挥着重要的作用。随着村民自治的开展和农民民主意识的增强,农村民间组织呈现快速发展之势,成为农村社区建设的重要主体。农村民间组织发展是经济体制改革和基层民主政治建设发展的必然结果,它不仅改变了乡村的治理结构,而且也提升了乡村经济社会发展的现代化程度,具体来看,其积极作用主要体现在:第一,提升农民的自治能力。在集体化时期,国家通过一种政治化的管理实现了农村的高度组织化,无论是农业生产还是农民生活都体现了国家的绝对主导性,农民的自主性无法释放。农村改革后,家庭联产责任制的推行,在释放农民生产积极性的同时也增强了他们的自主性,但是,以家庭为单位的生产方式也造成了农民的分散性,农村的集体化程度减弱,这对于农村各项公共事务的开展造成了较大的影响。因此,一方面国家积极推进村民自治制度,实现农村的自我管理、自我监督和自我服务;另一方面也需要农村培育民间组织,让农民积极参与农村经济社会建设。农村民间组织的建立不仅可以增强农民之间的凝聚力,而且也能通过民间组织有效地协调农民与政府以及与其他组织之间关系。第二,有效稳

---

① 何兰萍:《关于重构农村公共文化生活空间的思考》,《学习与实践》,2007 年第 11 期。

定乡村社会秩序。在传统社会里,乡村社会内部通过家庭或家族的协调可以有效化解农民间的各种矛盾,维持乡村社会秩序的稳定。但是,随着传统管理方式的弱化和农民经济、政治等方面诉求的增加,除了从外在加强制度建设和创新方式外,也需要从乡村内部去挖掘有效协调机制,而民间组织则是实现乡村社会有效治理的重要载体。在农村经济社会建设中,农民通过平等、自愿等原则建立民间组织可以有效化解农民之间的各种矛盾,也可以在应对市场和社会风险时起到组织的协调和保障作用,维护乡村社会的稳定。第三,有利于培育农民的公共意识。公共意识是现代农民所具备的一种整体意识,也是公共精神的内核。由于民间组织是农民自发、自愿组成产生的,参加组织的农民具有强烈的组织意识,他们会从组织的角度去参与乡村事务,在参与的过程中逐渐培育和增强他们的公共意识,而民间组织也给农民提供重要的精神依托。因此,通过民间组织的建立和民间活动参与,实现了农民的内在自治,在不断提升治理能力和治理水平的基础上,也增强了他们的民主意识和公共意识。现阶段,农村民间组织按照产生方式可分为两种。一种是在政府积极引导下建立起来的民间组织。改革开放后,随着农业生产方式由集体转为家庭与个人后,农村社会摆脱了人民公社体制所形成的集体化模式,农民生产和生活均呈现出原子化特点,农村内部分散性增强,组织化程度降低。同时,在城市化快速推进的背景下,农村有生力量大量流入城市,增加了农村社会组织的难度。因此,在市场经济体制发展不完善和村民自治也有待进一步发展的现状下,民间组织的培育需要发挥政府的服务职能,建立适应农村经济社会发展需要的组织化体系,保障基层民主化进程的推进。但是,在政府引导下所成立的民间组织,如果受到政府干涉较多,一定程度上会减弱民间组织的自治性。另一种是农民在农村日常的生产生活中自发产生的民间组织,是农民为适应生产生活需要而形成的自我管理组织,具有较大的自主性和独立性。自发性民间组织是在村民自治的基础上,农民从自身发展的实际出发所建立的民间组织,它具有较高的农民认同度。但是,由于这类组织往往产生于小范围的农民活动中,自治主体和资源非常有限,组织规模较小,缺乏为农民提供长期有效服务的稳定性。

（二）农村民间组织的发展困境

虽然农村民间组织对提升农民自治能力、有效稳定乡村社会秩序、培育农民的公共意识等方面都有积极的推动作用,但是,从目前看,乡村社会内生性组织发展较为缓慢,并且在组织成立和发展的过程中还存在着诸如农民支持率不高、组织可持续发展不足等问题,具体原因主要表现在两个方面:一方面,农村民间组织的自我发展能力有限和独立性欠缺。虽然农村民间组织发源于乡村社会，是农民基于共同利益自发组成的，理应具有较强的独立性和自主性。但是，由于民间组织的建立和发展离不开政府的引导和支持，民间组织与政府保持着密切的联系，在组织职能的发挥上或多或少地受到政府行政职能的影响，一定程度上也影响着组织的自主性和独立性。另一方面，民间组织的持续发展缺乏经济、人员等要素保障。农村民间组织是基层民主政治建设的重要载体，也是乡村社会治理的主体，乡村社会建设需要积极发挥民间组织的作用。但是，由于民间组织是农民自发组织，维持组织运行的资金大多来源于农民集资，对于收入较低的农民而言，组织的稳定性不足。再加上由于农村民间组织活动范围较小，一般仅限于村庄内部，因而获得社会资金支持不足。民间组织受到内外资金条件的影响，无法建立起真正意义上的农民自我管理与服务组织。同时，由于农村大量有生力量流出，民间组织缺乏应有的人才储备，这影响着组织的职能发挥，也影响着农民对民间组织的自我认同。

第三节　发达地区乡村公共精神缺失原因分析

改革开放以来，乡村公共精神因其产生的历史条件发生了巨大变革，乡村社会中原有的传统公共性和集体化时期所形成的政治认同被工业化和城市化发展的洪流冲散，乡村公共精神也进入了前所未有的重塑期，这是一个漫长复杂的过程。因此，发达地区要想构建现代乡村公共精神，首先要有针对性地分析造成乡村公共精神现状的诸多因素。

一、经济体制的变革造成原有归属意识的瓦解

传统乡村社会是以家庭为单位的村庄组合体，家庭的基础是血缘和婚姻关系，在这种最基本的生产生活单位中，每个人将自己定位于其中，建立了原始的血缘归属意识。而在乡村社会内部，不同家庭和家族之间又通过简单的互助协作形成了传统的村庄认同。之后，虽然不同历史时期的乡村社会性质和治理结构发生了重大变化，但是农民的生产生活方式依然保留了传统家庭的特有性质，在较为封闭的空间里延续。新中国成立后，针对当时农村社会发展的现状，国家加强了对农村的整合，在国家政治权力的影响下，乡村社会逐渐形成了一种集体化的生产生活方式，这是计划经济体制在农村社会的反映。新中国成立之初，为了经济发展的现实需要，国家利用行政手段加强对资源的集中管理，并进行有计划的生产和消费，保障了经济

秩序的稳定,为国民经济的发展创造了良好的经济条件。但是,这种指令性计划经济也存在着较大的弊端,用行政手段进行资源配置,限制了市场机制的发挥,不利于商品经济的发展。在农村,计划经济体制的影响主要反映在人民公社体制的建立,在强大的国家意志的影响下,乡村社会逐渐形成了生产的三级管理体制,并通过一定制度将农民限制在土地上从事的农业生产。人民公社体制是一种指令性的计划经济体制,也是对农民加强管理的政治体制,在这种较为封闭的空间里,通过政治宣传,农民逐渐形成了一种政治化的集体意识。在人民公社、生产队内,农民在国家权力的领导下逐渐形成了以共产主义理想和集体主义原则为价值指引的集体归属感。但是,这种外在政治影响所形成的集体归属意识一定程度上限制了农民内在的自我归属意识,导致社会完全融合于国家之中,丧失社会发展的自主性。20世纪70年代末,在农民的生产积极性和生产效率严重受限的背景下,国家启动了改革战略,反映在经济方面则是经济体制的转型,由计划经济体制向市场经济体制转变。20世纪80年代初,人民公社体制解体后,以户为单位的劳动取代了集体化生产。与此同时,"改革还带来了国家、社会、个人捆绑式一体化的解体,出现了国家与社会分裂的走向"。[①] 在乡村社会则主要表现为农民摆脱集体束缚,追求个体利益的意识增强,当农民重新回归家庭的时候,农民的生产与生活空间必然会重新进行调整,集体化时期所形成的集体归属逐渐瓦解。当然,与传统社会的不同之处在于,农民已不需要再像传统社会那样固定在土地上,他们可以在一个开放的社会中各尽其能,寻求自我的发展。当农村的剩余劳动力从土地上释放出来后,在城市化推进的影响下,他们逐渐远离了乡村,也逐渐淡化了传统社会几千年来所建立起来的血缘和地缘归属感。同时,社会主义市场经济体制的建立是深化经济体制改革的重要内容,市场经济不同于计划经济,它不是依靠政府的指令和协调来进行资源的配置,是一种依靠竞争机制实行的经济体制,这种竞争机制可以充分调动经济主体的积极性和创造性,也可能造成收入不均和两极分化现象,加剧社会矛盾和冲突,影响社会和谐。特别是在当前我国市场竞争机制还不健全的情况下,市场竞争原则的滥用,使每个人都追求个人利益最大化,造成人们的责任意识缺失、行为失范和社会秩序的混乱。在乡村社会,这种经济体制的变革带来的影响,除了在经济方面农民之间贫富差距的增大外,也反映在农村价值观的变化上。由于村庄内部农民之间致富水平的不同,导致了他们之间贫富的差异,在心理方面,表现为农民逐利价值观的形成和村庄价值体系的变化。一方面,市场经济体制的开放性,可以促使农民充分发挥自主性,

---

① 杨四海:《公共精神研究的中国视野》,《中共浙江省委党校学报》,2015年第4期。

在新思想的引导下，农民逐渐抛弃固有的传统意识，个体的独立性、选择的多样性日益增强，农民的价值观呈现多样化特点，打破了人民公社体制时期所形成的国家和集体价值观，个人的价值观凸显。另一方面，在市场经济逐利的影响下，在充分调动个体积极性的情况下，也带来了个人私欲的膨胀。利益分化使个人利益得到重视与张扬，传统的全局至上价值观受到冲击，国家、集体、个人利益需要寻求新的平衡点。不同观念和信仰在不同层面、不同阶层以不同方式显现出来，原有的以血缘关系为纽带的传统归属感和在计划经济时期所形成的集体意识也逐渐被经济体制的变革所瓦解。

二、治理结构的变迁使地方权威体系发生变化

乡村社会在不同历史时期呈现不同的治理结构，就其治理主体而言主要体现在权力与权威之间。中国传统乡村社会是中央集权与地方自治相结合的治理结构，它既保证了皇帝对整个天下统治的绝对权力，也保证了在皇权统治有限的情况下，乡村社会治理主体的地方权威，实现了中央权力与地方权威的有机统一。而皇帝权力在地方不是通过治理组织架构的延伸实现，而是通过内在的思想教化得以巩固，思想教化的内容就是家国同构的儒家伦理。统治者从儒家伦理教化中获得了其统治的内在治理基础，老百姓则从伦理教化中养成了主动的敬畏和顺从之心。因而，传统社会通过儒家伦理的教化实现了对老百姓的思想控制，这就是"礼治"作用的发挥。但是，仅依靠一种思想的控制不可能管理普天之下，还需要依靠地方势力。因而，"政治体制不能简单地沿着自上而下的轨道运行，在任何统治下，人民的意见都不能完全被忽视。在中国，即使在专制统治下，也并不完全是暴君统治，这一事实表明人民的意见通过某种非正式的轨道向上传达"。① 双轨政治实现了上下之间的有机衔接，实现了中央权力与地方权威的结合。在这种社会形态下，人们形成了固有的认同和政治归属，以固定的思维方式和理念为前提，以社会个体的内敛为表现形式，最终实现社会的稳定。

在社会主义革命和建设时期，乡村社会经历了一系列的制度变革，乡村的政权组织结构、土地制度、农民的生产方式和价值观念等都发生了前所未有的变化，而这种变化是在政府主导下进行的，体现了强大的国家意志，乡村社会也逐渐形成了"政社合一"的治理结构。政社合一的治理结构在乡村主要通过人民公社三级管理体制体现出来，人民公社、生产队的建立是国家权力在乡村社会的延伸，具有绝对的地方

---

① 费孝通：《中国士绅——城乡关系论集》，北京：外语教学与研究出版社，2011年，第89页。

权威,它与中央政治权力保持一致。这种体制改变了传统社会所形成的以家庭为依归的农民认同和地方的族民自治管理方式,通过政治化运动的开展实现了农民生产和生活行为的集体化,在封闭的空间内逐渐形成了一种高度的政治认同。

在人民公社体制下,农民被束缚在生产队上,并且按照公社、生产大队的要求从事农业生产活动,他们的贫困状况没有发生太大变化,农业发展也非常缓慢。20世纪70年代末期,人民公社体制的弊端使其难以维持乡村社会的运转,改革势在必行。之后,随着农业生产责任制的普遍实行,国家逐步下放经济管辖权,原来高度的集体化生产方式被家庭联产承包责任制所取代。"这种新体制的推行改变了乡村的基本生产组织形式和生活模式。其中最大的差别是农户家庭的生产性功能重新处于决定性的地位。由于生产已经落实到各农户家庭来完成,农户家庭就必然成为生产组织的中心。"①生产组织的变化改变了农民的生产、生活方式,也改变了农民与乡村组织之间的关系。家庭联产承包责任制的推行使得农民生产活动摆脱了公社、生产队的统一管理,农业生产重新回归家庭,这种经济生产方式的变革也带来乡村社会治理结构的变迁。1982年国家通过宪法的形式规定了乡、镇作为一级人民政府,村民委员会作为群众性自治组织,正式宣告人民公社体制解体。至此,乡级人民政府取代了人民公社,村民委员会取代了生产大队,村民小组取代了生产队,基层政权设在乡一级,而农村实行村民自治,乡村社会形成了一种新的治理结构,即"乡政村治"。"乡政村治"的结构是国家逐步退出对乡村社会经济和行政控制的表现,由高度集体化、政治化的生产和管理方式转变为乡镇引导村民自治的方式,农民自治组织村委会成为农村权威机构。

21世纪以来,随着社会变迁和人口流动的加快,乡村的社会结构正从同质社会向异质社会转型,这促使原有地方权威体系瓦解。"在现代性的冲击下,传统乡村社会中的诸多基础性结构,如宗族、门子等超家庭的地缘与血缘共同体解体,依托于超家庭结构的村庄内生秩序机制及地方性规范随之解体"。② 这就需要强有力的行政权力维持乡村社会的稳定与发展,地方政府则承担起了这个职责。当然,村民自治的深入使村级组织也发挥了一定的自治职能。不过,在这个过程中,由于村民自治水平较低,再加上地方政府行政管理职能的影响,村级自治组织不可避免地带有行政色彩,自治组织的自治性和权威性相应减弱。就目前来看,乡村社会的内生权威

---

① 王沪宁:《当代中国村落家族文化——对中国社会现代化的一项探索》,上海:上海人民出版社,1991年,第57页。

② 贺雪峰:《回乡记:我们所看到的乡土中国》,北京:东方出版社,2014年,第2页。

逐渐被外在权力替代,乡村社会原有的权威体系瓦解,建立在传统家庭家族认同基础上的归属意识也逐渐弱化。同时,随着法治建设的推进,农民的法律意识不断增强,传统的单一经验式的社会逐步转变为合作契约式社会,以血缘为基础的社会也逐步让位于以地缘和业缘为基础的社会,习惯认同也转变为契约、法律认同。在契约型和法治型渐浓的乡村社会里,人们需要依靠理性逻辑和法律条文维系这个流动的空间,农村也逐渐在自愿互惠的基础上,形成了信任和法律相结合的社会特性。因而,乡村治理结构的变化不仅改变了国家权力与地方权威体系,也改变了乡村公共精神的内涵。

三、价值体系变迁改变了原有的认同模式

从广义的角度看,价值体系是一个国家和民族在一定历史时期和一定的社会形态中所形成的社会意识的反映,它是经济社会因素在价值文化层面的体现。不同的历史阶段,社会形态和结构不同,经济体制也存在较大差异,自然也呈现出不同的价值体系。在传统乡村社会,统治阶级利用儒家伦理学说实现了对农民的思想控制,以维持自身的统治。在较长的以农业生产为主的社会中,农民保持着一种比较固定的生产生活方式,在这种固化的结构中,逐渐形成了单一价值体系。在农村社会中,农民之间依靠亲密的血缘关系紧紧联系起来,并形成了以家庭伦理关系为核心的价值观和一种范围狭小的家庭和家族认同。农村成为国家伦理和家庭伦理的交汇点,这不仅可以让农民忠君爱国,满足专制统治的需要,也能够让他们做到自我约束,维持这种固化的乡村社会秩序。因此,"在变化很少的社会里,文化是稳定的,很少新的问题,生活是一套传统的办法。如果我们能想象一个完全由传统所规定下的社会生活,这个社会可以说是没有政治的,有的只有教化。事实上固然并没有这种社会,但是乡土社会确实靠近这种标准的社会"。[①] 近代以来,中国社会发生了巨大变化,在西方先进技术传入的同时,西方的价值观念也逐步向中国渗透,传统社会所形成的儒家伦理价值体系逐渐被打破。新文化运动的兴起,一些受过西方教育的知识分子倡导思想文化革新运动,反对儒家伦理教化,为马克思主义传播和五四运动奠定了理论基础。五四运动作为反帝反封建的爱国运动,虽然没能完全建立一种新的价值体系,但是,它提倡国家利益至上,逐渐形成了一种国家认同观念。新中国成立后,社会主义制度确立,坚持公有制为主体,强调国家利益、集体利益和个人利益的统一。但随着人民公社体制确立,在乡村社会强调集体利益的重要性,抑制了个人

---

① 费孝通:《乡土中国 生育制度》,北京:北京大学出版社,1998 年,第 66—67 页。

的积极性,构建了集体主义价值体系和政治化的集体认同。改革开放后,国家积极调整农村的生产方式和社会治理结构,一方面家庭联产承包责任制的推广,农村重新确立了以家庭为单位的生产方式,这激发了农民的生产积极性,使个体利益得到应有的尊重,也促进了个体意识的发展;另一方面"乡政村治"结构的形成,又为乡村社会注入民主、自治等理念。社会主义市场经济体制确立后,乡村社会发生巨大变迁的同时也带来了诸多的影响,特别是价值观念的影响。由于对个人自主性的释放,在市场经济体制确立的过程中,一些思想开放、致富能力强的农民发挥自身能动性和积极捕捉市场信息,逐渐成为农村先富群体,他们成为农民所效仿的对象,对经济利益的追求占据了农民思想的主阵地。在乡村社会,这种以经济利益为衡量标准的思想观念,不仅打破了传统较为固化和稳定的伦理价值观,而且,由于多元价值观的影响,一些腐朽的金钱观、享乐观等逐渐弥漫,农村出现了严重的道德滑坡和价值体系复杂化现状,影响着基层民主建设的推进,也给乡村社会秩序带来了严重的挑战。集体化时期,由于实施高度集权的计划经济体制,政治化色彩浓厚,导致价值观上过多强调集体而忽略个体;改革开放后,国家推行一系列经济社会改革举措,逐渐改变了这种失衡,极大调动个体的积极性。但是,新的价值体系的确立需要一定过程,新旧价值系统转换的空隙中,出现了一定的价值真空。

针对经济社会发展的挑战,乡村原有的解决社会问题的方法和经验已无法适应时代的要求,几千年传统乡村社会所建立起来的伦理教化体系和价值认同机制面临着重构,社会发展的现实急切需要确立与之相适应的价值体系以构建思想文化上的认同。当前,乡村价值体系需要重构,需要建立与经济社会发展相适应的价值观,社会主义核心价值观则为乡村价值体现重构提供了价值观的引领。从现实看,虽然,村民自治在中国已经走过了三十多年,在实践中取得了巨大成就,农民的民主意识和自治水平都取得了较大的提升,然而不可否认的是,在自治的运行过程中还存在着许多问题。同时,伴随着市场化和城镇化的发展,农村人口大规模向城镇转移,在人口转移的进程中,他们的工作和生活领域发生了重大变化,价值认同也呈现多元化趋势,特别是在趋利化的影响下,农民更多关注现实的、眼前的、短暂的个体利益,这都严重影响村民参与政治生活的积极性,使农民对公共事务持冷漠态度,严重影响了乡村公共精神的重塑。

四、社会格局变迁引起生产生活方式的变革

社会格局主要是指社会中人与人之间通过一定的组织方式和结构所形成的社

会状态,在不同的历史时期,人与人之间交往和组织方式不同,自然也呈现出不同的社会格局。中国传统社会是一个以家庭为单位组成的社会格局,在这种社会格局中,我们不缺少以家庭为核心的私人关系活动,而维持这种私人关系网络运行的价值基础是传统的家庭伦理道德。因而,在强调私人关系的社会格局中,我们追求的是一种以个人内在自省为主的道德教化,正如梁启超所言:"试观《论语》《孟子》诸书……其中所教,私德居十之九,而公德不及其一焉。"①由于天然血缘关系,家庭成员主要着眼于家庭利益,具有利益范围的有限性,他们只考虑小家庭而无法扩展到大社会,反映在生活领域则是人们交往的目的主要是维护个人利益,而无法上升到国家和集体利益。家庭和家族体现的是狭隘的家庭和家族利益,而不是社会公共利益。费孝通曾经提出"差序格局"和"团体格局"两个概念,他认为在中国乡土社会中,差序格局是以社会圈子的组织为主;在西洋现代社会中,主要表现为团体格局中所形成的社群。差序格局更多地体现在家的内涵和功能上,它是由私人联系形成的网络;团体格局体现在个体在社会组织中的权利与义务关系中。差序格局缺少社会性的生活方式,缺乏集团生活。新中国成立以后,为了更快地推进社会主义建设,提高农业产量和满足农民的种粮需求,国家逐步调整乡村社会的组织方式和生产结构,由农户的单一生产方式转变为集体组织生产,生产方式的变革也带来乡村社会格局的变化,由原有传统的差序格局进入到一种政治化的团体式格局之中。然而,这种以政治化和集体化为主要特征的团体式格局,不同于西方意义上的团体格局,它是依靠国家的行政权力而实现的乡村社会的组织化。由于党对人民公社的绝对领导,人民公社以党代政,实现了一体化的管理,农民不仅在生产方式上组织化,在生活方式上也趋于同质化,并且人民公社负责组织农民进行农业生产和对生产资料集中配给,自主的商品交换受到严格限制,传统意义上的农村市场萎缩。但是,人民公社时期虽然采用一种集体化的生产方式,但是被束缚在土地上从事农业生产的农民仍是依靠亲情血缘关系来维持这日常的生活,传统家族管理模式依然存在并发挥着作用。在这种体制下,国家将农业生产、农村发展和农民生活全部纳入其管理和管辖范围之中,在高度的计划指令下,实现了乡村经济、政治、文化、社会等内容的高度统一,农民也改变了传统的单一的家庭式交往方式,逐渐形成了以生产队和家庭为单位的生产和生活交往方式。这种社会格局一直延续到人民公社体制的解体和"乡政村治"结构的形成,才发生根本性变化。新的乡村管理体制和结构的形成必然会产生新的社会格局,当国家行政权力逐步放松了对乡村社会政治化管理后,农业

---

① 梁启超:《新民说》,北京:中国文史出版社,2012年,第33页。

生产逐渐从集体回归家庭,特别是随着市场经济推进,农民的主动性和自发性愈加增强。虽然,农民的生产和生活方式从集体回归家庭,但是,与传统乡村社会的差序格局有较大不同。差序格局是一个在相对稳定和封闭的乡村社会中,以血缘和地缘为纽带所形成的一种社会格局,人与人之间依靠亲情关系和邻里间的互助实现社会的交往,并在传统伦理思想的束缚下长期维持稳定的社会状态。市场经济是一种开放型经济,它通过市场来进行资源的配置,具有较强的容纳度,在这种经济形式下,不同的社会主体围绕着市场展开,具有不同的经济社会需求,因而也会产生不同的社会矛盾。在现代市场经济的影响下,农民开始进入一种陌生人社会,尽管他们依然保留着传统的血缘关系,但是,农村人口流动逐渐加剧,当他们各自进入到不同的陌生社会时,熟人社会所形成的人情关系已无法适应这种社会环境,需要超越亲情关系,以一种民主、平等的社会规则去协调各种复杂的社会关系。当农民从熟悉的家庭、家族、村庄进入陌生的城市,他们以个体的身份与陌生人在这个公共空间里进行经济社会交往,逐渐被城市中所树立的以法律和契约为基础处理社会关系的现代思想所洗礼。在乡村社会,随着城乡一体化进程的推进,传统的家族关系也日趋淡化,农民之间围绕着利益也开始构建新型的法律和契约关系,并且已成为农村社会交往中的主要方式。当然,传统社会所形成的影响不可能短时间消亡,市场经济又有其发展的弊端,血缘关系在农民的交往过程中依然发挥着重要作用。因此,传统的人情伦理和血缘关系虽然已经淡化,但仍然发挥着重要的作用,而经济社会发展的现状又要求农民必须适应现代化发展的趋势,用新的理念、规则来处理各种复杂的社会关系,农民的生产生活方式必然呈现多样化趋势。在社会格局的变迁和生产生活方式变革背景下,农民逐渐跳出家庭进入到一个村庄公共空间内,在对个体利益的追求和村庄公共事务的参与过程中逐渐培育了一种现代性公共精神。但由于乡村社会经济发展水平的差异和生产生活方式的多样化,传统性保留和现代性发展的程度不一,乡村公共精神呈现出一种传统与现代相互交汇的复杂格局。

第四章 发达地区乡村公共精神
重塑的浙江实践

发达地区作为经济发展的先行区域,在经济社会的转型过程中最先触发各种社会问题,也最早开展与化解社会矛盾和维持乡村社会秩序有关的理论与实践探索。因此,全视阈地研究乡村治理,既要探讨欠发达地区乡村社会的现状,也要分析发达地区乡村社会治理的新变化,才能全面了解乡村社会治理现状,把握乡村治理方向。本书着重以浙江作为分析对象,从浙江乡村社会治理实践中去提炼乡村公共精神的现实价值。虽然,浙江不能完全概括发达地区乡村社会的整体特征,但是,作为发达地区的一部分,浙江实践也代表着发达地区乡村公共精神重塑的一种探索,本书力争从特殊性中概括其共性。

第一节 浙江乡村公共精神重塑探索

改革开放以来,浙江作为东部沿海地区的一部分,其经济发展水平一直居于全国前列。作为经济先发省份,浙江经济的发展主要体现为民营经济的繁荣,因为民营经济根源于村镇企业,与乡村有着天然的依附关系。"藏富于民"的乡村经济结构使农民获得了自我发展的空间,而集体经济则是乡村社会整体发展的经济支撑,因此,需要在继续保持经济持续发展的同时,大力提升村庄集体经济的发展比例。乡村集体经济是乡村社会中经济资源为农民所共有的一种经济形式,是农民集体利益的体现,也是村民自治在经济发展中的具体表现。当前,浙江各地政府积极努力引导乡村集体经济的发展,一方面是为了解决乡村社会集体经济薄弱的现状,另一方面也为了调动农民参加村庄集体事务的积极性。通过民营经济与村庄集体经济的双重驱动来助力乡村公共精神重塑,把经济发展与公共精神相结合,奠定乡村振兴的经济基础。在奠定乡村公共精神重塑的经济基础上,浙江各地充分发挥主观能动性,将经济优势转化到培育民主基础、认同基础和组织基础上。本书选择了浙江温州、绍兴、台州公共精神重塑的典型做法,通过对其做法的剖析来提炼共性,总结浙江的成效,从而进一步为发达地区乡村公共精神重塑提供启示价值。

一、温州的实践探索

温州位于浙江省东南部,境内地势从西南向东北呈现梯形倾斜,称为"七山二水一分田"。温州市现辖鹿城、龙湾、瓯海、洞头 4 个区,瑞安、乐清 2 个市(县级)和永嘉、平阳、苍南、文成、泰顺 5 个县。改革开放前,温州由于山多地少、交通不便、资源缺乏,农业基础较为薄弱,工业化发展水平相对低下。改革开放以来,温州人本着"敢为人先,特别能创业"的精神,勇于探索与开拓,在不断试验中逐渐形成了以家庭工业和专业市场为主要方式的小商品大市场的发展格局,奠定了温州独特的发展模式。2018 年全市实现地区生产总值 6006.2 亿元,一般公共预算收入 514.8 亿元,城乡居民人均可支配收入分别为 56097 元和 27478 元。[①] 在民营经济活跃的地方,温州模式带来了经济的繁荣,在一个充满开拓和创新意识的环境中,又何止经济的创举?发端于乡村基础上的民营经济繁荣背后必然有其独特的文化内涵和治理方式,本书从红色细胞工程和民间信仰组织参与社会治理两方面加以分析。

(一)红色细胞工程

党的十八届三中全会将推进国家治理体系和治理能力现代化作为全面深化改革的总目标,具有重大的理论及现实意义。国家治理体系和治理能力现代化建设是一个系统工程,基层治理作为国家治理的基石,其现代化水平直接影响着全面深化改革总目标的实现。中国共产党在长期的执政历程中形成了领导社会管理与社会治理的理论、政治和组织优势,在面对日益复杂的社会环境时,可以有效发挥基层党组织的领导优势来推动基层社会的治理创新。同时,党的基层建设也应该与时俱进、适应基层社会发展的现实需要,以党建创新引领基层治理创新,实现治理现代化。在乡村振兴战略实施的五大要求中,治理有效是基础,而实现治理有效首先需要激活基层党组织和党员干部的活力,坚持走群众路线,以党的领导和群众参与推进基层社会治理。因而,"基层党建是基层治理的核心和龙头,只有从基层党建架构着手调整、完善和改革,才能确保基层治理现代化各项目标任务落地生根"。[②] 基层党建创新如何引领基层治理现代化的关键在于基层党建创新能否实现党组织、党员

---

① 数据来源:温州市人民政府网(http://www.wenzhou.gov.cn/art/2019/2/22/art_1628567_30444171.html)。

② 徐晓光:《以基层党建引领基层治理与乡村振兴》,《党建研究》,2018 年第 6 期。

领导干部和群众的密切联系,而温州开展的红色细胞工程建设则实现了这一点。

1. 红色细胞工程的发起

红色细胞工程从 2013 年开始试点,是温州基层党组织密切联系群体的载体,主要通过构建红色细胞网络来宣传党的政策和帮助群众解决实际问题。红色细胞工程将每一位普通党员作为细胞主体,以党员领导干部为骨干,构建起以农村和乡镇党组织为依托的网络主体,形成了"乡镇、村庄、党员和群众"之间相互结合的网络体系。在这个体系中,以基层党组织为组织架构,发挥每一个细胞元素的价值,党员领导干部联系普通党员、普通党员联系群众,实现了党建引领的乡村全覆盖。同时,党员领导干部在服务群众的过程中实现了无缝对接,达到了联系群众、服务群众和团结组织的目的。温州市的"红色细胞工程"推行至今,在结合基层治理实践的基础上,积极发挥党建引领作用,逐步形成一张覆盖全市乡村、服务能力强的基层党组织网络体系。

(1)党委政府及相关部门高度重视。2013 年,温州市主要领导积极调研基层党建工作,结合群众路线教育实践工作和基层治理实践,提出了实施红色细胞工程的具体要求。之后,市直机关工委在总结和调研试点的基础上,出台了一系列文件,如《关于在市直机关开展红色细胞工程建设的实施意见》等,要求机关党组织与乡镇、社区农村建立联系点,解决服务的最后一公里问题,也要求党员领导干部进企业、进农村、进社区结帮扶,以主动服务群众来践行群众路线。同时,为了更有效地推进红色细胞工程,地方党政主要领导承担工程推进的主要责任人,并建立健全监督和保障机制,充分激发组织、干部和党员的服务意识,保障工程的实效性和长期性。

(2)树立典型,着力推广。红色细胞工程是一个涉及全市党政机关、企业和基层组织的庞大工程,需要先进行试点,然后逐步加以推广。因此,红色细胞工程首先在全市范围内确定了 10 个单位作为示范点,每个单位又挑选了其中的若干党组织加以培育。例如市民政局机关党委及下属党支部率先与瓯海三垟社区党委及下属党支部一一结对,以社区"爱心驿站"作为载体,逐渐形成政府与社会结合的新型社会救助体系。在此基础上,以党员志愿服务平台为基础,初步形成了市、县、镇、村四级志愿服务队伍,建立了城乡党员半小时服务圈。"红色细胞工程"一方面在激活基层党组织的集体细胞,另一方面也在激活个体细胞。在红色细胞工程的实施过程中,涌现出了一批勇于担当、真心服务的基层党组织书记,他们通过榜样力量实现个体带动局部的党建引领之路,强化了基层党组织的领导地位。"红色细胞工程"在温州取得的实效也得到省委的充分肯定,2016 年省委组织部发出通知,要求全省各地学习和推进"红色细胞工程",推动基层党建网络体系建设。

(3)因地制宜,创新方法。红色细胞工程除了形成纵向的服务体系外,温州各地也因地制宜,积极探索服务的新形式和新方法,如鹿城区的邻里互助组。为了实践群众路线教育活动,增强基层党组织的凝聚力,从 2013 年开始,鹿城区各街道社区以组建邻里互助组为载体,形成了"社区党委、街坊党支部、邻里互助组和党员中心户"四位一体的党员服务体系。"楼幢互助组"主要是在街道、社区党委的领导下,在各小区楼幢挑选热心在职党员和居民,一般通过每周开会的形式对居民的意见、重点帮扶对象等情况进行讨论并帮助解决,形成了基层党组织和党员群众组团参与服务的方式,实现了邻里间的互助和友爱。再如龙湾区打造"红色微圈",2014 年龙湾区根据市里红色细胞工程的部署,在各个街道乡镇打造红色微圈活动。龙湾区的瑶溪街道是试点乡镇,该街道以村为单位,以网格化的管理方式,建立了红领队长和党员为主的基础服务主体,而"红领队长"主要负责该网格内的民情收集、梳理、化解,每个党员主要负责联系网格内的若干群众。通过"微走访(一周一访、一事一记)"、"微心愿"、"微讲堂"、"微议事"、"微基金"五微服务机制实现党员干部走进群众、服务群众。除此之外,还有瓯海区的党员家庭挂牌和党员关爱激励机制建设、瑞安市的四项问诊法、苍南县的党员干部常回村看看等活动,都是温州在红色细胞工程建设中进行的基层探索,形成了卓有成效的做法和经验。

2. 主要成效

基层社会治理体制完善的首要环节就是要将党的领导放在首要位置,积极发挥党组织在基层治理中的领导作用。温州开展的"红色细胞工程"实现了以党建创新引领基层治理创新,以红色细胞工程为服务平台,将党的领导深入到最基层的组织和民众之中,通过党组织和党员领导干部主动服务基层社会的形式,建立和谐融洽的党群关系,为打造共建共治共享的社会治理格局奠定良好的群众基础。红色细胞工程开展以来,中央与地方主要媒体都给予了大量宣传,充分肯定了所取得的显著成效,认为该工程在激发党建活力的同时也推进了基层党建工作的进一步深入,其成效主要体现在以下方面。

(1)增强了党员领导干部的服务意识和能力。红色细胞工程将每个党员作为开展基层党建工作的有机组成部分,在开展各项工作时将每个党员融入基层社会中,充分体现党员的责任和服务意识,这是一种自上而下通过党建活动将党员领导干部送到群众中,让他们在基层社会中磨炼意志、增强处理基层难题工作能力的有效方式。同时,也是党员干部主动深入群众,提升服务基层工作经验的培养平台。许多党员领导干部特别是行政机关干部长期工作于行政机关之中,虽然平常与群众有所接触，但缺乏在实际工作中与群众打交道的能力，也很难与群众打成一片。因此，温州红色细胞工程一方面积极加强智慧民情收集处置平台建设，实现县域"民情E通"层层通，打通服务群众的"最后一公里"；另一方面通过倒逼的考核机制，要求党员干部必须亲身进入基层社会，联系和服务群众，帮群众解决实际难题。这种方式实现了党组织和党员领导干部主动与倒逼相结合的服务机制，不仅增强了党员领导干部服务基层社会的能力和水平，也践行了党为人民服务的宗旨。

（2）使基层社会真正成为干群关系紧密联系的大熔炉。红色细胞工程以为人民服务为最终目的，在增强党员领导干部服务能力和水平的基础上，积极促进了干群关系的紧密融合。红色细胞工程中的每一个细胞，在基层社会中能够通过走访、谈心、调解等方式为老百姓解决现实困难和处理邻里矛盾，在为百姓办实事的过程中，将百姓与自己紧紧地融为一体，不仅使党员干部认识到群众既是他们的服务对象也是合作伙伴，也使群众了解到干部的本色和红色细胞工程的最终目的，树立党组织和党员领导干部在群众中的良好形象。如曾两次获得全国先进基层党组织的苍南宜山镇宜一村，全村由118名党员联系服务。如何让118名党员成为有战斗力、有服务力的"红色细胞群"？苍南开展了以"全科能力、全天在岗、全员入户、全情知晓、全心服务"为主要内容的"五全"乡村干部队伍建设，增强村干部的带头富能力和带民富能力的"双强"能力建设。随着"五全"和"双强"干部能力的提升，百姓对干部也逐渐从冷漠到喜欢。因此，通过红色细胞工程的开展，可以有效培养许许多多红色细胞群，形成党组织和党员主动服务群众的意识，在服务中坚持共产党员的价值观，锤炼意志，使基层社会真正成为干群关系紧密联系的大熔炉。

（3）创新工作方法，积累工作经验。温州实施红色细胞工程几年来，最显著的成效是各地因地制宜地探索出服务基层的党建工作方法和机制。通过活跃党员和党组织细胞来活跃基层社会，实现了党建工作的市、县、乡（镇）、村（社区）的四级联动，激发了党员和组织的活力，积累了丰富的工作经验，在为基层社会注入新鲜血液的基础上，不断地输送养料。例如："龙湾区朱宅村的'微讲堂'，用通俗易懂的形式解读政策法规，不识字的村民听得入迷；洞头区霓屿街道办事处的'红十号'服务渔民；永嘉县大若岩镇的'五农工作法'，说农话、拉农常、学农事、化农情、懂农经，镇会开在村里的田间地头；平阳推出'四联四到''五步流程''六项举措'，成为'红色细胞工程'建设的一个模板……"①温州通过各地的实践探索，在进行资源整合和组织统筹

---

① 叶素清，蔡庆珍，黄雪意：《温州开展"红色细胞工程"建设活动 基层的问题矛盾化解在基层》，《人民日报》，2014 年 08 月 01 日 14 版。

安排的基础上,形成了各具特色的党建服务平台,为进一步推进基层治理现代化提供了宝贵的工作方法和经验。

(4)实现基层党建工作的科学化。温州开展的红色细胞工程就是以加强党的群众路线教育实践活动为契机,结合当前自身发展实际,创新了基层党建服务新方式,加强了党与群众的密切联系,夯实了党在基层的执政地位。红色细胞工程的推进不是一蹴而就的,它通过个别试点、总结提炼,然后分期分批进行,进而实现全市域推广,这是由个体到整体的渐进过程,实现了单个党员在思想上和行动上的统一,也实现了整个细胞工程建设的科学化。第一,实现了党员干部思想先进化和素质综合化。基层党建科学化首先是基层党员的思想要先进化,素质要综合化,途径只能通过学习来加以完善。温州在开展红色细胞工程后,首先抓住思想建设这个主线,突出思想教育的重要性,以强信念、强纪律和强服务来提升党员的整体素质。如针对党员思想散漫的现状,温州开展了"强党性、乐奉献、走前列"的思想素质提升专项活动,通过讲座学习、读书交流、讲身边故事、知识辩论和撰写心得等方式增强了党员学习的主动性,提升了党员的综合素质,让他们能够适应时代发展要求,并结合温州发展实际,创新基层党建发展活力,推动基层党建科学化。第二,实现了作风考核和评议科学化。红色细胞工程作为一项党建工程,在提升党员素质的基础上,需要改善党组织和成员的工作作风,通过完善考核机制来落实工程的实效性。一方面,从机关内部加强自我究查,温州市针对机关工作中存在着的"落实市委市政府决策部署不力、落实重大项目不力、落实行政审批服务不力"三个落实不力开展整治,依照规定给予相关人员处分,在机关内部形成积极作为和勇于担当的好风气。另一方面,从外在加强监督和评议。温州市从2013年开始开展万人双评议活动,经过五年的发展和完善,到2017年把市直141个部门中直接面向企业、群众的694个中层处室和基层站所全部纳为评议对象,并建立"大数据"评价监督系统,将下属各县市1471个基层工作站所也纳入评议监督系统,以日常评议和网络评议的方式实现群众、监督员和社会各界代表对相关人员的评议。这种内在自我究查和外在监督评议实现了主体责任的强化,有效地推动了红色细胞工程建设的长效性。第三,实现了党建服务网络化。红色细胞工程通过点、线、网络结构实现了党组织上下级之间、党员干部与群众之间的密切联系,架构了全方位的基层党建服务平台,实现了党建服务的网络化。红色细胞工程通过发挥党组织的引领作用,加强党组织与群团组织、群众组织间的联系,打通了民意渠道。如温州市各级党组织负责人每年都要联系若干群团组织成员和群众,通过谈心谈话的方式实现思想的交流，及时解决群众的现实困难。同时，红色细胞工程也实现了党建引领和服务各项工作的新局面。党建是地方开展各项工作的基础，要积极发挥党建引领作用，实现党建工作与各项重点工作相互协调和深度融合。如针对上级要求的"五水共治"、"三改一拆"等重点工作，温州建立市主要领导联系重点工程和项目制度，要求党员深入到各项工作中，攻坚克难，发挥党建引领作用，推进各项工作的顺利开展。

（5）实现了基层治理现代化。当前，改革进入深水区，利益和社会价值的多元化促使基层社会环境发生了重大变化，对传统治理的理念和方式也提出了重大考验。因此，在中央提出多元共治格局的背景下，基层党组织要发挥密切联系群众的优势，积极动员和组织群众参与到基层治理中，推进和实现基层治理现代化。温州通过基层党建引领基层治理，改变了乡村的治理模式，极大地推进了基层社会治理体系和治理能力的现代化。第一，实现了治理主体资源的整合化。红色细胞工程是一个体系，需要发挥基层党组织的战斗力、创新力和凝聚力。这个工程从开始试点到全面推广仅仅数年就取得了非常显著的成效，这离不开党组织堡垒作用的发挥，因为它不是简单的某一机关部门或者某一乡镇和农村开展的服务探索，而是整合了市、县、乡镇和村级四级党组织的政治资源，通过四级党组织的自我创新和协同发展才形成的既符合本部门本地区也符合基层党建工作的整体要求，形成了上下联动机制，实现了由点到面的服务网络全覆盖。第二，实现了治理方式的科学化。基层治理方式科学化的关键是要有一支素质高、能力强的干部队伍，发挥干部的领导力和创新力，实现工作方式科学化和工作结果的有效化。红色细胞工程通过领导干部联系基层和项目，实现了领导干部与基层组织、群众、工作的有机结合。市级、县级领导干部要在农村、社区等单位建立多个联系点，并且要与困难群众结对，如县级领导至少要联系两个基层组织、两户困难群众。同时，领导干部也要围绕经济和生态文明建设联系相关的重点工程，担任河长并开展招商引资工作。第三，实现了治理理念的主动化。在红色细胞工程的推进过程中，普通党员积极深入群众的生产和生活，帮助群众解决实际困难，在调解纠纷和解决困难过程中，群众和党员干部建立了良好的关系，党员主动服务换来群众对基层党组织的信任和支持。"'红色细胞'工程实施两年，温州市就有27万多基层党员干部服务139万多户群众，为群众办实事好事32万多件。"①

---

① 数据来源：新华网（http://www.xinhuanet.com/2015-12/10/c_1117423937.htm）。

（二）民间信仰的现代价值

农村是传统民间文化的发源地,也是现阶段民间文化保留最丰富的地方。目前,在城市文化的冲击下,很多民间文化的传承出现了断层,传统技艺、习俗和内在价值认同也逐渐削弱。但是,在经济社会的转型过程中,温州各地农村社会依然保留着最为传统的民间文化和礼仪习俗,这种传统的民间信仰和文化认同结合当前时代发展特征,逐渐形成了新时期农民新的价值和精神认同。因而,作为山区特征明显的温州和世代与山为伴的温州人,在市场经济的大潮中所展现出来的敢为人先的冒险创业精神和吃苦耐劳的精神品质与温州世代相传的民间文化和精神息息相关。

1. 温州民间信仰发展现状

温州地形复杂,三面环山,东部邻海,与福建接壤,受到自然环境、吴越文化和闽文化的影响,历来就是一个民间信仰丰富之地。同时,由于受到多山地理环境的影响,温州人与外界联系较少,面对一些无法解释的自然现象时,逐渐将未知世界寄托于神灵的护佑。根据一些历史资料记载,温州从汉代开始,民间就多信鬼神,唐宋之后逐渐形成了较为庞大的民间信仰体系,活动场所和人员也分布于广大乡村社会之中。随着新文化运动的开展,受过新式教育的文化运动者们笼统地将传统的民间信仰与迷信作为反封建内容加以反对和批判,乡村社会原有的民间信仰体系逐渐瓦解。20 世纪 60 年代开展的破四旧运动,在国家政治的强大动员和影响下,乡村社会的民间信仰受到了重创,观、殿、庵、宫、庙等活动场所破坏严重,民间信仰组织也被冲散,传统民间信仰丧失严重,一些民间信仰也迫于形势蛰伏起来。改革开放后,随着乡村社会出现转型,国家出台了宗教信仰自由政策,特别是随着市场经济体制的确立,人们面对市场经济所带来的不确定性因素时需要有一种精神寄托和心灵慰藉,民间信仰又得到重新发展和创新。"现代社会的各种问题给温州人的生活及其方式、思维、观念带来了从未有过的冲击和影响,温州民间信仰也因经济、政治、文化及社会的诸多错综复杂的原因而呈现出发展的态势,并渐趋兴盛。"[①]近年来乡村社会民间信仰的活动场所、人员和信仰活动都呈现出快速增长态势,也构成了现阶段温州乡村文化的重要内容。由于受到历史和文化等诸多因素的影响,当前温州的民间信仰呈现出较为复杂的现状。

（1）民间信仰种类纷繁复杂,在各地呈现不同的信仰对象。温州处于沿海地区,

---

① 胡晓慧:《转型期温州民间信仰"回暖现象"探析》,载于《秩序与进步:浙江乡村社会巨变历程与经验理论研讨会论文集》,2008 年。

温州人具有海一样的文化融合气度,民间信仰呈现兼容并蓄的特征,既信仰自然之神,也信仰人间祖先、英雄和行业之神;既信仰南部福建广东流传之神,也信仰北方传入之神;既供奉本地之神也信奉外来之神,民间信仰对象呈现多元化特征。信奉对象的多样性又使得各地呈现出具有地域特色的民间信仰。例如洞头区的妈祖文化,经常举办妈祖文化交流活动,展示妈祖文化内涵和洞头地域风俗;苍南县加强与台湾地区的文化交流,举办杨府侯王信俗文化交流活动,在继承和弘扬杨府侯王见义勇为、不畏强暴、团结友爱、热爱和平的传统美德的基础上,增进两岸民众感情。

(2)民间信仰活动场所和人数众多。随着国家宗教信仰自由政策的出台,在本地浓厚民间信仰的基础上,温州各地的民间信仰逐渐兴盛起来,特别是温州经济的繁荣为民间信仰发展提供了重要的经济保障,大量民间信仰活动场所的修缮与兴建则是其重要体现。截至2017年6月,温州全市已经列入统一台账管理的民间信仰活动场所6912处,是依法登记宗教活动场所的1.7倍多。[①] 随着温州各地传统民间信仰的兴盛,乡村社会的农民也积极参与到民间信仰活动中,呈现出群众参与热情高、参与人数多的特点。如2018年5月1日,洞头区霓屿街道正岙村举办首届洞头南山妈祖平安节,500多名妈祖信众齐聚会场,其中还有一些在外经商的村民特意赶回,祈求妈祖护佑平安;2017年2月乐清市在虹桥镇白马殿隆重举办瑶岙"二月二"民间信仰传统文化节,此次活动吸引周边村民及游客上万人参与。

(3)民间信仰呈现功利性与合作性特征。传统的民间信仰是在生产力水平低的社会环境中,人们基于对大自然的敬畏和对英雄的崇拜而形成的内心认同,一般带有自发性和非功利性特征。但是,现阶段由于受到经济和社会发展中不确定性因素的影响,民间信仰也呈现出一定的功利性特征。同时,温州人对神的崇拜和对祖先的尊崇是相互融合的,他们特别注重血缘和地缘关系,借助一定的节日和礼节强烈地表达出来,"温州人如此重视家族和宗族的血缘关系,以至推及到地缘和业缘的关系上,就是为了制造更多的'成功者',以延续家族乃至宗族的辉煌"[②]。这种通过对神灵和祖先的尊崇形成的对家族和宗族血缘关系的凝聚,就是温州人浓重的乡土情结,在创业中表现出团结合作、利益共享的精神品质。

(4)民间信仰组织管理难度大。在温州,民间信仰较为普遍且种类繁多,不同地

---

① 数据来源:浙江省民族宗教事务委员网(http://www.zjsmzw.gov.cn/Public/NewsInfo.aspx? id=5d64d052-7013-4a8e-97be-1556b1464a37)。

② 韩雷:《在神圣与世俗的边缘游走—温州模式与民间信仰之关系初探》,《浙江工商大学学报》,2010年第5期。

区的民间信仰也呈现较大的差异性,这种复杂的民间信仰现状必然会增加政府的组织管理难度。由于缺乏综合性和系统性的管理,民间信仰管理部门在实际的管理过程中存在着职能模糊和职能交叉等现象,进而也会影响对民间信仰组织、场所和人员的科学管理。同时,随着人口外流,农村人口呈现年龄偏大、文化水平偏低的特点,加之基层组织的工作方式没有很好地适应农村发展实际,导致温州农村民间信仰管理难度增大。

2. 加强民间信仰管理的举措

民间信仰在温州分布较为广泛,历史悠久,具有地方特色,面对纷繁复杂的现状和管理中出现的突出问题,温州积极采取措施,建立健全管理体制,加强对民间信仰场所、人员和组织的管理。

(1)出台文件,加强政策引导。温州市近年来出台了一系列文件,积极开展对民间信仰管理工作的政策引导。2011年9月温州市委、市政府下发《关于加强民间信仰事务管理的意见》《民间信仰活动场所整治工作方案》等文件,全面铺开民间信仰事务管理工作。2015年温州市出台了《关于实行民间信仰活动场所登记编号管理的意见》和《关于开展民间信仰活动场所登记编号工作的通知》,并且积极启动民间信仰活动场所的登记编号工作,以明确基本原则、明确具体条件、明确工作要求和明确后续监管四个明确为重点,指导各地工作有序推进。

(2)健全民间信仰事务管理体制。温州针对民间信仰场所多、信众多、活动多的现状,积极健全民间信仰事务管理体制,探索民间信仰管理格局。2011年起,温州成立市、县两级民间信仰工作领导小组及办公室,乡镇政府(街道办事处)为管理主体,形成乡镇(街道)负责管理、村居协同管理、部门指导管理、场所自我管理的工作格局。为了更进一步保障民间信仰工作的开展,2012年温州市民宗局增设民间信仰处,并要求各县区设立民间信仰管理机构及相关科室,各个乡镇也成立了管理所,完善了民间事务管理层级体制。同时,市委市政府将民间信仰事务管理工作列入年度考核内容,各县区也将考核延伸到乡镇街道,保障了民间信仰工作的层层推进和政府职能的有效发挥。

(3)改善场所环境,加强组织管理。从2012年起,温州市以出台的相关文件为依据,由民间信仰管理部门负责,在全市基层乡村开展了民间信仰活动场所的普查活动,使得民间信仰场所面貌整体提升。2014年,温州作为全省登记编号工作先行试点地区,率先全面部署活动场所登记工作,以登记编号为工作载体和手段,促进场所内部管理,提升管理水平。2015年1月由温州市民宗局负责编制的《温州市宗教及民间信仰活动场所专项规划(2013—2020 年)》获温州市政府批复同意,规划完整提出了如何更好地适应城市发展总体规划等问题,这为温州市宗教和民间信仰活动场所的合理布局、有序建设提供了重要的依据和思路。2015 年至 2017 年,全市共登记编号 4378 处,占全省一半以上。同时,在改善民间信仰场所的基础上,积极加强对场所的各项组织管理。从 2014 年开始完善管理组织的台账工作,并在规范场所名称的基础上进一步加强场所的组织管理建设,特别是针对组织内部管理不规范等问题,积极健全和完善财务监督、治安管理等各项制度。温州在全省率先探索创新财务监管方式,319 个场所率先开展了账务代理试点,全市已登记编号的民间信仰场所银行开户率达 90% 以上。[①] 截至 2018 年 4 月,温州"纳入管理一批"场所增至 2606 处,占场所总数的比例达 38%、提高了 13%;结合"三改一拆"工作,拆除整合了 1667 处场所,促使场所总量减少、品质提升、分布合理。

3. 主要成效

通过以上举措,温州市的民间信仰在乡村社会治理中的成效主要体现在以下三方面。

(1)通过民间信仰体系的架构实现了构建乡村社会治理的新格局。政府加强对民间信仰事务的管理,发挥民间信仰组织的积极作用,是想通过现代民间信仰体系的构建架构乡村社会治理的新格局。温州积极开展各项民间信仰事务管理活动,不仅能很好地规范和健全民间信仰组织的职能,而且也能发挥民间信仰服务基层社会建设的积极作用,保障乡村社会秩序的稳定和谐。因而,温州通过健全民间信仰管理体制、改善活动场所与加强组织建设和发展民间组织的积极作用一方面可以有效地加强对民间信仰组织的管理和监督,另一方面也可以引导民间信仰组织积极参与到乡村社会治理中,发挥民间信仰组织的社会治理价值。

(2)发挥民间信仰组织的治理功能。民间信仰的内容和仪式对信众具有较强的凝聚力,因此,乡风文明建设过程中需要发挥民间信仰组织的沟通和引导作用。同时,除了加强政府管理之外更需要依靠民间组织参与管理,发挥民间组织对民间信仰的管理职能,积极引导民间组织参与民间事务和乡村社会建设。近年来,温州各地积极成立各种民俗和民间信仰研究会,配合政府部门进行各项民间事务的管理。如 2013 年温州市永嘉县成立了县一级的民间信仰文化研究会,研究会积极吸纳县各地的民间活动场所入会,并发挥研究会在参与民间信仰管理中的作用,产生了管

---

① 数据来源:温州民宗局网(http://mzzj.wenzhou.gov.cn/art'4/19/art_1208533_17401260.htm)。

理五员效应(优秀文化挖掘员、政策法规宣传员、安全工作指导员、沟通互动联络员和矛盾问题化解员)。2014年,苍南县成立陈靖姑信俗文化交流协会,举办陈靖姑信俗文化节,在更好地弘扬传承陈靖姑信俗文化精神的基础上,促进两岸文化的交流。2015年8月,温州成立了"温州市民间信仰与民俗文化研究会",开展民间信仰与民俗文化研究,并积极挖掘和举办传统民间信仰与民俗文化活动。2018年温州全力打造"整编优秀文化故事,宣传民间信仰正能量;谋划场所环境整治,提升民间信仰文化内涵;组织民间文化活动,形成民间信仰正能量"的"一场所一景观一故事"工程,进一步发挥民间组织在繁荣温州民间民俗文化、传递弘扬正能量、促进和谐社会建设中的重要作用。因而,通过对民间信仰组织事务的引导和规范,可以有效发挥他们在乡村社会治理中的积极作用。

(3)形成了乡村的道德教化机制。民间信仰是民间文化的组成部分,它与老百姓的生活息息相关。传统社会由于受到认知水平和封建思想的影响,一些民间信仰带有迷信色彩有其狭隘性和愚昧性,呈现出一定的消极影响,不利于社会的稳定和发展。但其积极价值不可否定,特别是农耕文明时代,对自然的敬畏、祖先的敬重、英雄的崇拜、品德的教化等,通过民间信仰的活动呈现出来,成为一种老百姓的内在约束和道德教化机制,也成为稳定传统乡村社会秩序的重要方式。当前,中国社会正处于转型期,传统价值体系已随着社会的变迁而逐渐解体,旧的良好道德教化功能也逐渐式微。因而,在乡风文明建设中,我们不仅需要发挥社会主义价值观的引领作用,而且也需要传承优秀美德的感召价值,而温州对民间信仰价值的挖掘在一定程度上则是它的具体体现。同时,民间信仰是一种较为稳定的文化结构,主要体现儒家伦理的价值理念,通过易于传播的通俗化活动或载体潜移默化地实现了文化的传承和社会教化,实现了代际间的相传。温州各地诸多民间信仰是温州老百姓日常生活中精神层面的多样化需求的体现,是温州民间文化的重要组成部分。通过对温州民间信仰的历史与现实研究,不仅可以使我们较为清晰地了解温州民间传统文化的历史发展,同时也可以分析当代温州群众的社会心理和精神需求,便于更好地挖掘民间信仰的内在价值,为乡村社会和谐发展创造良好的环境。

二、绍兴的实践探索

绍兴古称越国,越国古都建于公元前490年,距今已有2500多年建城史。绍兴市位于浙江省中北部、杭州湾南岸。东连宁波市,南临台州市和金华市,西接杭州市,北隔钱塘江与嘉兴市相望。地貌可概括为"四山三盆二江一平原",在面积分配上，则表现为"六山一水三分田"，全境地势由西南向东北倾斜而下。绍兴市下辖三区三县(市)，分别为越城区、柯桥区、上虞区、诸暨市、嵊州市和新昌县。改革开放以来，绍兴人本着实事求是、吃苦耐劳和勇于创新的精神，积极发展民营企业，培育专业市场，创造了绍兴经济的辉煌，形成了独具区域特色的块状经济和产业集聚，例如柯桥区的化纤、织造、印染等产业集群；诸暨市的袜业、珍珠、五金等产业集群；上虞区的机械装备、医药化工、照明电器、光伏等产业集群；嵊州市的领带、厨具、电机等产业集群；新昌县医药、轴承、机械等产业集群。2018 年绍兴 GDP 总量为 5416.9 亿元，位列浙江省第四位，城镇和农村常住居民人均可支配收入为 59049 元、33097元。近年来，在经济快速发展的同时，作为枫桥经验的发源地，绍兴在不断创新枫桥经验的基础上，积极坚持乡村社会治理的实践探索和经验总结。

(一)民情系列工作法

1. 民情日记

市场经济不同于计划经济，具有很大的可变性，在面对复杂的经济环境时，单个农民很难应对其复杂性。20 世纪 90 年代以来，随着社会主义市场经济体制的推进，在市场中追求个体利益的农民迫切需要发挥基层组织和干部的引领作用，帮助他们安心从事各项经济活动。但是，一些地方的基层政府和干部没有及时适应时代发展要求，仍然采用原有的管理方式解决乡村社会中出现的新问题新情况，不但不能有效化解矛盾，反而导致群众对基层政府和干部产生一定的抵触心理，影响了干部关系，也影响了党和政府在群众中的威信。因此，积极探索基层组织建设和密切干群关系就成为基层政府迫切要解决的现实问题。从 1998 年开始，嵊州市雅璜乡针对干部中存在的人浮于事、作风不实等问题，积极转变干部工作作风，在全乡干部中开展以"串百家门，知百家情；解百家难，连百家心；办百家事，致百家富"为主题的民情日记活动，以此活动来加强干部与群众的联系。民情日记的主要工作方法：一是基层乡镇干部每周至少两天下乡进村入户去了解和记录农民在生产生活中遇到的现实问题；二是针对所反映的问题，及时处理和解决；三是基层党委和政府建立有效的监督机制，保证乡镇干部能够与农民紧密联系；四是建立相关的问责机制，作为干部考核的重要指标。1999 年雅璜乡民情日记逐渐在嵊州市、绍兴市总结推广，2000 年浙江省要求在全省学习推广，逐渐形成了全省探索基层组织建设和乡村社会治理的重要实践。雅璜乡作为民情日记的首创地，二十多年来不断创新发展，实现形式也呈现现代化发展趋势，由以前的"民情日记"扩展到现在的"民情微群"、"民情脚印"等，干部身份、责任和承诺通过网络平台公开，让基层干部真正沉下去，走近百姓,增进干群之间的感情。这种传统与现代相结合的方式,不仅强化了基层干部服务基层的理念,有效推进了矛盾的主动化解机制,而且也树立了党政干部在群众中的良好形象,增强了群众对基层党组织和政府的政治认同。

2. 民情通工作法

民情通工作法是上虞区崧厦镇祝温村党总支书记杭兰英在处理农村各项事务、与农民打交道的过程中形成的一套工作方法,是新时期发挥基层党员干部带头作用、打通服务群众"最后一公里"的典型代表,它具有非常强的实践性和可借鉴性。主要做法:一是深入群众,排忧解难。基层党员干部要服务群众,首先要了解群众的现实需求,这是开展群众工作的第一步。正如杭兰英所说:"村干部没有固定的办公场所,村里的每一寸土地都是办公地;村干部没有固定的上班时间,群众的呼声就是上班的铃声。"党员干部解决群众的困难要勤跑路,多和群众沟通交流,实地了解百姓的情况,解决群众实际问题。二是服务至上,阳光议事。杭兰英发挥党员干部的主动性,积极调动群众的积极性,形成了提供便民代理服务、网格联系服务、信息咨询服务、致富指导服务等四大机制,确保群众办事不出村、矛盾调解不出村、信息咨询不出村、致富求助不出村。同时,由于村级事务纷繁复杂,仅仅依靠人情去处理协调会带来一定的不公正现象,需要建立一套工作规则,因此,杭兰英制定了村级重大事项决策要五议两公开,保证村务的阳光透明。三是示范带头,互助共治。杭兰英认为村干部的一言一行,群众都是看在眼里的,任何事情只要村干部带头带好了,群众自然也会跟着上。因此,村庄治理要积极发挥村干部的带头示范引领作用,以身作则,提高公信力。同时,村级事务仅仅依靠某一个村干部是无法开展工作的,需要积极组织和发动群众,让他们成为村级事务管理的主体。因此,农村也要用好能人资源和群众资源,发挥能人的经济优势和群众主动意识,形成多主体共同参与乡村事务的治理现状。四是环境美丽,乡风文明。文化是潜移默化的,乡村社会建设需要发挥优秀文化的内涵,培育乡风文明的土壤。杭兰英从村庄硬件和软件两方面着手,一方面积极营造干净整洁的农村环境,让农民在优美的环境中改变不良的生活习惯;另一方面努力提升农民的文明程度,通过听文明歌、绘文明画、看文明书、跳文明舞等提升农民的文化素质,利用文化的内在价值来实现村庄的有效治理,形成和谐美丽的新农村。杭兰英同志三十多年如一日带领党员干部群众积极参与农村经济社会建设,把一个集体经济薄弱、班子软弱涣散、村庄管理无序的落后村,变成了新农村建设的示范村。

3. 民情系列工作法的成效

人民公社体制的解体使原有公社和生产队干部的政治权威逐渐减弱,乡镇和村级干部在观念和行为上存在着不适应现象,影响了干群关系。因此,面对人浮于事、作风不实等现象,基层乡镇党委政府要积极转变作风,而民情日记就是基层政府密切干群关系和加强组织建设的一种工作方法,是乡村经济和社会发生巨大变革倒逼基层政府职能转变的产物。民情通工作法是在基层党组织和干部的领导下,村民主动融入村庄治理的典型做法,它发挥了基层组织在乡村社会建设中的作用,同时也是充分调动党员干部和群众积极性,实现村民共同参与村级事务的基层工作方法。从民情日记到民情通工作法一定程度上反映了乡村社会管理向乡村社会治理的转型,政府由管制型向服务型转变。民情系列工作法的成效主要体现在以下方面。

(1)加强了基层干部与群众的联系。民情日记和民情通都是通过基层党组织的联系沟通,从民情访谈和阳光议事中拉近了党员干部与群众之间的距离。"'民情日记'好就好在'小本子、大政治',它抓住了共产党的大事,抓住了全心全意为人民服务的根本宗旨,抓住了党密切联系群众的优良传统。"①民情通是民情日记的再延伸,既贯彻了党的群众路线实践教育活动,实现了一切为了群众,一切依靠群众,又让农民成为村级事务管理的主体,让他们充分体会到村民自治的真正内涵,迸发出主动参与的热情,为实现乡村振兴提供有力的群众基础。

(2)发挥了党组织和政府的积极作用。民情日记和民情通工作法都是在乡村经济和社会发生巨大变革之下,基层党组织和政府工作人员及时转换角色,主动发挥自身职能,服务乡村社会建设的体现。民情日记是乡镇党委和政府充分调动基层党员干部的基础上深入农村和农户了解农民的现实需求,帮助农村解决现实困难的做法。民情通工作法是积极发挥党员领导干部带头示范作用,引领乡村社会发展的农村实践。它们都发挥了基层组织的积极作用,影响着乡村社会治理共同格局的形成。

(3)探索了村庄治理的经验。民情日记不仅倒逼着乡镇干部努力提升自己的服务水平和能力,也拉近了基层党组织和政府与农民之间的关系,有力地化解了农村社会在新阶段的新矛盾,促进了乡村经济社会的稳定发展。从乡村治理的视角看,民情日记将基层干部与农民通过小小的日记联系起来,使干部与群众打成一片,能够快速、翔实、准确地掌握农民的诉求并有针对性地开展工作,把农村问题化解在农

---

① 　浙江省绍兴市委组织部:《民情日记的实践与思考》,《组织人事学研究》,1999 年第 5 期。

村,践行了源头治理的理念。民情通工作法则增强了农民主动化解基层矛盾的意识和能力,形成了村庄共治的方式,逐渐将祝温村从一个治理无序的村庄变为全国乡村治理典型。在祝温村取得的治理成效基础上,绍兴全市基层都在努力学习和实践"民情通",探索服务群众、村庄治理的新经验。

（二）村规民约

2006年农业税取消后,农民从农业税的负担中解放出来,生产积极性被极大调动,基层政府和村级组织的职能也逐渐由收税转移到为农民提供服务上来。但是,农业税取消也使得基层政府的财政收入减少,一定程度影响了基层组织运转和干部的工作积极性。同时,村级组织建设不够完善、村务管理和监督机制欠缺又导致农村社会内部新的矛盾凸显。针对这些问题绍兴各地进行了大量实践探索,形成了以新昌县"乡村典章"、嵊州市"八郑规程"和柯桥区"夏履程序"为主的村规民约治村模式。

1. 新昌县儒岙镇石磁村的"石磁村典章"

新昌县位于浙江省东部,绍兴市东南部,县境东南部为崇山峻岭,中部和西部为丘陵台地,西北部为河谷盆地。全县地貌有"八山半水分半田"之称。儒岙镇位于新昌县东南部,是浙江省首批省级中心镇、省小城镇综合改革试点镇。2004年6月,在上级政府部门的指导下,通过石磁村全体村民表决,产生了浙江省第一部"乡村典章"——《石磁村典章》。随着典章的产生和实施,石磁村的村务管理和干群关系发生了重大转变,农村社会矛盾得以有效化解,为新农村建设提供了良好的社会环境。鉴于石磁村的成功经验,新昌县逐步在全县范围加以推广,逐步形成了较有特色的典章治村模式。主要做法有:

（1）前期调查研究,制订典章草案。村级党组织、村委会围绕"哪些是村务、谁来管理村务、怎样管理村务"这一思路,深入群众,调查研究并在此基础上进行分析梳理,提出乡村典章的初步方案,将上级党委的统一要求和广大村民的意见纳入其中。

（2）深入讨论,征求意见。村党组织、村委会通过召开各类座谈会、个别走访等形式,按照自上而下、自下而上相结合的方式,将乡村典章的征求意见稿反馈给村党员、村民代表和群众,集思广益,使之更加符合农村实际,更具有实操性。

（3）内容公示,上级审核。村党组织、村委会将征求意见稿在村务公开栏进行公示,广泛听取群众意见。公示结束后,及时上报乡镇党委、政府和有关法律部门咨询、审核。

（4）试行完善,组织实施。村党组织、村委会召开村党员会议、村民会议,讨论通过实施乡村典章的决议,并报乡镇党委备案,并全面实施乡村典章,将公约印发到户,加强对内容的宣传,使遵守规则、按章办事成为村干部的和村民的自觉行为。

2. 嵊州市三界镇八郑村的"八郑规程"

嵊州地处浙江中部偏东,全市地貌呈现"七山一水二分田",是中国综合实力百强县市。三界镇位于嵊州市北部,经济较为发达,八郑村是镇内第一大村,也是嵊州市的"小康示范村"。在农村经济发展和农民增收的同时,八郑村也存在着乡村社会建设的一些突出问题,如村级事务管理缺乏制度化规范等。因而,为了实现农村管理的民主化和制度化,八郑村进行自我管理创新,建立起了一套完善的制度治村模式——"八郑规程"。

(1)架构制度体系。为了更好地完善村级事务管理,实现民主治村的目标,八郑村在解决村级经济社会发展突出问题的基础上,对民主治村进行了制度化和精细化规定,制定了八项民主治村的制度,建立起一套比较完整的民主管理制度。这些制度符合村民自治的各项要求,彼此之间相互联系,为农村新公共精神的形成架构制度体系,也为基层民主自治真正开展奠定了制度基础。

(2)加强制度的执行力度。架构民主治村的制度体系是推进村级民主进程的第一步,而落实制度则是实现民主管理的关键环节。八郑村的干部与群众也深知制度不能成为一个摆设和单纯的文件,需要落实到农村社会建设的方方面面。因此,在完善制度的基础下,八郑村积极发挥制度的实效,制定了村级事务决策、管理和考核等一系列实操流程,做到所有事项都有章可循,各项工作都运行在制度轨道上,使制度发挥其应有的实际效用。

(3)发挥民主监督的作用。村民自治是基层民主政治制度建设的重要内容,在村民自治过程中,除了实现民主选举和管理外,民主监督也是其中非常重要的内容,缺失民主监督,必然会影响基层民主的民主性和制度的完善性。因此,为了保障村级各项事务在公开透明的环境里顺利开展,八郑村加强了民主治村的制度监督,成立专门的监督委员会和群众评议机制,做到村务的各项工作都在阳光下运行,体现真正的村级民主和公开。

3. 柯桥区夏履镇的"夏履程序"

柯桥区是绍兴经济最为发达的地区,素有中国轻纺城之称,夏履镇位于柯桥区西北部,位列"浙江省最发达100名乡镇"之列。但是,夏履镇在乡村经济快速发展的同时,政治与社会建设呈现出发展短板,村级各项事务管理混乱,干群矛盾激化,社会矛盾凸显。为此,2004年夏履镇率先在莲东村进行试点,加强村级民主管理的程序化,按程序办事,以制度治村,逐渐形成了一条行之有效的程序治村模式,称之为夏履程序。夏履程序通过一套程序化的管理模式,改变了过去村级事务管理的随意性和主观性,使民主管理具有制度保障。主要做法有:

(1)"三务"的适时公开。为了更好地落实广大群众对村级事务的参与权和知情权,夏履镇要求每个村都实现党务、村务和财务公开,并加强监督力度,实现"三务公开"的制度化和程序化。在党务和村务方面,夏履程序要求每村的党支部必须每月都召开一次党员大会、每一季度都召开一次村民代表大会、每年都召开两次以上的民主恳谈会,村两委班子在大会上要将村级各项工作向党员和群众作详细的报告;在财务方面,程序要求每个村都必须做到村级财务每月都要公开,让群众及时了解村级财务的使用情况,在监督的同时也能形成一种良好的干群关系。

(2)决策的民主化和程序化。夏履程序规定在村级事务的决策中充分体现民主性,对于关系群众切身利益的重大事项,如集体土体承包、集体资产出租等都要召开村民大会,让群众集体参与表决。同时,程序也规定了民主决策的形式和流程。如村干部每年各村在制定规划时,要发意见征询表,同时,村干部深入群众,与群众进行面对面地交流,并及时召开群众的听证会,广泛听取民意,最后经村民代表大会讨论通过,在保障决策民主化的同时也实现了规划方案最优化。

(3)实行民主监督和公开评议。为了让"三务公开"落到实处,夏履程序要求每村都要成立"三务公开"监督小组,小组成员经过村民代表民主推荐产生,并予以公示,使其具有监督效力,并按照程序定期开展三务公开的监督工作。如财务公开方面,监督小组具有财务公开的决定权,由镇里提供相关公开内容后,经村监督小组审核,组长签字后才可以公开,做到真公开。同时,夏履镇对各村的主职干部实行公开任职业绩评议。村主职干部在年初党员大会和村民代表大会上进行公开承诺,年底村党员和村民代表围绕业绩和廉洁情况进行公开评议,评议结果与其薪酬和评优等挂钩。

4. 村规民约的主要成效

乡村社会问题的解决有赖于基于认同基础上的村规民约发挥其应有的内在协调作用。绍兴典章、规程与程序的民间规则实践,虽然存在着的一定的区域和经济发展水平差异,但是从村规民约的形成和实施、绩效等方面看,存在诸多共性。从实际绩效看,它们都转变了基层领导方式、巩固了党组织的权威、维护了农村社会的稳定、推进了基层民主建设。

(1)巩固了党的政治权威,实现了干部领导方式的转变。村规民约全面规范、细化了村党支部在村务工作中的领导作用,使其真正成为村级管理的核心,理顺了村两委以及村级其他组织之间的关系,较好地巩固了党在农村的执政地位。同时,村规民约的制定和实施有效地理顺了村级组织间的关系,加强了村级组织间的相互协作,积极发挥了村级组织服务农村社会的作用。例如夏履程序的实施使农民能够较为全面地参与到村庄事务的管理中,特别是通过发挥村务监督小组的作用,可以有效约束村干部的权力,进而规范了他们的行为,增强了为民办事和廉洁高效的自觉性。同时,各项村规民约制度规范也倒逼乡村干部转变领导方式和理念,由为民做主向让民做主转变、由发号施令向指导工作转变。

(2)构建了乡村社会公平、公正的体系。公平与公正性成为现代村规民约的重要指标,为了实现这种目的,需要得到农民的集体认同,确立农民的主体性价值,实现从过程到结果、从结果反推过程的综合性认同。村规民约的制定、实施及反馈过程就是现代村规民约认同的综合体现,通过村规民约结果公评的原则,以村民的满意度作为评判村级组织和村干部协调邻里关系和处理乡村事务的标准。一方面,通过加强对村两委干部的履职评议,村干部个人自觉接受村民监督,保证村干部和村集体组织能更好地服务于农村和农民;另一方面,村民在享有权利的同时也承担共同管理农村社会的义务,在村民自治的过程中形成了一种村民自我管理的意识,也构建了乡村社会的公平、公正体系。

(3)实现了乡村社会治理的规范化。村规民约通过规范化和程序化的形式,把掌管农村社会公共事务的权利约束在既定范围之内,形成农民积极参与村务管理的内生机制。现代村规民约具备了现代性认同特性,体现了民间认同的公开性、规范性、有效性和科学性。一是公开性。村规民约是以民主、自主意识为制定基础,靠书面化的形式得以公开,并经过收集意见、全体村民公决,实现了民间规则的透明化和公开化。二是有效性。农民积极主动参与村级事务,有效保障了村民的知情权、参与权、决策权和监督权,使乡村民主运转起来。在民间规则形成和执行过程中,农民自己决定自己的事,在村务管理中由被动接受者向主动参与者转变,保障了民主意识的提升和规则的有效性。三是科学性。现代村规民约是基于农民协商而成的自治经验,作为主体的农民已将自身的情感和信念融入其中,并在国家法律允许的范围,共同决定农村经济社会发展,实现了个人利益与集体价值的统一,体现了认同的科学性。

(三)乡贤组织作用发挥

近年来,绍兴市针对乡村社会存在的一些新问题,积极发挥乡贤及其组织在乡村治理中的作用,通过乡贤主体的确立和乡贤组织的建立来培育乡村治理的新主体,创新乡村治理模式。2014年中共绍兴市委、绍兴市人民政府发布了《关于培育和发展乡贤参事会的通知》(绍市委办传[2014]193号),强调树立自治法治德治三治相结合的理念,凝聚乡贤力量,以乡贤组织为载体,探索创新乡村治理模式,提高基层治理水平。乡贤参事会是发挥乡贤作用的有效载体,充分发挥了乡贤在乡村治理中的重要作用,乡贤凭借他们的学识、致富经验以及文化修养参与新农村建设和治理。地方政府也鼓励乡贤参与到乡村治理中,发挥他们参与农村公共事务建设的优势,推进基层民主政治建设的发展和优秀文化的延续。

1. 主要做法

(1)前期调研,征求意见。村级党组织、村委会本着遵循党和国家的路线、方针、政策的原则,团结、协调、组织外流在各地的各界精英的智慧和力量,信息互通、资源共享、优势互补,同时深入每家每户询问登记,并在此基础上进行分析梳理,提出了成立乡贤参事会的初步打算。村党组织、村委会通过召开各类座谈会、个别走访等形式,将成立乡贤参事会的征求意见稿反馈给村党员、村民代表和群众,集思广益,使之更加符合农村实际,具有实操性。

(2)建立乡贤参事会。乡贤参事会是村民自发组织成立的民间组织。乡贤参事会的最高权力机构是会员代表大会,会员代表大会的职权是:制定和修改章程;选举和罢免会长、常务副会长、副会长、秘书长、理事;审议理事会的工作报告和财务报告等。参事会成员可以由致富带头人、农村老干部、老党员、老模范等担任,也可由村党支部书记或村委会主任担任,一般由村民公开推荐、村民代表会议产生。参事会成员应具有较强的个人威信,为人正直、办事公道,乐意为农村经济社会发展做奉献。

(3)制定乡贤参事会章程内容。乡贤参事会章程主要围绕以下五个方面的内容进行:一是严格执行党和政府的方针及法律法规,对会员进行遵规守法、团结教育、引导服务,提高会员的守法意识和社会主义道德风尚;二是为村公益事业建设和有实际困难的群众排忧解难;三是加强与政府有关部门之间的联系和沟通;四是举办各项有益活动,增强团体的凝聚力与活力;五是维护会员的合法权益,接受并采纳会员的相关合理建议,开展相应的有效建设。

2. 主要成效

乡贤及其组织和文化参与乡村社会治理,有利于发挥农民群众的主体作用,重塑乡村优秀文化,以乡贤文化引领乡村社会治理,推进乡村治理现代化。

(1)丰富了乡村社会治理的主体。乡贤参事会的建立,是在新乡贤群体(退休干部、退休教师、村两委干部和企业精英等)的倡议下完成的,在其建立的过程中,村两委真正发挥了村级管理的组织协调作用,进一步明确了村两委与乡贤参事会间的关系。在村级事务的管理中,乡贤组织参与乡村治理,这加强了村级各个组织间的互补合作,在丰富乡村治理主体的基础上形成了服务农村经济社会发展的组织合力。

(2)推进了基层民主政治建设。一方面,章程的制订过程充分体现了民主,采用座谈、走访、公开表决等形式,使村干部、理事会成员和村民的关系进一步拉近,民主法制意识显著提高。另一方面,乡贤参事会特别强调村民的满意度,在公共事务管理中首先考虑群众是否满意、群众的利益是否得到保障,并在公益金的使用过程中,积极征求群众的意见和建议,充分发挥了民主的价值,推动了乡村社会民主政治建设的发展。

(3)有效化解了乡村社会的矛盾。通过理事会联系村两委及其他村组织,理事会成员联系外出精英、会员,及时传达了乡村经济社会发展的各项信息,并积极总结群众的意见和建议,从源头上有效遏制了各类问题的发生,减少了乡村社会的矛盾纠纷,为经济社会的和谐发展提供了稳定的社会环境。

三、台州的实践探索

台州市地处浙江省沿海中部,地理位置得天独厚,居山面海,平原丘陵相间,形成"七山一水二分田"的格局。台州的地势由西向东倾斜,椒江水系由西向东流经市区入台州湾。沿海区有椒北平原等三大平原为台州主要产粮区。台州市区由椒江、黄岩、路桥 3 个区组成,辖临海、温岭、玉环 3 个县级市和天台、仙居、三门 3 个县。全市 2018 年实现生产总值 4874.7 亿元,城镇、农村居民人均可支配收入分别达到55705 元和 27631 元。近年来,台州各地在积极开展乡村经济社会建设的过程中,在坚持已有乡村治理经验的基础上积极走善治之路,不断创新和发展乡村治理的方式方法。如温岭的民主恳谈经历了二十多年的发展,从产生、推进到延伸,不仅增强了政府决策的科学性和实效性,推进了基层民主政治的发展,实现了政府与民众的有效互动,而且在有效化解了基层社会矛盾的基础上,增强了基层社会的公共精神;椒江区发挥乡贤在社会治理中的积极作用,创立了"四篇十二法",通过搭建平台,唤醒乡贤服务乡村经济社会建设,创建多元共治的乡村治理模式;仙居县从"绿水青山就是金山银山"的绿色发展理念出发,通过村规民约的方式,制定了《绿色公约》,采用监督激励因地制宜的方法,在共建和共享的基础上,形成了独特的乡村治理模式;

路桥区在农村文化礼堂建设的基础上,以乡村礼仪为重点,在继承优良的传统礼仪的基础上结合时代特征,创造性地形成"乡村十礼"的乡风文明建设体系,发挥德治在乡村社会治理中的价值。本书主要介绍温岭民主恳谈与路桥区文化大礼堂建设。

（一）民主恳谈

1. 民主恳谈的产生与发展

温岭是新千年中国大陆第一缕阳光的首照地,全市辖 5 个街道 11 个镇,90 个社区(居)委会,579 个行政村。2018 年末户籍人口 122.14 万人,2018 年地区生产总值为 1091.07 亿元,人均地区生产总值为 89377.79 元。改革开放以来,温岭人本着勇于创新、敢闯敢干的精神,实现了民营经济的腾飞,综合实力位居全国百强县之列。民营经济的快速发展使乡村社会内部分层加剧,在特有的文化基因和政治推动下,1999 年温岭诞生了中国基层民主协商的典型代表——"民主恳谈",被一些学者称为"21 世纪中国农村基层民主政治建设的一道新曙光"[①],其做法和成效也受到了国内外媒体的广泛关注。温岭的民主恳谈作为基层民主建设的地方实践,经过了二十多年的发展,无论是形式还是内容都得到了拓展和延伸,从基层政府与老百姓的对话方式发展成为综合性的民主参与、管理和监督模式。

（1）民主恳谈的产生阶段。20 世纪 90 年代末,为了进一步拉近干群之间的距离,发挥党委和政府在农业农村现代化建设中的作用,浙江省在全省范围内部署开展农业农村现代化教育工作。针对单一性领导讲话宣传教育方式效果欠佳的情况,温岭市宣传部门通过深入细致调研,发现基层政府及其领导干部与群众之间存在着较大的心理距离,干群之间没有建立起良好的沟通机制。为此,温岭市以农业农村现代化教育活动为契机,将松门镇作为试点,以农业农村现代化建设论坛为平台,通过民主对话和讨论的方式拉近基层党委政府与群众间的距离,积极探索基层政府服务群众的工作方式。松门镇这种做法改变了传统的灌输式教育,通过设计程序,让普通群众参与到论坛中,形成政府与群众之间的有效沟通。为了让更多的群众参与论坛,镇里提前在农村人员聚集的地方张贴通知,告知论坛的主题、时间和地点。1999 年 6 月,镇领导怀着忐忑的心情,开展了第一次论坛活动,群众也怀着好奇的心情参与了活动,在这种忐忑与好奇的心理作用下,政府与群众之间产生了强烈的化学反应。镇党委和政府积极邀请农民参与讨论,农民根据农村的发展实际提出了

---

① 杨卫敏:《基层协商民主是我国协商民主建设的重中之重》,《中央社会主义学院学报》,2014 年第 5 期。

许多有针对性的建议，取得了良好的实际效果，更为重要的是在教育过程中，基层党委和政府与农民进行面对面交谈，政府的意愿与农民的现实诉求实现了无缝对接，形成了一种基层民主协商的新形式。这一次教育论坛的成功举行，使得松门镇开始以政府与群众直接对话的方式解决农业农村现代化建设中的问题。之后，温岭市委市政府积极总结和提炼松门做法和成效，将温岭其他地方开展的各项基层民主活动做了较为统一的归纳，并将范围逐步扩展到全市各个领域，形成了温岭民主恳谈的初期模式，称之为对话式民主恳谈。

（2）民主恳谈的推进。对话式民主恳谈采用乡镇和村级干部与群众面对面交流的基本形式，成为党委政府了解民意和为民办实事的渠道，实现了政府与群众之间的有效沟通。但是在体制和机制不完善的背景下，民主恳谈也呈现出一定的困境。如在民主恳谈的过程中，群众大多关心与自身利益相关的事情，恳谈的内容呈现多样性和分散性。恳谈会之后，众多个人问题需要基层乡镇和村级组织解决，因为缺乏人力、物力和财力，基层组织和人员有点"手忙脚乱"。如果解决不好，会严重影响群众对党委政府和村级组织的公信力，减弱基层干部的权威性，也会使恳谈逐渐失去其价值。因而，温岭民主恳谈在推进过程中，需要理清公共事务和个人事务之间的关系，需要群众在关心自我利益的同时积极关注乡镇和村庄公共事务。通过调查分析，发现群众反映的许多个人问题就是因为村庄公共事务没有得到很好解决，从而导致一个个单一问题的产生，形成了复杂的社会矛盾。民主恳谈必须实现政府和群众关注点的结合，这种结合必须让群众参与公共事务的决策。"老百姓如果不参与决策，他们就不会关心政府工作。民主决策，决策的是公众事务，而不是针对群众个人的问题。这样干部精力和工作压力、财政资金问题都会解决。当然，老百姓的个人问题也可以通过其他途径来解决。"①为此，温岭各个乡镇积极梳理群众关心和关注的重大公共事务，将民主恳谈由前期的对话引入政府的决策，在对乡镇公共事务的决策和听证中体现民主的价值。如松门镇的"城镇总体规划修编民主听证会"、牧屿镇的"牧屿山公园建设民主恳谈会"等，让群众参与到城镇规划和公共设施的建设规划讨论中，成为决策型民主恳谈。随着民主恳谈由对话式向决策型转型，恳谈的内容也逐渐由个性问题转向了公共事务，由单一性问题转变为综合性和集体性问题。2004 年，民主恳谈获得了第二届中国地方政府创新项目优胜奖。

（3）民主恳谈的延伸。民主恳谈作为协商民主的一种表现形式，如果仅仅停留在基层政府与民众的对话或者政府要求民众来参与重大公共事务的决策的话，这种

---

① 《看，这是温岭首创的民主恳谈》，《温岭日报》，2018 年 9 月 28 日 04 版。

参与最多只是一种体制外的民意吸纳机制,政府具有非常强的选择性,换言之,恳谈的结果与政府的决策之间存在着一定程度的不一致性,也没有实现民主参与主体的普遍性。要实现民意表达机制与政府决策机制的有效结合,实现民主恳谈向政治民主跨进,需要搭建载体来实现体制内外的相通。在不断实践探索的基础上,温岭最终找到了人民代表大会这个载体。我国宪法规定,人民行使国家权力的机关是全国和地方各级人民代表大会,它是人民当家作主的最重要的权力载体。乡镇人民代表大会为最基层的权力机关,具有审查和批准乡镇各项财政预算的职能,但现实却是人大的审查和监督职能发挥较弱。2005 年左右,温岭市新河、泽国等乡镇将民主恳谈引入到公共预算中,民众积极参与政府的预算方案讨论,并通过人大代表审议政府财政预算,使公共预算透明化和公开化,这种恳谈的方式称为参与式民主恳谈。如为了进一步完善民主恳谈机制,2006 年新河镇通过了《新河镇预算民主恳谈会实施办法(试行)》,2013 年通过了《新河镇参与式预算民主恳谈工作规程(草案)》和《新河镇预算审查监督试行办法(草案)》,细化了民主恳谈的各项基本程序,并加强预算执行监督,在充分调动人大职能的基础上,形成了参与式公共预算民主恳谈。从 2005 年开始,泽国镇也围绕城建基本项目、旧城拆迁、公共预算等开展了一系列的民主恳谈会,基本形成了泽国镇参与式民主恳谈的运行环节,通过公共议题确定、民意代表的形成、分组讨论、人大表决实现对公共预算的审查和监督。2008 年之后,新河镇、泽国镇的参与式公共预算民主恳谈的做法逐步推广到箬横、大溪等乡镇,交通、建设等职能部门也逐渐引入了参与式公共预算民主恳谈方式。2010 年以后,温岭将参与式预算推广到全市各镇(街道)及各部门,通过民主协商的方式实现了协商民主与人大预算审查监督机制的有机结合,实现了参与式民主恳谈的全覆盖,2014 年,温岭市、镇两级政府及相关部门的公共财政预决算实现了互联网全公开,使得公共财政预算真正成为阳光预算。"推进公共预算改革,就是让有限的财政资金在党领导人民治国理政中发挥出应有的作用,让政府的每一笔收入和支出都能够置于阳光下接受应有的监督,让我国根本政治制度能够最大限度地激发出它应有的活力,让我们党的执政能力得到应有的提高。"①

2."民主恳谈"所带来的显著成效

温岭民主恳谈历经二十多年,逐渐由开展群众思想教育工作的平台转为基层民主政治建设载体。针对不同时期民众关注内容的变化,民主恳谈也呈现出不同的发

---

① 张学明:《温岭"参与式预算"的阳光实践》,《中国人大杂志》,2014 年第 18 期。

展类型,形成了对话型、决策型和参与式预算民主恳谈。丰富的恳谈形式与内容、政府与民众的互动不仅推动了政府公共服务理念的转变,增强了政府决策的科学性和实效性,也探索了基层民主的实行形式,推动了基层社会民主协商的发展。

(1)增强了政府决策的科学性和实效性。随着公共服务理念的深入,服务型政府成为现代政府发展的必然方向。"新公共服务认为,政府在把人民集合在允许他们就社会应该的朝向而无拘无束真诚对话的背景下这一过程中扮演着一种至关重要的角色。"①服务型政府强调用服务的理念提升政府的工作效率,强调公民至上,实现政府与社会的合作。要实现服务理念的转变,政府就必须主动深入公众之中,通过对话协商来了解他们现实需求,并通过政府的科学决策提供更好的公共服务。政府决策是政府对社会资源的配置,决策的正确与否直接影响着民众对政府的信任,决策的科学化就成为提升现代政府公信力的前提。温岭民主恳谈是在乡村社会的土壤中政府引导农民表达自我诉求和参与公共事务的创举,是在保障每个农民充分知情权和参与权的基础上,给他们提供公平参与基层社会公共事务的机会。在民众民主意识日益增长的现实背景下,温岭市各级政府能应时而为,积极响应民众的政治需求和利益诉求,让他们参与到政府决策中,改变了公共事务政府单一主体决策的传统。温岭民主恳谈是地方政府主动作为和积极作为的体现,也是在公共服务理念的指引下,实现政府决策科学化的典型体现。民主恳谈是就民众所关心的重大公共事务,开展政府与民众的对话方式,它不同于管制型政府下党委政府单一的决策模式,而是通过民众参与和充分表达民意来影响和确定最终的决策,这种"政府十民众"的协商方式能促使政府在使用公权力时充分体现民意,使政府决策转为公共决策。民主恳谈运用于公共决策中,杜绝了决策的隐蔽性,使决策更为透明和公开,也使决策更具针对性和实效性。

(2)推进了基层民主政治的发展。基层民主政治是实现人民当家作主最有效的方式和途径,也是社会主义民主政治的本质要求。基层民主政治的推进,需要不断探索基层民主的实现方式,发挥民主的有效性。民主选举、民主决策、民主管理和民主监督是基层民主政治建设的重要内容,在村民自治的发展过程中,民主选举已经发挥了其应有的价值,但是,民主选举仅仅是基层民主政治建设的一部分,需要在完善选举制度的基础上,积极发挥民主决策、民主管理和民主监督的作用。温岭民主恳谈作为基层民主政治建设的一种实践探索,在基层民主政治建设中发挥了民主决

---

① ［美］珍妮特·登哈特,罗伯特·登哈特著,丁煌译:《新公共服务:服务而不是掌舵》,北京:中国人民大学出版社,2016年,第47页。

策的价值。农民是乡村社会的主体,乡村民主政治建设的推进必须调动农民的积极性,让农民参与到乡村公共事务的决策中,使决策过程和结果更具有民主性和平等性。民主恳谈的过程就是政府与民众围绕公共议题而进行的广泛协商,使政府决策满足大多数人的利益需求。因此,民主恳谈在议题选定、代表产生和议题协商的全过程中,农民具有平等的发言和表达权,充分地体现了民主的广泛性。民主恳谈作为基层民主政治建设的重要体现,其基础来源于温岭发达的民营经济,而随之产生的民众对自身权利和公共事务的重视则成为他们参与恳谈的原动力。民主恳谈通过民主协商的方式,在充分调动民众积极性的基础上,实现了对公共事务的决策参与和对公共预算的审查监督参与的结合,民众通过恳谈增强了民主意识,充分形成了民主权利,实现了民主范围的拓展和方式的创新,也推动了基层民主政治建设的整体发展。

(3)实现了政府与民众的有效互动。从国家与社会二元结构分析,无论是对话式民主恳谈、决策式民主恳谈和参与式民主恳谈,都体现了地方基层政府与民众之间的协商合作,推动了政府与民众之间的有效互动。温岭民主恳谈是地方政府与基层民众共同作用的结果,政府的推动和引导与民众民主意识的增强是其推进的重要因素。一方面,温岭市各级政府为经济发展提供了一个良好的发展环境,这种环境的形成取决于政府的积极作为,取决于民主恳谈协商平台的建立。从民主恳谈的产生看,松门镇政府为了更好地拉近政府与群众间的距离,以农业农村现代化建设论坛为契机,通过与民众进行对话和协商的方式来探索政府服务民众的工作方式,这是松门镇党委政府主动作为的表现。从参与式民主恳谈看,新河镇将民主恳谈的方式引入到乡镇公共预算草案的讨论、审查和执行监督过程中,通过人大代表和民众与政府协商实现了公共预算的公开和透明,在充分激活人大作用的基础上,有效调动了民众的参与热情。另一方面,民众主动参与公共事务的意愿增强。温岭民营经济的繁荣带动了乡村经济的发展,而乡村经济的发展促进了民主意识的增强,这必然能够倒逼地方政府转变工作方式,改变传统的管制理念和全能特征,促使政府加强与民众间的合作。温岭民主恳谈在民众民主意识增强的现实基础上,基层政府因势利导,搭建了公共参与的载体,保障民主权力的有效实施,极大提升了民众的民主意识和参政能力,同时,基层政府积极创新基层民主的实现方式,通过对话和参与实现了政府与民众的良性互动。

(4)发挥了协商共治的价值。传统的单一治理模式强调政府的治理权威,在化解基层社会矛盾中采用强制方式和手段,这在一定程度上促使基层社会的诸多问题处于被压制的状态,缺乏自下而上的矛盾协调和化解机制。在这种治理模式下,基层社会矛盾非但不能得到很好解决,反而一旦遇到诱因便会在短时间内集中爆发,形成大规模的群体性事件。治理的最基本原则在疏不在堵,在化解而不在压制,不仅需要自上而下的政府引导机制,也需要自下而上的利益表达机制,实现上与下的沟通,将矛盾化解于政府和民众的协商中,而要实现这种上下间的互动就需要架构一个可以畅通民意渠道和回应民众实际需要的平台,民主恳谈则是这种协商平台的实然探索。温岭民主恳谈的实践,一方面使基层政府和领导干部的理念由替民做主转变为让民做主和为民服务,在工作方式上由传统的政府单一决策转变为政府与民众协商式决策,最后结果实现了由政府自我考核转变为政府与民众共同考核;另一方面,基层政府将民众的参与和协商纳入决策过程中,并通过制度化的途径加以确立,民众不需要再通过一些过激行为来表达自己的利益诉求,这有利于加强地方政府与民众之间的信任,减少了二者的分歧,有效地化解了基层社会矛盾,形成有利于地方稳定的社会资本,增强了社会和谐的基础。温岭民主恳谈二十多年的推进和深化,使政府与民众之间普遍建立起协商共治的观念,不仅增强了政府的政治权威和合法性基础,也进一步密切了党群、干群关系,减少了基层社会的矛盾源,有效化解了各种矛盾,保证了基层社会的和谐稳定。

(二)路桥区农村文化礼堂及"乡村十礼"建设

1994 年路桥建区,下辖 6 个街道 4 个镇,是台州市的主体城区之一。2018 年,路桥实现地区生产总值 601.54 亿元,城镇常住居民人均可支配收入 62286 元,农村常住居民人均可支配收入 28750 元。从 2013 年起,浙江省针对农村文化资源分散、文化活动内容单一等问题,在全省农村大力推进文化礼堂建设,积极完善农村公共文化服务,丰富农民群众的精神文化生活。路桥区积极贯彻落实省市决策部署,以"四堂五廊一平台"为载体,着眼于文化大礼堂建设,发挥其文化地标和精神家园功能的重要作用。在文化大礼堂建设的同时,路桥区以乡村礼仪为重点,在继承优良的传统礼仪的基础上结合时代特征,创造性地形成"乡村十礼"的乡风文明建设体系,并将它与社会主义核心价值观融为一体,用于指导民众的日常行为,发挥"德治"在乡村社会治理中的作用。

1. 主要做法

(1)突出路桥特色,统分结合抓布局。路桥区在浙江省"两堂五廊"基础上,以"五有三型"为标准,注重资源整合和功能提升,着力打造"十个一",即一个文化礼堂、一个文化广场、一个文化舞台、一个农家书屋、一个文化讲堂、一个文化长廊、一个电子网络平台、一套管理制度、一个活动计划和一批活动队伍。通过"文明新风"建礼堂、"道德风尚"进礼堂、"乡土文化"入礼堂和"历史文脉"创礼堂内容建设凸显了创建和使用特色。同时,路桥区将文化礼堂建设纳入公共文化服务体系中,按照统一规划、名称、标识、管理等要求,出台全市农村文化礼堂建设实施意见和五年规划。同时,要求各地因地制宜、因村制宜,避免一刀切和"千村一面",并在坚持质量为上、标准为先的基础上,推动分类实施、"一村一品",修建和改扩建并进,避免重复投入和资源浪费。

(2)注重价值引领,开展"乡村十礼"活动。路桥区注重核心价值观引领,挖掘村史、村情、村貌,结合乡贤文化、孝德文化等内容,通过乡村十礼活动(周岁礼、开蒙礼、成人礼、新婚礼、祈福迎新礼、清明崇先礼、重阳敬老礼、尊宪守法礼、村干部就职礼、新兵壮行礼)加强乡风文明建设和宣传,实现优秀传统文化与社会主义核心价值观的有机融合。2014年路桥区承办了全省农村文化礼堂建设的工作现场会,并荣获首批农村文化礼堂建设先进县市区,央视《焦点访谈》、浙江卫视新闻联播、《浙江日报》、《台州日报》等数十家中央、省、市级媒体曾作专题报道。

(3)完善制度管理,加强资金和人才保障。路桥区在建设文化大礼堂的基础上制定了一套行之有效的管理制度,例如资金、场地、设备等使用制度,并加强对管理人员的考核,规范各项管理工作,形成文化大礼堂的长效管理机制。如区党委政府加强领导,研究农村文化礼堂的财政扶助政策,重点完善经费补助和考核评价制度,区财政每年投入1000万元专项补助资金用于修建和改扩建礼堂。同时,积极培育农村文化礼堂工作指导员、管理员、志愿者和文艺骨干四支队伍,重点抓好专兼职管理员队伍建设,吸纳村干部、乡贤、文化骨干等参与日常运行维护。如路桥区建立农村文化礼堂管理理事会,由村班子成员担任理事会理事长,大学生村官担任农村文化礼堂专职管理员,并常年派驻志愿者帮助农村文化礼堂开展各类文化活动。

2. 主要成效

(1)架构了乡风文明的平台。农村文化礼堂有利于深入开展农村精神文明创建和乡风评议活动,不断提高农民群众的文明素质;有利于延承中国传统优秀文化,将好的家风建设融入礼堂文化之中,营造乡村社会的好风气,形成良好的社会风尚;有利于增强农民参与文化活动的热情,形成多元主体共创共建共享格局,在社会主义核心价值观引领下,通过加强对农民的宣传教育,带动农村文化建设,使文化建设成为乡村治理的内在基础。

(2)传承了中华文明的优良传统。通过乡村十礼活动,增进了农民之间的情感交流，增强了农村的凝聚力；传承了尊师、立志的传统文化价值；培养了青年人的社会责任感和爱国、法制和公民意识；传承了孝敬父母和重视家庭的传统美德；塑造了农村归属意识，增强了农民的家乡情怀；增进了血缘亲情关系，加强了对家乡的热爱；传递了尊老、爱老和助老的社会正能量，弘扬了传统的孝道文化；增强了农民遵法守法的意识，奠定了依法治国的群众基础；强化了干部的政治觉悟和服务意识，增强了基层干部的责任意识和法治意识；弘扬了中华民族的爱国传统，提升了群众的爱国意识。

（3）实现硬件和软件的有机结合。文化大礼堂是农民开展各项公共活动的场所，也是农民具有村庄归属感的重要凝聚地。它"既是男女老少茶余饭后的'乡村客厅'和娱乐健身的文化乐园，也是农民群众寄托心灵、陶冶情操的精神殿堂，还是党委、政府开展管理，提供服务的主要阵地和基层平台"。[①] 可见，文化大礼堂是一个具有多重功能的综合体，而在建设文化大礼堂硬件的基础上，要使其功能得到有效发挥，就需要积极创新开展活动的方式方法，乡村十礼则是软件培育的重要体现。"乡村十礼"活动的开展，使农民充分认识到文化礼堂的重要价值，逐渐形成了农民内在认同的精神归属地，实现了传承优秀传统文化、培育社会主义核心价值和实现乡村振兴战略的多价值融合。

第二节 浙江乡村公共精神重塑实践的积极启示

温州、绍兴和台州作为民营经济较为发达的地区，在经济综合实力不断增长的同时，乡村社会建设也取得了显著的成效，三个地区因地制宜，积极探索乡村公共精神重塑之路。从三地的实践探索看，虽然它们产生的时间、条件和环境不同，但是，作为整体发展水平相近的三个地区，它们之间存在着诸多的共性，一定程度上可以反映浙江作为发达地区乡村社会治理的现状。浙江通过发挥党委、政府主导、农民主动性、民间组织的积极作用，在创新治理方式多样性的前提下，走出了一条民主化之路，构建了"共建共治共享"治理格局，而这种共治格局的形成过程也逐渐促成了现代乡村公共精神的产生与发展。浙江作为发达地区，虽然在乡村经济社会发展方面有其自身的特殊性，但是，在乡村振兴的大背景下，浙江各地在乡村公共精神重塑方面的实践探索，具有重要的启示价值。

---

① 中共台州市路桥区委宣传部：《乡村十礼——浙江省农村文化礼堂礼仪活动的路桥实践》，浙江人民出版社，2017年，第2页。

一、实现了传统文化与现代价值的融合

社会主义核心价值观是以人为本的理念和价值追求,是中国共产党在新时期将马克思主义基本理论与中华文明优秀传统文化结合而形成的中国特色社会主义的思想道德基础。道德是一种较为稳定的文化结构,参与活动的每个人都被这种文化影响着,它以潜移默化的力量实现文化传承和社会教化,实现了代际间的相传。在长期的历史过程中,传统道德影响着农民的思想观念和社会行为,它通过世代农民的口口相传,进而形成一种较为固定的认同,在丰富人们的文化活动、满足人们的精神需求、凝聚地方力量和维护农村社会稳定等方面都发挥着积极作用。同时,优秀传统文化也是传统乡村社会治理的内在基础,现阶段应该在对其进行引导的基础上,取其精华,弃其糟粕,推动传统文化的继承与发展并挖掘它的社会治理价值。在新的历史时期,国家在治国理政的思想方面特别强调传统文化的积极价值,"要深入挖掘中华优秀传统文化蕴含的思想观念、人文精神、道德规范,结合时代要求继承创新,让中华文化展现出永久魅力和时代风采"。[①] 乡村公共精神重塑离不开民间传统文化的作用,在乡村社会中,这种日积月累、潜移默化的文化认同,通过不同的形式和载体来维持着乡村社会的秩序,并不断与时俱进,实现了传统文化和当代价值观的结合。如温州各地的民间信仰是温州老百姓日常生活中精神层面的多样化需要体现,是温州民间优秀传统道德文化的重要传承。对民间信仰进行研究可以了解社会历史的变迁,也可以认识不同时期农村社会的文化现状。随着城市化的推进,传统农村的社会结构发生变迁,旧有的以血缘和地缘为纽带的民间信仰组织也逐渐失去了存在的空间,导致传统意义上的民间信仰逐渐淡化与隐退。因此,温州各地加强对民间信仰活动的规范和民间事务的管理,深入了解群众的社会心理反应和精神需求,并积极推广和宣传社会主义核心价值观,这不仅可以用现代价值理念来引导民间信仰活动,促进社会主义核心价值观与传统民间信仰的融合,更好地挖掘民间信仰的教化价值,也可以为老百姓创造一个乡风文明的社会环境。

二、发挥了乡村社会内生主体的作用

(一)发挥了农民的主体价值

乡村社会的主体是农民,乡村公共精神的培育应该发挥农民的主体价值,让农

---

① 习近平:《决胜全面建成小康社会 夺取新时代中国特色社会主义伟大胜利》,《人民日报》,2017年10月20日01版。

民参与到乡村社会各项活动中,保障农民各项权利的实现。如何调动农民参与其中？这是一个不得不思考的问题。梁漱溟当年搞乡村建设时,常苦恼于乡村运动而乡村不动,主要原因就是乡村建设的主体——农民没有参与到运动中。因此,乡村公共精神重塑必须坚持走群众路线,充分调动所有农民的参与热情,把群众的问题交给群众自己解决,让农民积极参与到乡村社会建设之中,学会自我管理与服务,使广大农民群众在参与中获得对村庄的认同,产生为村庄服务的责任意识和集体归属感。浙江各地实践充分发挥了农民的主体价值,培育了现代乡村公共精神的内生主体。一方面,优秀传统文化的延承和新型农民的角色定位,使他们形成强烈的主体意识,积极为农村建设贡献力量。浙江的每一个经验做法都是在尊重农民主体地位的基础上开展的,走的都是一切为了群众,一切依靠群众,从群众中来,到群众中去的群众路线。如绍兴乡贤组织参与乡村社会建设的实践,通过积极吸引和鼓励外流的能人、贤人回归,发挥乡贤在乡村振兴中的引领作用,形成基层民主建设与乡土文化有机结合,存续了人文精神。另一方面,浙江各地积极加强农村队伍建设,形成了一批坚持先进文化方向和熟悉发展规律的人才队伍,并且发挥他们活跃农村公共文化和生活的作用,重塑农村公共精神的群众基础。如温岭民主恳谈实现了政府和群众的互动,从基层民主的角度出发,本着农民的事情交给农民自己处理的原则,积极创建基层政府和群众之间的协商平台,让农民真正参与乡村社会建设,实现了农民的主体价值。同时,在乡村社会普遍缺乏内在归属的情形下,让农民有自身价值的认同。

(二)发挥了村两委的合力

村两委是农村经济社会建设的中坚力量,在化解乡村治理矛盾、重塑乡村公共精神方面发挥着重要的组织作用。农村党组织是党的方针政策在乡村社会宣传与落实的最基层组织,是整个农村经济社会事业发展的领导核心。因此,要积极发挥党的基层干部的表率作用,增强服务意识,引领乡村社会形成和谐的乡村文化氛围,提升农民对党的政治认同。习近平总书记强调"'党管农村'工作这个传统不能丢。党管农村,既需要各级领导干部在岗有责,也需要基层党组织形成战斗堡垒,共同发挥好团结带领作用,把党的富农政策原原本本落实好"。① 村民自治是农民实现人民当家作主的制度体现,而村委会则是农民实现人民当家作主的组织保障,应合理利用村民所赋予的权力实现民主管理,处理好个人与集体的关系,促进农村发展、维

---

① 中国新闻网(http://www.chinanews.com/gn/2016/04-28/7852799.shtml)。

护良好秩序。当前的基层社会正在发生着重大变迁,利益多元化造成了社会结构分层,不同利益群体之间存在着诸多矛盾,影响着乡村社会秩序的稳定。温州的"红色细胞工程"正是针对这些现状,通过党建引领基层组织参与乡村社会治理,实现了党对基层社会治理的领导和服务,通过党员领导干部主动联系基层、主动服务基层来促使党建工作方式方法的转变,推进基层治理现代化进程。同时,在党建引领的基础上,积极发挥农村自治组织的作用,增强自我管理、自我服务和自我监督,为乡村社会治理奠定自治基础。温州的实践实现了党的领导与群众自治的结合,不仅密切了党和群众的血肉联系,也巩固了群众的自治基础,形成了村两委在乡村公共精神重塑中的合力。

（三）发挥民间组织的推动作用

改革开放后,农民摆脱了公社体制的束缚,释放了他们的自主性,农村生产力水平大幅提升。但是,这种生产生活方式的个体化使得农民在面对村庄集体利益和处理村庄公共事务时过度追求个体利益最大化,造成农民集体意识弱化和农民社会的分散。乡村振兴战略的提出,需要将农民组织起来,增强凝聚力,发挥民间组织的积极作用。同时,农民可以通过民间组织这个载体,参与到乡村公共事务中,在互助、协商与合作的过程中,培育农民的集体意识。在新公共服务理念下,管理主体是多元的,除了政府之外,还应该发展更多民间组织,用以解决当前社会中存在的许多问题。民间组织是重塑乡村公共精神的现实载体,它对于培育农民的公共意识和规范个人行为都发挥着重要作用。"公民社团有助于民主政府的效率和稳定,不仅对个人成员有'内部'效应,而且它们对更广大的政治体有着'外部'效应。从内部效应上看,社团培养了其成员合作和团结的习惯,培养了公共精神。"①浙江结合农村发展的新形势,由村民自发探索出的一些农村公共组织模式,就是一种基于新公共意识基础上的体现,也是建立现代乡村公共精神的组织表现。

三、培育了乡村社会的公共空间

传统乡村社会通过儒家伦理和乡土礼俗发挥内在价值,生活于其中的农民也逐渐形成了传统意义上的内在认同,这是基于血缘关系、习俗习惯与伦理信仰的认同。而随着社会性质和结构的变化,现代乡村社会的认同更多是基于民主、法治等现代性特征的认同,是在民主参与和管理过程中所形成的公共认同。传统与现代乡村社

---

① [美]罗伯特·帕特南:《使民主运转起来》,北京:中国人民大学出版社,2015年,第104页。

会认同的差异体现了乡村公共精神的时代变迁:由"乡土认同"向"利益认同"转变;由"伦理教化"向"法治规范"转变;由"自发"向"自觉"转变。现代乡村社会的内在认同,是实行村民自治的必然结果,也是农民民主意识增强的必然反映,它不仅推动了农民民主的发展,而且在农村也逐渐形成了群众认同的现代公共精神。

(一)实现了自我认同与集体认同的统一

当前农村社会关系的利益化趋向使传统的熟人社会产生了信任危机,造成了村庄价值体系的变化,也使得公共精神在形成过程中存在着认同困境。因而,浙江乡村社会从内部建构一种内生的自发秩序,通过农民主体价值的发挥,形成农民人人都遵守的内生秩序。"内生秩序"是乡村在经济社会的发展过程中所形成的一种以自我管理和发展为主要内容的村庄自生性秩序,这种自生性秩序正是乡村社会发展的内在基础。传统乡村社会,在村庄公共事务的处理上,主要是由一些乡村士绅发起,由农村大家族和大宗族共同协商制定,充分维护地方大家族、宗族的权威和利益,着重体现地方权威对农村的管理。但是,现代乡村社会实现的村民自治不同于传统社会的地方自治,它的主体是普通农民群众,而不仅是地方精英,每一个农民都是农村社会的主体,都有权利参与村庄的各项公共事务,从人的角度实现了自我认同。在农村社会里,这种自我认同不仅是农民自身价值的体现,更重要的是他们能够在实现自我价值的基础上,共同参与农村经济社会发展,形成内在认同,从而实现了个人与集体价值的统一。如现代村规民约与乡贤参事会作用的发挥实现了农民对村庄事务的集体认同。现代村规民约是农民针对现实发展具体情况,自发形成的一种乡村社会内部的运行规则,农民自己参与了这些规则的制定过程,必然形成了对规则的过程性认同,这样可以保证村规民约的有效实施。乡村典章作为现代村规民约的典型代表,无论是典章的制定还是具体的实施,农民都是作为主体参与其中,是农民自我认同与村庄集体认同的一种结合。乡贤参事会作为民间组织,是重构乡村社会建设主体的重要组成部分,也是农民围绕村级公共事务进行集体协商的一种公共组织,它实现了个人与集体价值的获得,也实现了村庄社会的集体认同。现代村规民约和乡贤参事会都是村民在参与农村各种事务的过程中逐渐形成的村庄集体意识,并能在公共协商中逐渐形成积极参与村庄事务的集体性认同,而这正是乡村公共精神形成的基础。

(二)加强了政府外在公共意识的引领

随着公共服务理念的发展,政府的职能和角色发生了根本转变,政府从服务者的角度积极出台相应文件和政策,搭建服务平台,为乡村社会建设打造快速发展之路。马克思在谈到传统小农的政治倾向时曾指出:"他们不能代表自己,一定要别人代表他们。他们的代表一定要同时是他们的主宰,是高高站在他们上面的权威,是不受限制的政府权力。所以,归根结底,小农的政治影响表现为行政权支配社会。"①目前,我们的村民还没有成熟到能够代表自己而无须别人来代表他们的程度,由于历史和经济社会发展的因素,农民还缺乏管理农村公共事务的能力,需要积极发挥地方政府的主动性,加强对农村事务的管理和对农民公共意识的引导。浙江地方政府在建设农村基础设施的基础上,引导农民跳出家庭的私人范围,进入社区公共空间,让农民找到自信,焕发出公共参与热情,有效地解决了农民参与集体活动的困境。同时,浙江各地基层政府也积极重塑其工作人员的民主、平等、公正等行政公共精神,并使其贯穿于行政行为之中,带动乡村公共精神的发展。无论是乡贤作用的发挥还是文化大礼堂的建设成效,政府在其中都扮演着重要的服务角色,使浙江乡村公共精神建设逐渐形成由点到面的整体发展局面。可见,乡村公共精神重塑需要积极发挥政府的引领和服务作用,用现代法治和民主意识更新乡村社会的旧有观念,推动乡村社会的健康发展。

（三）培育了乡村的社会资本

从浙江各地的具体实践看,由于村民自治水平有限,乡村公共精神的培育必须在国家权力体系之下开展,也必须在社会主义核心价值观和法律法规允许的范围内去架构公共空间。例如温州对民间信仰治理价值的充分发挥,实现了农民内生信仰与外在引导的结合,形成了乡村公共精神培育的公共空间。通过对信仰对象的敬畏和崇拜,民间信仰组织可以整合群众的力量,通过各种信仰活动将信仰群众组织起来,实现乡村居民的信仰和地域整合,有利于实现对受众的约束和管理,也有利于协调不同信仰者之间的争端,维护社会的稳定。同时,民间信仰也可以实现乡村社会内在互助和信任体系的构建。民间信仰通过信仰的力量将不同的群体集中于一定的场所和活动中,使信仰者接受民间信仰内在的道德教化,通过思想价值的引导来改变人们的行为活动,逐渐形成良好的道德和信任体系,也逐渐构建了乡村社会的公共性。例如温州乐清市在虹桥镇白马殿举办瑶岙庙会,将社会主义核心价值观融入庙会活动中,村民们通过集体协作用五谷杂粮制作各种祭祀用品,再通过祭祀活动来企盼国泰民安。乐清通过民间信仰活动,把村落间的乡民有效地动员起来,不仅可以密切村民之间的关系,而且形成了农民对村庄公共事务的关心和参与,形成

---

① 《马克思恩格斯选集》(第1卷),北京:人民出版社,2013年,第678页。

了乡村社会的互助和信任机制。民间习俗和仪式也影响了人民的日常行为,形成了稳定社会秩序的内在约束机制。因此,乡村治理要实现治理有效的目的,就要积极促进民众间的结合,通过社会资本的培育来实现乡村社会的和谐稳定。

四、搭建了乡村公共精神的实现载体

针对乡村公共精神缺失的现状,近年来,浙江积极探索,不仅积极发挥党和政府的领导作用,同时也积极深挖乡村内在的治理资源,搭建培育现代乡村公共精神的重要载体。

(一)建设农村凝心聚力的载体

一方面建设"看得见山、望得见水"的乡村,另一方面建设乡风文明、和谐发展的精神家园,文化大礼堂就是其重要的物质载体。浙江省从2013年起,按照"五有三型"的标准大力推进文化礼堂建设。通过文化大礼堂向农民群众广泛宣讲政策、传授文化知识、弘扬好家风。习近平总书记指出:"家风是社会风气的重要组成部分。家庭不只是人们身体的住处,更是人们心里的归宿。家风好,就能家道兴盛、和顺美满;家风差,难免殃及子孙,贻害社会,正所谓'积善之家,必有余庆;积不善之家,必有余殃'。"[①]家风的作用是潜移默化的,不仅有利于家庭,也有利于涵养好的党风、政风与社风、民风。2014年,浙江省部署开展了"浙江百姓重家风"活动,2015年又在全省全面推进好家风建设活动,将其融入村风民风的培育过程中,推动社会主义核心价值观在全省千万家庭落地生根。

(二)探索民间信仰的载体

民间信仰活动是群众基于共同信仰而举行的活动,需要有一定的活动场所,而农村的庙、殿、祠堂等活动场所自然就成为民间信仰活动的开展地。在传统乡村社会里,庙、殿、祠堂等场所往往是祭祀神灵和祖先以及协商村庄、宗族等重大事情的地方,是农民的心灵归属地,也是维持乡村社会秩序的权威场所和管理平台。伴随着社会的变革,传统的民间信仰场所功能逐渐弱化,如何继承和创新民间信仰场所的内在教化和外在管理价值,探索乡村社会的新型治理平台,就成为现阶段地方政府考虑的重要问题。为此,温州积极发挥民间信仰场所的价值,拓展民间信仰的社会功能,在社会主义核心价值观的指引下,打造民间信仰场所、文化礼堂、养老中心等,实现了场所功能的多样性和实用性。如温州市龙湾区充分利用民间信仰场所的

---

① 习近平:《习近平谈治国理政》(第2卷),北京:外文出版社,2017年,第355页。

优势,与农村社区共建共享,探索出了民间信仰管理和基层治理的新模式。龙湾区永兴街道有民间信仰场所叫西门宫,当地渔民出海打鱼为保平安,在此建立宫殿,寄托于神灵的护佑,宫里供奉着妈祖、陈十四娘娘等。最初西门宫仅仅只有十几平方米,后随着信众增多,香火渐旺,经村庄集资进行重建,占到 1000 多平方米,并有辅房 730 平方米。2012 年,龙湾区将民间信仰场所纳入管理范畴。永兴街道针对如何实现民间信仰活动和乡村社会建设的有机融合这个问题,积极探索,将 730 平方米的辅房用于与社区共建的居家养老中心。养老中心以社区的低保、孤寡、空巢老人为主,并普惠到其他老年居民,为他们提供综合性养老服务。同时,这些老人大多数都是西门宫信众,通过民间信仰场所功能的多元化,一方面可以让他们就近参与民间信仰活动;另一方面也解决了养老的后顾之忧。温州类似共建共用的民间信仰场所还有很多,对民间场所功能的扩充可以积极发挥民间信仰场所的优势,借助民间信众的力量,实现民间信仰与农村、社区治理的协同发展。

（三）搭建多主体协商合作的载体

随着市场经济的推进,乡村经济取得巨大成就的同时也产生了一系列深层次的社会问题,而化解这些问题不仅需要积极探索新的治理经验和模式,也需要从历史中挖掘有益的精神财富,实现传统与现代的有机融合。乡村社会的内在认同需要以农民为主体地位,搭建凝聚文化和公共服务的平台。如温州的民间信仰活动场所就是党委政府与民间信仰组织和农民进行协同治理的有效平台。民间信仰活动作为一种群众性集体活动,往往在农村的庙、祠堂等场所内进行。在传统社会里,这些场所是农村各项重大公共事务的决策地,也是农民的精神归属地,它们成为农村社会各种势力相互合作与妥协,维持乡村社会秩序的重要平台。新的时代条件下,温州积极发挥民间信仰场所的凝聚平台,发挥民间信仰场所的道德教化价值;台州的民主恳谈是政府与农民在相互信任、协商和合作的基础上形成的一套主体认同规则,这种规则的认同机制是在公平、公开和民主的环境中产生的,也是在协商合作的平台上完成的。无论是民间信仰场所建设还是民主恳谈场所都是政府与民间组织和农民的相互协商和合作平台,是公共精神培育的重要载体,不仅可以有效提升政府公共服务水平,也可以增强民间组织和民众的参与意识和民主意识,形成政府与社会、民众的互动平台,使乡村公共精神得以有效培育和运行。

五、体现了公共精神的治理价值

党的十八届三中全会提出了要推进国家治理体系和治理能力现代化,要求通过深化改革,实现社会管理到社会治理创新的转变。习近平总书记在参加十二届全国人大二次会议上海代表团审议时也指出:"治理和管理一字之差,体现的是系统治理、依法治理、源头治理、综合施策"。① 可见,管理和治理不仅一字之别,更多是治理理念的转变,是治理主体上的多元共治,治理内容上的协商合作,治理结果上的公平公正。"现代治理不同于传统控制、管理和统治的紧要处在于,治理的权威既来自政府,也来自其他相关社会主体;治理不仅是自上而下单向度的命令——服从,而是由政府主导和公众参与彼此互动、相辅相成。"②党的十九大报告提出要打造共建共治共享的社会治理格局,这是中国共产党对社会治理实践探索的概括与总结,也为社会治理指明了发展方向,是中国特色社会主义进入新时代背景下,社会治理创新与发展的总目标和总要求。"共建共治共享"的共性都体现在一个"共"字上,从字面意思上看,"共"就是公共、共同的意思。就是在乡村社会这个公共领域里,让所有社会成员共同参与、共同治理和共享成果,换言之,就是既要党委领导、政府负责,也要社会协同、民众参与和法治保障。"共建共治共享"既是一种格局也是一种理念,这种共同理念的提出为乡村社会多元主体参与乡村治理提供了重要的理论引领,体现了社会治理的公共性特征。公共精神的内涵与"共治共建共享"的理念是相通的,都需要依靠社会成员的广泛参与,需要在社会公共领域中,以社会主义核心价值观为引领,实现社会公共利益的共享。从三个地方的具体实践看,都实现了乡村社会的共建共治共享,如温州"红色细胞工程"通过党建引领和基层社会治理的方式,通过党员领导干部服务基层社会理念和服务方式的转变,实现了党建工作的科学化、基层治理的现代化,更形成了基层党建科学化引领基层治理的现代化;通过民间信仰价值的发挥,鼓励信仰民众参与基层社会建设,以民间信仰场所为平台,实现治理方式的多样性。虽然,这是两个不同的治理主体,但是其共同之处在于都实现了在党委领导下政府、民间组织和民众共同参与社会治理的格局。如果从乡村社会的内在认同视角看,绍兴乡村社会治理的经验都建立在认同机制之上,这种认同正是共建共治的基础。通过农民主体价值的重构、乡村社会内在的认同和政府的外在引导形成了多主体共治模式。台州民主协商合作式治理模式,通过政府与民众对话协商的方式,提升了群众的民主和参与意识,也体现了基层党委政府从实际出发、积极创新基层民主的主动性,形成了政府与民众之间的良性互动关系。同时,这种协商民主方式在化解基层社会矛盾的基础上,实现了治理主体的多元化和治理理念的现代转

---

① 新华网(http://www.xinhuanet.com//politics/2014-03/05/c_119627165.htm)。
② 叶小文:《协商民主是现代治理应有之义》,《人民日报》2014 年 11 月 12 日 20 版。

型。从治理的价值角度看,三个地方的实践探索都创新了社会治理方式,都体现在共建共治的基础上,强调以人民为中心,共享治理成果。因而,从整体上看,三地都形成了党委领导、政府负责、社会协同、民众参与和法治保障五位一体的治理体制和共建共治共享的治理格局。

第三节　浙江乡村公共精神重塑还需关注的几个问题

改革开放以来,发达地区乡村社会在各自独特的市场经济发展模式下,逐渐形成乡村社会的区域发展特色,并在经济发展的同时,乡村社会治理也取得了显著成效,为乡村创造了和谐稳定的经济社会发展环境。从浙江实践看,虽然,浙江乡村公共精神重塑实践实现了乡村传统与现代价值融合、构建了乡村公共精神的内生主体、形成了乡村社会内在的公共认同、搭建了乡村公共精神的实现载体和发挥了公共精神的治理价值,但是,由于乡村社会结构和形态正处于转型过程中,浙江乡村公共精神重塑在面对乡村振兴总体要求和乡村治理体系和能力现代化时还需进一步关注几个问题。

一、乡村经济的集体化程度较低,影响重塑的经济基础

乡村公共精神重塑是一项长期不断推动的系统工程,需要有持续不断的经济支撑。当前,要满足农民对美好生活的追求,就需要不断提升农村的公共设施条件和公共服务水平,增强农民的幸福感、安全感和获得感。但是,农村各项公共事业大多依靠国家的财政支持,农村自我管理和自我服务的经济基础薄弱,缺乏集体经济的支持。改革开放以来,我国乡村社会的生产经营管理体制发生了根本性变革,家庭联产承包责任制在乡村社会普遍推行,改变了原来高度集中的集体生产经营管理体制,形成了以家庭联产承包责任制为主、统分结合的双层经济管理体制。在农业生产方面,农民摆脱了集体化组织的约束,获得了土地的使用权,可以自由灵活地进行农业生产。农民在充分释放个体能动性的情况下,对个体利益的追求和自我价值实现呈现快速增长态势。但是,由于在农业生产和经营管理中过于强调和发挥家庭的作用,而对于农村集体统一生产和服务重视程度不高,村集体经济比重下滑,村级组织服务农业和农民的功能弱化,服务农民的职能得不到有效发挥,村级组织的凝聚力和认同度较低,村庄内部矛盾凸显。同时,在城市工业化大规模发展背景下,集体性质的乡镇企业、村办企业与城市工业企业相比

较,劣势明显,缺乏市场竞争力。因而,在乡村内部利益分化加剧和外部城市工业化发展双重影响下,20 世纪 80 年代发展起来的集体性质的乡村企业大规模倒闭或转型,农村社会逐渐失去了集体经济的支持。虽然,近年来国家采用一系列消除农村集体经济薄弱的措施,但是,农村集体薄弱的现状依然普遍存在。从村集体经济组织收益分配情况看,2018 年,全国无经营收益的村有 195233 个,占比35.8％,而有经营收益的村中,5 万元以下的村占比 27.9％。从村集体经济组织收入情况看,5 万元以下的村(包含无经营收益)占比为 63.7％,数据显示全国一半以上的农村集体经济收入仍然是农村经济社会发展的一个薄弱环节,影响着乡村社会公共精神重塑的经济支撑。[①]

从浙江村集体经济现状看。浙江的自然地理条件有限,山多地少,自然资源缺乏,在这种情况下,浙江农民发挥了自身的主观能动性,本着"自强不息、坚忍不拔、勇于创新和讲求实效"的精神,开拓了浙江乡村发展的独特道路。例如以家庭工业为基础逐步形成的小商品、大市场的温州发展模式;靠着"勤耕好学、刚正勇为、诚信包容"精神从"鸡毛换糖"到全球最大小商品市场的"义乌经验"等。虽然,浙江各地的经济发展模式有所不同,但它们走的都是由市场化带动工业化的民营经济发展之路。截至 2019 年 9 月,民营经济创造了浙江省 56％的税收、65％的生产总值、77％的外贸出口、80％的就业岗位、90％的新增就业。[②] 作为东部沿海地区,浙江农民接受市场经济的意识较强,对于获得了经济发展自主性的他们而言,努力追求经济利益成为农村社会的主流意识。因此,浙江人凭借着"走过千山万水,历尽千辛万苦,想尽千方百计,说尽千言万语"的四千精神创造了民营经济的辉煌。但是个体、民营经济快速发展的同时,一定程度上忽视了村庄集体统一经营的价值,造成了一些村庄集体经济下滑。从浙江第二次农业经济普查主要数据看,整个省的村级集体经济的发展状况有待大幅提升。从浙江村集体组织经营收益数据看,2018 年无经营收益的村有 6237 个,占全省比例为 22.8％;有经营收益的 21321 个村中,5 万元以下的村有 3556 个,5 万元至 10 万元的村有 4967 个,两个范围的数据占了有经营收益村庄数的 40％。从整个占比看,5 万元以下(包含无经营收益)占比为 35.5％,10 万元以下(包含无经营收益)占比为 53.6％。虽然,浙江的数据较全国要高,但是作为民营经济最为活跃的地区,村集体经济 10 万元以下的农村占比较高,全省村集体组

---

① 《2018 年中国农村经营管理统计年报》,北京:中国农业出版社,2019 年,第 57 页。
② 李方,王婉莹:《浙江民营经济活力源泉:营商环境优化 企业注重创新》,中国经济网,2019 年 9 月16 日,http://www.ce.cn/cysc/newmain/yc/jsxw/201909/16/t20190916_33150558.shtml。

织经济收入整体有待提升。从村集体经济资产负债情况看,2018年浙江负债总计为24838270.4万元,排在全国31个省区市的第一位,按照有无集体经营收益农村数统计,平均每个村负债901.3万元,而全国平均数为295.8万元,浙江村集体负债率较高。① 按行业和经济类型分,2016年"非私营单位就业人员总数827.16万,私人单位就业人数1678.16万,其中从事农林牧渔的人员数量指标,国有、集体和其他人员总计0.43万人,而私营从业人员12.17万"。② 无论从就业总数还是个别指标看,从事集体经济的人数相比私营经济的要少很多。这表明浙江在民营经济快速发展的背景下,村庄集体经济发展则缓慢得多,缺少了集体经济的支撑,村庄自治能力和建设必然会受到很大限制。尽管,在农业税取消后,为防止因基层财政减少而带来农村自我服务职能的缺失,国家加大了对基层财政的转移力度,但是,乡村社会自我服务的经济基础薄弱,使得村级组织难以有效发挥应有的作用,农民对村级组织的认同感下降,村级组织的凝聚力不强。因此,村级组织特别是村两委,作为农村经济社会发展的核心力量,要发挥党的领导和村民自治的作用,就必须发展和壮大集体经济,让自身拥有组织农村自我发展的经济支撑。

二、先富群体具有政治排他性,影响重塑的民主基础

党的十一届三中全会后,经济体制和社会变革使得乡村社会中所保留的管理体制在经济利益的影响下逐渐失去了已有的治理效果。人民公社时期形成的政治化、集体化的管理体制已经无法适应乡村社会的急剧变革,特别是"乡政村治"取代人民公社后,国家全能式管理体制解体,硬性的行政管控方式已无法适应动态的乡村社会,治理方式需要不断创新以适应乡村社会发展的实际。由于市场经济的影响,在乡村社会里,个体经济实力成为衡量农民村庄地位的主要标准,改变了传统时期所形成的以家族长为主的地位体系和集体化时期所形成的政治性体系。而与此同时,在计划经济向市场经济的转型过程中,农村和农民逐步摆脱了计划体制下被动的生产与经营束缚,在市场经济的大潮中获得了较强的自主性,一些捕捉市场信息能力较强和思想开放的农民逐渐成为村庄中先富裕起来的一部分,这些率先致富的经济精英,通过充分发挥自身的主观能动性,在自己致富的同时,也积极带动其他农民,极大地推动了农村经济的发展。当这些经济精英积极参与村庄选举和管理时,也就

---

① 《2018年中国农村经营管理统计年报》,北京:中国农业出版社,2019年,第62—75页。

② 数据来源:浙江统计信息网(http://tjj.zj.gov.cn/tjsj/tjnj/DesktopModules/Reports/14浙江统计年鉴2017/indexch.htm)。

容易获得村民的支持,形成"富人治村"。

　　"富人治村"是特定时代条件下的村庄治理模式,是改革开放特别是农业税取消以来,农村社会分层和地方基层治理弱化背景下村庄社会发展的必然结果,也是村庄治理模式多元化发展的一种路径。作为民营经济较为发达的浙江而言,富人群体较为集中,"富人治村"已经成为乡村社会治理的普遍现象。这些先富起来的民营企业主在发展经济的同时积极地参与村庄治理,形成了乡村社会治理的重要力量,一些学者也将这种治理模式称之为"能人治理模式"。富人群体的形成是改革开放以来农村社会分层的体现,也是乡村社会的权力结构发生了重大变革的体现,乡村社会逐渐形成富人主导乡村权力的治理模式。"经济精英"或者"先富群体"治理村庄具有深厚的经济社会基础,它是浙江民营经济发展和乡村社会变迁的产物,也是实现乡村社会稳定和经济社会持续发展的必然结果。乡村社会中的经济能人一般都具有较强的致富能力,在经济发展过程中,能够较快接受新思想和社会变革,逐渐成为村庄中的先富群体,而这些经济能人在追求经济利益的同时也能够积极参与到乡村社会治理中。从这些经济精英参与村庄治理的动因看,主要体现在公与私两个方面。从公的角度看,在亲情血缘为主的乡村社会中,作为乡村社会的一员,这些先富人群对村庄有着强烈的感情,他们在市场经济的大潮中通过自身努力积累了一定的经济实力,在展现自己较强的致富能力的同时,也想通过自己的能力帮助村民致富,为乡村社会贡献自己的力量。同时,地方政府也希望用他们的致富能力带动乡村社会经济的发展和社会秩序的稳定。因此,农村的熟人社会和亲情关系以及政府的积极推动一定程度上促使他们为村庄经济社会的发展发挥积极作用。从个人角度看,先富群体参与村庄治理也可以获得更好的经济和政治资源,进一步夯实自己的经济基础,保护和扩大自身的经济利益。因而,富人治村是政府、农村、富人、村民等多主体推动而形成的乡村治理模式,既体现了富人群体积极参与村庄治理的内在需求,也体现了地方政府加强村庄治理的政治愿望。

　　从学者对浙江富人治村现象的研究看。关于富人治村的治理模式,学术界呈现不同的态度和观点。一些学者呈现出积极态度,他们认为富人治村能有效地推进基层民主,是村民自治的创造性实践。例如卢福营以浙江永康私营企业主治村为例,认为富人治村是"独特的村庄治理实践形态,是村民群众根据村庄治理环境对村民自治理想制度所做的一种适应性调整和务实性创造,是对村民自治的拓展"。[①] 一

---

　　① 卢福营:《治理村庄:农村新型经济精英的社会责任——以浙江永康私营企业主治村为例》,《社会科学》,2008 年第 12 期。

些学者则呈现出截然相反的态度,他们认为富人治村会导致富人对村庄政治的垄断,不利于基层民主的发展。例如贺雪峰以浙江奉化为研究点,认为"富人治村可能带来严重村庄政治排斥,在取消农业税的背景下,当前中国农村基层治理,应该主要是发展基层民主,而不是求助于'富人治村'"。① 学者们以浙江作为研究范围,都将富人群体作为分析对象,着重从富人对乡村治理的积极和消极影响展开讨论。这主要因为学者们大多从社会的视角分析富人治村对基层民主政治的影响,而对于国家层面的分析较少。本书认为富人治村对乡村民主发展是利是弊,不能简单予以肯定或否定,应该从现实出发,从国家与社会两个层面分析,富人治村是市场经济推动社会分层所带来的必然后果,作为精英他们具有其他农民所不具备的优势,因而在乡村经济社会发展中需要发挥他们的带头和引领作用。但是,由于富人本身存在着私利性和政治排他性,在村庄治理中易形成垄断格局,影响基层民主的发展。如富人主导村庄权力与资源,一定程度上会出现以权谋私的现象;富人往往会通过经济方式去影响农村选举,破坏基层民主选举制度;一些富人群体在乡村治理中会将其他村民排除在村庄政治之外,极大削弱了村庄政治的公共性等。因而,应对农村先富群体加强引导,扬长避短,发挥他们在乡村公共精神重塑中的积极作用。

三、村级组织建设薄弱,影响重塑的组织基础

乡村振兴战略是决胜全面建成小康社会和全面建设社会主义现代化国家的重大历史任务,完成这个历史任务的难点在农村,关键在党的基层组织和村级自治组织作用的发挥。近年来,浙江高度重视村级组织建设,在出台相关文件政策的基础上,坚持党管农村的原则,积极发挥农村党组织、村民委员会和农村合作社在乡村经济社会发展中的作用,有效地推进乡村振兴战略的实施。村级组织是联系基层政府与农民之间的最基层单位,是党和国家开展各项农村工作的基础,也是实现国家治理体系和能力现代化的重要环节。现阶段村级组织主要由村级党组织(村党支部)、村民委员会和村合作组织为主组成。《中国共产党农村基层组织条例》中规定村党支部的主要职责为决定农村经济社会发展的重大问题并保障村民自治的有效开展等,在村级组织建设中村党支部建设是核心,要将村党支部建设成为农村经济社会发展的领导集体。农村基层党组织是党在农村落实和开展各项工作的具体实施者,是党与群众密切联系的纽带,也是农村其他各类组织

---

① 贺雪峰:《论富人治村——以浙江奉化调查为讨论基础》,《社会科学研究》,2011 年第 2 期。

开展工作的坚强领导核心,村党支部在农村社会各项工作中处于领导地位。当前,农村党组织建设还存在着一系列问题,如党组织领导力不强影响组织的凝聚力;农村党员结构失衡和老龄化现象突出影响党在农村的生命力;党员主体作用发挥有限和政治素养不高影响党组织的号召力等。村民委员会是由村民选举产生的自我管理、自我教育和自我服务的群众性自治组织,1982年国家通过宪法确定了村民委员会的法律地位,之后,《中华人民共和国村民委员会组织法》以法律的形式确定了村委会的运行模式和规则。村民委员会的建立是基层民主政治建设的重要体现,农民通过参与村级事务的自我管理,提升了民主的意识,也极大地推动了民主建设的进程。当然,在新的历史条件下,村委会在实际的运行过程中还存在着一系列突出的问题,主要体现在自治功能发挥不足,行政化色彩较浓;缺乏有效监督,村级腐败问题依然突出;村委会成员的政治素养不高,上传和下达的功能发挥不足等。村合作组织是农民自愿参加的、以农户经营为基础、以增加成员收入为目的一种互助合作组织。农村合作社是一个群众性合作组织,它通过合作的方式将单一的农民组织起来,有效地推动了农业产业的规模化程度,增强农民在农业生产、销售等环节的市场竞争力,不仅能够提高农民的收入,也有利于促进农业经济的发展。同时,农村合作社也是一个社会组织,在增加农民收入的基础上也可以有效化解农村社会的诸多矛盾,发挥社会治理的功能。虽然,农村合作社在经济和社会发展中具有重要的作用,但是,由于发展时间较短,无论是组织管理还是职能发挥都存在着一些发展困境。如农民的小农意识较强,思想较为保守,影响合作社经营方式、方法的创新;农村合作社发展的规模普遍较小,缺乏专业指导和资金保障,这些影响其发展壮大;一些合作社没有形成良好的运行机制,传统化特征明显,没有产生农业合作化的效益等。

从浙江村级组织建设实践看。虽然浙江在村级组织建设方面取得了显著成效,但是,现实中还存在村级组织较为涣散、形式化特征明显等问题,一定程度上影响乡村治理体现和治理能力的现代化进程。一些学者通过对浙江等地的实地调研认为当前村级组织有功能异化的表现,如"组织成员'离村化'、集体资产处置'谋私化'、组织选举'资本化'、组织运行'黑恶化'和干群关系'离心化'。结果造成农村公共服务供给缺失、农民群众利益维护机制断裂、村级组织公信力下降、党和政府在农村的执政基础动摇等严重危害。"[①]同时,在乡村治理方面,"税费取消后,村级组织逐渐

---

① 范柏乃,邵青,徐巍:《后税费时代村级组织功能异化及其治理研究》,《浙江大学学报》(人文社会科学版),2013年第3期。

从原来的半正式或非正式的治理方式向以干部管理科层化、村务管理文牍化、村庄治理行政化为主要特征的形式化治理方式转型",①这种形式化的治理方式给乡村带来一系列社会问题。如村委会作为基层政权与农民之间的衔接组织,一定程度上还扮演着基层政府派出机构的角色,没有很好发挥自治组织的作用,存在着制度安排理想与现实之间的差距。造成上述表现的主要原因是在现代化转型期,村级组织被赋予了矛盾化的功能要求,"现代化要求国家有效控制农村社会。因此,作为国家行政权最基层代表的乡镇行政必然要在村级找到一只强有力的可以协助乡镇行政意志的手"②。因而,在计划经济时期所形成的以"管制"为主的思想在当前基层社会治理中依然较为盛行,在地方政权的行政影响下,村级组织在农村经济发展和社会治理功能的发挥上缺乏一定的自主性,自治功能发挥有限。同时,富人治村使得一些农村的经济政治资源被垄断,农村社会处于少数人的管理之下,村级组织的民主性没有得到最大范围的体现。为此,浙江在乡村公共精神重塑上,仍需要积极调整乡村社会的各种关系,夯实农村组织建设的基础工作,发挥村级组织的积极作用。

四、村庄集体意识弱化,影响重塑的认同基础

当前,在分层逐步加剧的乡村社会中,共治格局的形成需要发挥公共精神的内在凝聚力,让农民个体在公共精神的驱动下,为追求村庄公共利益参与到乡村社会事务的管理中,从而架构村庄的自治共同体。浙江乡村公共精神存在的突出问题,可以从经济体制改革、基层政治制度变革、社会结构变迁等方面究其原因,但是,如果从乡村社会的内在精神分析,我们可以将其归结为缺乏具有现代性的村庄认同机制。伴随市场经济的快速发展,市场化的经济关系逐渐取代了传统乡村社会的道德伦理和习俗,农民可以自由追逐个体经济利益,个体化的利益导向瓦解了传统乡村社会和计划经济时期所形成的村落精神和集体意识,造成了农民公共精神的匮乏。浙江作为民营经济发达地区,这种表现尤为突出。民营企业主的崛起使乡村社会分层加剧,农民之间的异质性增强。同时,由于人口流动和生活方式的变化,村庄的天然归属性弱化,原子化的个体发展趋势导致了农民的集体感和公共精神的缺失,而公共精神的缺失会对乡村社会治理产生重大影响。现代乡村社会治理需要构建共建共治共享格局,农民是乡村的主体,也是乡村社会治理的主体,乡村社会治理需要发挥农民的主体作用,形成治理的合力。但是,从整个乡村社会的变革看,较为分散

---

① 魏小换、吴长春:《形式化治理:村级组织性质的再认识》,《广东社会科学》,2013 年第 4 期。
② 贺雪峰:《村级组织制度安排:理想与现实的差距及其原因》,《社会科学研究》,1998 年第 4 期。

的家庭生产经营方式虽然极大释放了农民从事农业生产的积极性,农业生产力水平和生产效率得到大幅提升,农民获得了农村农业改革带来的福利。但是,从计划经济过渡到市场经济,它不仅只是一种生产方式和生产结构的变化,更为深入的是一种思想观念和价值理念的变迁。集体化时期,在国家政治意识的影响下,乡村社会形成了一种较为理想化的集体主义原则,这种忽视个体利益搞平均主义的原则严重挫伤了农民的生产积极性。改革开放后,为了调动农民的积极性,推行以家庭为单位的生产经营方式,实现了由统到分的转变。但是,在这个转变过程中,由于过分强调分的作用而忽视了统的价值,农村社会逐渐从集体分散为一个个的家庭单位。农业生产经营方式的变迁对农民的思想观念产生了极大的冲击,集体观念呈现弱化趋势,与此同时,随着农民追求个人利益意愿的增强,个体意识呈现增长态势。因此,当农村社会的集体意识减弱而个体意识逐渐增强的情况下,农民也逐渐失去了维护和发展村庄集体利益的价值观念。浙江的农村同全国的广大农村一样处于村庄社会结构和社会形态转型的过程中,转型必然带来"阵痛",也会出现一定的"裂痕"。浙江民营经济发达,农民追求个体利益的自主性较强,个体意识得到充分发展,而原有维系乡村社会运转的集体意识随着市场经济发展已支离破碎。伴随着村庄集体意识的弱化,农民之间相对孤立,个体行动的目的只是为了满足自身生存和发展需要,对村庄集体利益考虑甚少,缺乏一种村庄共同体认同。因而,在乡村社会中,由于村庄共同体集体认同的缺失,农民的自利性得到扩大,甚至以损害集体利益来获取个体利益,农民个体之间矛盾冲突增加,不利于乡村社会秩序的稳定。特别是随着城市化进程加快,在经济利益的驱使下,大量的农民走出农村,进一步淡化了村庄集体归属意识。

从浙江省城镇化发展水平看。2018 年末,5737 万常住人口中城镇人口为3952.8 万,农村人口为 1784.2 万,城镇化率为 68.9%,比 2013 年提高 4.9 个百分点,年均提高 0.82 个百分点。第一产业增加值 1967 亿元,增长 1.9%;第二产业增加值 23506 亿元,增长 6.7%;第三产业增加值 30724 亿元,增长 7.8%。第一、第二、第三产业对生产总值的增长贡献率分别为 1.0%、42.8%和 56.2%。从浙江城镇化、三产增长率和贡献率看,从事农业的人口数量逐年减少。[①] 因此,外出人口脱离了原有农村逐渐融入城市,他们在城市中建立起了新的社会关系,而由于长期疏远农村,这些农民已经很少从事农村各项集体事务和活动,这种生产生活和社会活动环境的变化促使以血缘关系或熟人关系为纽带的村庄集体归属感和集体意识淡

---

①　数据来源:浙江信息统计网(http://tjj.zj.gov.cn/art'1/28/art_1562012_30126294.html)。

化。作为市场经济发展较为充分的地方,浙江民营经济发达,浙江农民的价值观念转变更为深刻。在经济方面,经过四十多年的改革开放,市场经济的竞争、效益意识逐渐取代了过度依赖政府的计划经济,市场经济意识支配着生产生活。在市场化的冲击之下,传统社会所形成的优良道德和习俗文化失去了应有的软实力,农民在日常生活中的交往显得越来越具有个体利益取向,村庄集体意识逐渐淡化,当缺乏将分散农民集中起来的价值认同时,就无法形成乡村公共精神,也无法为乡村社会的健康发展提供必要的内在条件。

第五章　乡村振兴背景下发达地区
乡村公共精神重塑之路

当前,在中国特色社会主义进入新时代的大背景下,乡村社会迎来了一个重要的发展机遇期。乡村的前途关系到社会主义现代化建设的前途,良好的治理显得至关重要。习近平总书记在十九大报告中指出:"加强农村基层基础工作,健全自治、法治、德治相结合的乡村治理体系。"[①]为此,乡村社会不仅需要探索外在规范化、程序化的治理模式,更需要形成内在的认同机制,而公共精神恰恰是实现外在与内在相结合的重要契合点,具有重要的现实价值。因而,当前需要从中国乡村社会的实际出发,积极重塑乡村公共精神,发挥其在乡村社会建设中的有效作用。这里的重塑不是简单重复或恢复原有的社会结构和状态,而是在肯定良性传统的基础上,以社会主义核心价值观为引领,建立符合乡村社会实际的中国特有的现代乡村公共精神,并积极探索乡村社会的良性治理之路。

发达地区的经济发展程度较高,市场化发展也较为深入,但是,在经济发展的同时乡村也遇到了诸多的社会问题,各地因地制宜地展开了化解社会矛盾的实践探索,积累了一定经验。浙江作为发达地区的重要组成部分,积极开拓创新,对现代乡村公共精神的实现路径做了大量的探索,我们需要在其多样化的实践和经验中提炼其共性价值,为发达地区乃至全国其他地区提供重要的积极启示。但与此同时我们要认识到,乡村公共精神重塑是一个不断完善的动态过程,浙江在面对乡村振兴战略要求时也存在着一些亟须破解之处,这为其他发达地区重塑乡村公共精神提供了重要路径。

---

① 习近平:《决胜全面建成小康社会 夺取新时代中国特色社会主义伟大胜利》,《人民日报》,2017 年 10 月 20 日 01 版。

第一节　重塑公共精神助推乡村振兴

习近平总书记在中共中央政治局就实施乡村振兴战略进行第八次集体学习时强调:"乡村振兴战略是党的十九大提出的一项重大战略,是关系全面建设社会主义现代化国家的全局性、历史性任务,是新时代'三农'工作总抓手。我们要加深对这一重大战略的理解,始终把解决好'三农问题'作为全党工作重中之重,明确思路,深化认识,切实把工作做好,促进农业全面升级、农村全面进步、农民全面发展。"[①]乡村振兴战略是一项重大的系统性工程,包含农业、农村、农民各个方面的战略部署,因为公共精神对乡村振兴战略的实施具有重要的现实意义,可以有效助推五大要求的落实、奠定乡村振兴的认同基础和夯实农业农村现代化的基础,所以,乡村振兴呼唤以公共认同为基础、以公共参与为实现方式、以公共利益为价值追求和以城乡融合发展为保障的现代公共精神。二者之间是一种双向互动、共同发展的关系。

一、乡村振兴呼唤现代公共精神

(一)乡村振兴呼唤以公共认同为基础的公共精神

乡村振兴战略是解决"三农"问题的总抓手,乡村振兴不仅仅是经济的振兴,而是整个乡村社会多领域的综合振兴,要实现整个乡村社会的振兴就需要形成乡村振兴的村庄认同,积极构建现代村庄共同体。村庄共同体是伴随着村庄认同的变迁而不断发生变化的。在以农业为主的社会中,农民在一个较为固定的村庄内部里,从事农业生产和日常生活,基于一定的血缘关系而形成了一种自发性认同,它是建立在熟人基础上的习惯性认同,进而构成了一种传统的村庄共同体。随着工业化进程的推进,人类逐渐进入到工业社会,市场化与城镇化则是工业社会的典型特征。从应然分析,乡村随着工业化的发展,逐渐由传统型进入到现代型,农民的自主性在市场经济发展过程中得到了充分展示,农民民主意识的增强也促使以血缘为基础的自发性村庄认同转变为农民的自觉性认同。但是,现实的情况却是在乡村社会的转型过程中,农村原有的自发性认同随着农民生产生活方式的变革而逐渐淡化,新型的理性自觉性认同又尚未真正形成,在传统与现代之间产生了一定的认同断裂,不利于乡村振兴战略的实施。农民之间自觉性认同的缺失从其本质上分析是个体利益

---

① 习近平:《把乡村振兴战略作为新时代"三农"工作总抓手,促进农业全面升级农村全面进步农民全面发展》,《人民日报》,2018 年 09 月 23 日 01 版。

最大化所带来的对集体利益的漠视,而乡村公共精神则强调集体认同,通过对农民公共意识的培育,让农民跳出个体利益价值观的束缚,在对公共事务的参与和对村庄公共利益的追求过程中实现个体利益的最大化,在满足自身的物质和精神需求的基础上,逐渐形成村庄认同。发达地区由于经济社会发展程度较高,经济的市场化对乡村社会固有观念的冲击最为深刻,因而,在个体经济实力不断增强的情况下,发达地区更需要将这种个体经济的优势转化为集体发展优势,通过农民公共精神的培育凝聚乡村振兴的合力。同时,农民参与公共事务可以逐渐提升他们参与村庄事务的能力和水平,在民主平等的机制中使乡村事务的决策和管理更加公平,也加快了乡村公共精神的发展。因此,通过乡村公共精神的重塑,可以弥补当前乡村社会存在的认同裂痕,形成农民集体行动的认同基础。

(二)乡村振兴需要呼唤以公共参与为实现方式的公共精神

乡村振兴是国家实现城乡融合发展的重要战略,它不仅需要国家的政策支持和方向指引,更需要调动农民的参与积极性并充分发挥其在乡村战略实施过程中的主体作用。改革开放以来,由于受到思想多元化的影响,农民也逐渐呈现异质化特征,乡村也从以血缘关系为主的熟人社会向以经济利益为主要特征的社会转型,农民逐渐失去了联系的天然纽带,也缺乏参与公共事务的责任意识。同时,在城镇化发展的过程中,一些农民逐渐从农村进入城市,脱离了乡村的活动范畴,淡化了熟人社会所形成的村庄归属感。由于农民个体之间存在着个体差异,在追求个体利益的过程中农民之间逐渐产生了利益分化,农村社会内部分化加剧。农民逐渐成为一个个独立的个体局限于各自的生产生活中,相互之间缺少了互助合作,乡村社会的集体意识缺乏。因而,在农民追求个体利益趋势显著和村庄归属感减弱的现状下,基层政府扮演着推动乡村经济社会发展的主要角色。乡村振兴的目的是解决"三农"问题,确保农民增产增收,进而实现对美好生活的向往。乡村振兴作为国家的一项战略决策,政府在其中当然需要发挥其应有的主导作用,但是农民作为乡村振兴战略实施的主体,更需要在提升其主体意识的基础上,引导他们共同参与和建设乡村社会,并在相互合作和参与过程中促成公共理念的形成。乡村振兴就是要重新唤起农民的参与意识,改变这种村庄内部的分散性,将农民再次组织起来,让他们积极参与到乡村经济社会的建设中,实现国家战略与农民现实发展的有机结合。为此,乡村振兴战略需要改变以往国家对农村的单一输血方式,由政府主导转变政府与农民相互合作的方式,实现输血和造血功能的有机统一。这种改变除了需要地方政府积极转变政府职能外,也需要转换农民角色,让他们积极参与到对自己美好生活的建设过程,实现主体的价值。乡村公共精神奉行的是人人平等的基本原则,具有群众性、普遍性的特点,因而,乡村公共精神的重塑可以实现政府与社会的协商合作:一方面,可以有效发挥政府的主导作用,从宏观角度加强乡村振兴各要素间的资源集聚与整合;另一方面也可以激发乡村内部农民间的互助合作意识,发挥乡村振兴内在合力的推动作用。

（三）乡村振兴呼唤以公共利益为价值追求的公共精神

乡村振兴战略的提出具有划时代的意义,它是实现中华民族伟大复兴中国梦的重要战略举措。改革开放以来,随着工业化进程的加快,人口、资金、技术等经济发展要素逐渐向城市汇集,推动了城市的快速发展。而与此同时,与城市相比,农村经济发展水平、公共设施和公共服务建设等方面还存在较大差距,严重影响着乡村社会的现代化进程。因而,乡村振兴不仅可以夯实农业发展基础,而且还可以推动整个乡村社会的发展。乡村公共精神是农民在参与乡村公共事务中所形成的一种维护和追求村庄公共利益的共同体精神,强调农民个体利益与村庄集体利益间关系的协调,既包括农民对个体利益的实现,也包括对村庄集体利益的价值追求。乡村振兴不仅仅是国家为解决乡村的经济、政治、社会等问题而实施的一项战略举措,也是乡村社会实施自我改革和自我发展的必然途径。作为一项社会改革,乡村振兴需要在形成公共认同的基础上凝聚以村庄公共利益为最终目标的合力,积极引导农民积极参与乡村社会公共事务,增强农民公共意识。而乡村公共精神正是在农民参与村庄公共事务的基础上所形成的公共认同,它不仅可以增强农民个体的自主性,而且也可以加强农民间的互助合作,在增强凝聚力的基础上共同维护村庄公共利益。在乡村振兴的过程中,就需要通过公共精神的重塑来引导农民形成村庄集体认同,让他们充分认识到村庄集体利益对个人发展的作用,进而承担起维护村庄利益的责任和义务。因而,在乡村战略的实施中需要以农村集体利益为最终目的,增强农民的村庄集体意识,让他们自觉地参与村庄公共事务,并且在参与过程中形成一种新价值共识。

（四）乡村振兴呼唤以城乡融合发展为保障的公共精神

党的十九大报告提出要"建立健全城乡融合发展体制机制和政策体系,加快推进农业农村现代化",城乡融合发展是实施乡村振兴战略的重要途径。城乡融合发展是一个长期的过程,其主要目的是实现城与乡的和谐和平衡发展,因而要打破城乡二元结构的壁垒,促进城乡要素的双向流动、促进工业化与农业现代化的同步发展、促进城乡公共服务均等化,构建一种新型的城乡关系。从现阶段看,乡村与城市二者的发展还不平衡,农村的发展还不充分,这成为城乡融合发展的突出短板。主要体现在:原有的户籍管理制度制约了农村劳动力的城市化进程,如农民工进城务工所带来的子女上学等问题;在农村土地和宅基地制度改革中还存在着一定操作困境,如土地流转中存在着保障体系不够健全等问题;城镇工业化发展与农业现代化发展程度差异较大,实现二者的融合发展困难较多;由于城乡二元结构的影响,城市与农村在基本公共服务方面差距较大,如农村公共服务水平较低、公共产品提供不足等。因此,乡村振兴战略提出的重要目的就是要通过乡村振兴平衡城乡发展,补齐农村发展短板,促进城乡融合发展。要实现这种平衡,一方面需要加强农村自身建设,加快农业农村的现代化进程;另一方面需要发挥城市的反哺功能,在建立健全体制和机制的同时,发挥城市的引领作用,实现城市公共资源和公共服务向农村延伸,促进城乡之间资源的优势互补和优化配置。从现代发展视角看,城市化发展水平是衡量一个地区现代化发展水平的重要标志,城市不同于农村,它由街道和社区组成,社区的各项事务需要大家共同参与才能实现。因此,在城市公共空间内,居民在参与社区公共事务的过程中,通过居民间的互助合作形成了一种相互信任的社会资本,这种社会资本就是现代城市公共精神的重要体现,而在城乡融合发展的过程中,乡村社会必然会将现代城市的这种社会资本融入乡村公共精神之中。因此,城乡融合发展不是要实现乡村城市化,也不是将城市的发展理念完全嫁接到乡村社会,而是在保留乡村社会优良传统的基础上融入现代城市发展的先进理念,形成现代乡村社会独特的发展理念。从公共精神视角去理解,则是要在肯定传统乡村公共精神的基础上,重塑符合现代乡村社会发展的公共精神,而城乡融合发展为现代乡村公共精神的重塑提供了重要保障。

二、公共精神助推乡村振兴战略的实施

党的十九大报告提出要按照产业兴旺、生态宜居、乡风文明、治理有效、生活富裕的总要求推进乡村振兴战略的实施,总要求为乡村经济社会发展指明了方向,为实现共同富裕和中华民族伟大复兴奠定了重要基础。乡村公共精神是农民为追求村庄公共利益而形成的价值理念,它对于加快推进农业农村现代化,落实乡村振兴战略总要求具有重要的现实意义。

(一)公共精神可以助推产业兴旺

产业兴旺是实现乡村振兴的重点,更是实现乡村振兴的经济保障。产业兴旺需要优化农村产业结构、需要完善农村产业组织、需要科学布局农村产业,积极发展农

村集体经济。十九大报告提出要深化农村集体产权制度改革,保障农民财产权益,壮大集体经济,集体经济是实现乡村振兴的重要经济基础,壮大集体经济可以提升村级组织的凝聚力,推动农村各项公共事业的健康发展。而乡村公共精神可以提升农村的集体化和农民的组织化程度,增强农民的集体意识,激活村级组织的集体发展功能。因此,产业兴旺需要积极发挥公共精神的公共价值,让农民深刻认识到乡村振兴战略的意义,在达成共识的基础上探索集体发展方式,进而推动农村产业发展。

（二）公共精神可以助推生态宜居

生态宜居是实施乡村振兴战略的关键,这也是习近平总书记强调"绿水青山就是金山银山"的真正价值所在。当前,随着生活水平的提高,农民对农村生活环境越来越重视。但是,由于农民过多强调个体利益,自我的生态保护意识较弱,对乡村社会的生态环境保护缺乏应有责任感,从而带来生态环境恶化,影响乡村的持续发展和农民对生活品质的追求。而乡村公共精神则有利于培育和打造生态宜居环境:一方面,公共精神可以唤起农民对家园环保的责任感,加强自我管理和自我约束,让他们充分认识到"绿水青山就是金山银山"的真正内涵,形成主动保护乡村环境的公共意识;另一方面,公共精神也可以形成农民间的互助合作,充分调动农民参与乡村环境保护的积极性,形成人人共建和人人共享的良好氛围,有利于乡村生态宜居的形成。因此,要实现生态宜居,就需要发挥公共精神的作用,提升农民的环境保护意识,增强生态自我保护的主人翁地位,走绿色发展之路。

（三）公共精神可以助推乡风文明

乡风文明是乡村振兴的保障,乡村振兴需要文化振兴。2017 年习近平总书记在江苏调研时指出:"实施乡村振兴战略不能光看农民口袋里票子有多少,更要看农民精神风貌怎么样。"[①]当前,在农民收入不断提升的同时,传统的优秀道德文化逐渐丧失,一些封建陋习、庸俗的思想观念和攀比行为与社会主义核心价值观格格不入,严重影响着农民的精神面貌和社会风气。乡村振兴必须加强农民的思想道德建设,积极传承和发展农村优秀的传统文化,开展社会主义精神文明建设,树立风清气正的乡村文化环境。但是,良好的乡风文明不是一朝一夕就能形成的,它是一个不断积累的过程,不仅需要党委政府从外在加强社会主义核心价值观的宣传与教育,

---

① 《习近平:农村要发展需要好的带头人》,新华网,2017 年 12 月 12 日,http://www.xinhuanet. com/politics/2017－12/12/c_1122100825.htm。

而且也需要从乡村社会内部去挖掘自身的文化资源,激发文化创新的活力。而乡村公共精神能有效地将传统文化与现代发展相结合,推动传统公共精神的创新与发展,形成新时代的乡村文明。主要体现在:一方面,农民是乡村社会的主体,公共精神可以培养农民的主体意识,让他们真正自觉地参与到乡村振兴建设中;另一方面,公共精神的培育必须用社会主义核心价值观来引领乡村振兴战略的实施,提升农民的思想意识,形成时代发展要求的新型乡村文明,进而推动乡村社会的和谐稳定。

(四)公共精神可以助推乡村治理

"治理有效"在实施乡村振兴战略中发挥着基础性作用,习近平总书记也强调乡村振兴要夯实乡村治理这个根基。乡村作为整个国家的最基层的组成部分,其治理效果决定着乡村振兴战略实施的有效性,也影响着整个国家治理现代化的进程。改革开放以来,随着经济体制的变革,乡村社会也发生了一系列深刻的变革,如农业生产方式的转变、农村人口的大量外流、农民价值观念的多元化等。乡村社会的变迁带来了原有治理模式和结构的转变,特别是在治理有效的乡村振兴要求下,必然会对对乡村治理方式方法创新提出了更高的要求。现代乡村治理要形成多主体共治的格局,就需要发挥国家与社会相结合的优势,特别是要发挥农民参与乡村治理的积极性,而公共精神可以进一步完善自治、法治和德治相结合的治理体系,提升农民参与村庄公共事务的主动性,在农民集体协商与合作中逐渐建立起公共意识,起到积极化解乡村社会矛盾和提升乡村治理有效性的作用。

(五)公共精神可以助推生活富裕

生活富裕是乡村振兴的根本,也是乡村社会全面进步的重要体现。生活富裕是实现共同富裕的重要内容,要从解决农民的民生问题着手,如实施精准扶贫政策、加强农村基础设施建设和完善社会保障体系等,在产业兴旺、生态宜居、乡风文明和治理有效的前提下,最终实现农民生活富裕。生活富裕不是实现某一个农村或某一个地区农民的富裕,而是实现农民整体富裕水平的提升。欠发达地区由于产业基础薄弱,农民生活富裕程度较低,发达地区农民的整体生活富裕程度较高,但其内部的农民富裕程度也存着较大差异。因而,一方面,国家在积极开展精准扶贫,通过多种方式和渠道,实现低收入群体增收,摆脱贫困的现状;另一方面,乡村社会也要拓展经济的集体化程度,在增强集体经济的基础上,为乡村经济社会发展和农民共同服务提供基础保障。乡村集体经济的发展需要提升农民的集体意识,而公共精神可以凝聚农民的共识,通过协商合作来实现壮大集体经济和有效提升农民生活水平的目的,最终实现共同富裕。

第二节　发达地区乡村公共精神重塑路径

现阶段由于传统公共精神的式微和现代公共精神尚未形成,造成了乡村内在的认同真空,社会矛盾凸显。因此,在面对乡村社会治理的诸多问题时,重塑公共精神成为化解这些难题的重要举措。发达地区作为经济先发区域,乡村在经济社会发展方面呈现出一定的先发优势,具有其区域特性,但与此同时,发达地区乡村作为整个乡村社会的一部分,在实施乡村振兴战略的大背景下,也具有共性特征。因而,发达地区乡村公共精神的重塑不仅需要分析发达地区乡村社会的现状,也需要从整个中国乡村振兴的角度去理解。乡村公共精神重塑是一个长期的过程,需要从壮大农村集体经济、完善乡村民主政治建设、增强农民公共认同、构建公共活动空间和培育社会主义核心价值观等角度去重塑现代乡村公共精神。

一、壮大农村集体经济

农村集体经济是农村经济的重要组成部分,也是实施乡村振兴战略的重要经济保障。党的十八以来,国家高度重视集体经济在农业农村现代化建设中的作用。2017 年,习近平总书记在中央农村工作会议上指出,"壮大集体经济,建立符合市场经济要求的集体经济运行机制,确保集体资产保值增值,确保农民受益"[①];十九大报告提出"要深化农村集体产权制度改革,保障农民财产权益,壮大集体经济"[②];2018 年,习近平总书记在中共中央政治局就实施乡村振兴战略进行第八次集体学习时也强调要"把好乡村振兴战略的政治方向,坚持农村土地集体所有制性质,发展新型集体经济,走共同富裕道路"[③];党的十九届四中全会也明确提出"深化农村集体产权制度改革,发展农村集体经济,完善农村基本经营制度"[④]。因此,在乡村振兴战略提出的大背景下,必须大力发展农村集体经济,推进农业农村的现代化。

---

① 《中央农村工作会议在北京举行 习近平作重要讲话》,《人民日报》,2017 年 12 月 30 日 01 版。

② 习近平:《决胜全面建成小康社会 夺取新时代中国特色社会主义伟大胜利》,《人民日报》,2017 年 10 月 20 日 01 版。

③ 《习近平主持中共中央政治局第八次集体学习》,新华网,2018 年 9 月 22 日,http://www. xinhuanet. com/politics/leaders/2018－09/22/c_1123470956. htm。

④ 《中共中央关于坚持和完善中国特色社会主义制度　推进国家治理体系和治理能力现代化若干重大问题的决定》,新华网,2019 年 11 月 5 日,http://www. xinhuanet. com/politics/2019－11/05/c_1125195786. htm。

(一)乡村公共精神重塑需要壮大集体经济

发达地区的工业化和城市化进程起步较早,经济的发展速度和程度较欠发达地区要更快更高,这种经济发展优势在乡村公共精神重塑中发挥着重要的作用。农村集体经济是农村社会中经济资源为农民所共有的一种经济形式,是农民集体利益的体现,也是村民自治在经济发展中的具体表现。随着社会主义市场经济的不断深入,农村社会原有的经济发展模式受到了激烈的冲击,个体经济蓬勃发展,集体经济呈现衰弱趋势,乡村公共精神重塑缺少了集体经济的支撑。农村在大力发展集体经济的过程中,农民之间的协商合作精神和集体意识必然会得到加强,因而,集体经济对于重塑乡村公共精神具有重要的现实意义。第一,集体经济发展可以为乡村公共精神重塑提供必要的经济保障。乡村公共精神是以乡村公共利益为价值追求,而要实现农民对公共利益的追求就需要让农民摆脱小农意识的影响,增强村庄集体意识。而乡村集体经济能够在提升农民个体经济利益的基础上,发挥集体的优势,为农民提供更为优质的公共产品和服务,满足农民对美好生活的向往。因而,在集体经济壮大的同时,农民也逐渐认识到集体意识的重要性,共同参与到农村集体经济建设中,为公共精神的培育和发展奠定了重要公共经济基础。第二,壮大农村集体经济可以为乡村公共精神提供广大的公共空间。集体经济的实质是一种合作式经济,它需要生产与组织上的分工合作。集体经济发展能够进一步完善农村公共设施和公共活动场所,让农民拥有更多的公共空间,公共活动的增加自然为公共精神的重塑提供了重要条件。第三,壮大集体经济可以培养农民的公共意识。由于市场经济的发展和农村集体生产方式的改变,农民在发挥主动性追求个体利益的现状下,上层建筑的价值观念也逐渐由集体转向了个人,在过度追求自身利益的情况下,农民的公共意识淡薄。乡村公共精神的重塑需要奠定农民的公共意识,形成公共价值,而这种公共意识必须在农民对公共利益的追求过程中才能形成,因而,现实的发展需要积极壮大农村集体经济进而培养农民的公共意识。

(二)多举措壮大集体经济

当前,一家一户的家庭生产模式无论是从农业生产规模还是生产效益角度都呈现出一定的弱势,特别是面对农业生产的集体事务时,由于缺乏集体的有效调节,容易激化农民个体间的矛盾,不利于乡村社会的稳定。同时,由于集体经济弱化,村集体没有充足的资金,无法为农村提供有效的公共产品和公共服务,甚至债务逐渐增加,严重影响着乡村振兴战略的实施。因此,在乡村振兴的大背景下,要积极壮大农村集体经济,将分散的农民重新组织起来。

1. 要加强党对农村集体经济发展的领导

党对农村工作的领导是中国共产党一贯的原则,这是确保农村各项改革沿着正确方向发展的重要保障。当前,从发展农村集体经济看,首要任务就是要统一思想,提升各级领导干部特别是农村基层干部对发展农村集体经济重要性的认识。因此,各级领导干部要积极学习近平总书记关于发展集体经济的重要论述,在学习的基础上充分认识到发展农村集体经济的紧迫性,它不仅可以促进农村经济发展,保持经济发展的正确方向,而且也可以加强党对农村经济发展的领导,提升党的执政地位。因此,农村集体经济发展必须加强党的领导,强化领导干部政治意识,保证农村集体经济发展方向。

2. 要加强政府对农村集体经济发展的扶持

从农村经济发展现状看,无论是发达地区还是欠发达地区,农村集体经济发展整体水平较低,"无钱办事"影响村集体组织的凝聚力。为了践行产业兴旺的乡村振兴战略要求,政府必须加强对农村集体经济发展的引导,加大对三农的资金投入,特别是加大财政对农村公共产品和公共设施建设投入的倾斜力度,在土地、税费政策以及项目贷款等方面给予优惠和扶持,积极加强政府对农村集体经济组织的管理,保障组织及成员的合法权益,激发集体经济活力。政府加大农村集体经济扶持力度,可以有效化解农村集体经济薄弱的现状,实现农村经济的现代化,也可以充分调动农民参加村庄集体事务的积极性,奠定乡村公共精神发展的经济基础。

3. 培育壮大集体经济的人才队伍

村干部是壮大村集体经济的带头人,需要充分调动乡村干部的能动性,形成一支懂经济、善管理和会经营的干部队伍,带来农民积极发展壮大农村集体经济。思想意识是先导,壮大集体经济需要转变村干部的思想意识,提升他们的领导能力,也需要提高他们服务村集体经济的能力。因此,一方面,要加强对村干部的思想教育和政策宣传,调动其服务农村经济发展的工作积极性,激发创业的激情与责任感,主动挑起壮大集体经济的重担;另一方面,要对村干部加强集体经济发展能力、技术等方面的实用性培训,通过实地考察、学习交流等方式,让他们亲身感受发展集体经济给农村和农民带来的好处。

4. 协调好统分关系,建立现代农业经营体系

改革开放以来,我国农村确立了以家庭承包经营为基础、统分结合的双层经营体制,经过几十年的发展,这种农业经营体制发挥了其对推动农村经济发展的重要

作用,展现了体制优势。但是,在分的积极性得到充分调动的基础上,统的作用没有得到有效发挥,在农村经济发展中普遍存在重分轻统的问题,2013 年,习近平总书记在出席江苏代表团座谈时指出:"当时中央文件提出要建立统分结合的家庭承包责任制,但实践的结果是,"分"的积极性充分体现了,但"统"怎么适应市场经济、规模经济,始终没有得到很好的解决。"因此,如何发挥集体经营的价值,发展壮大集体经济,是实现乡村经济发展亟须解决的现实问题。第一,要坚持家庭经营在农业经营体制中的基础地位,积极培育家庭农场。政府加大对家庭农场的扶持力度,鼓励土地向家庭农场流转,并在税收、金融等方面给予一定的优惠政策,促使农业生产的规模化,提高农业经营效益。第二,要积极发展和壮大农业合作社规模。农业合作社是实现农业集体统一经营的有效载体,农民可以在村两委的带领下,结合农村自身发展现状,成立独具本地特色的专业合作社,将分散的农民组织起来。第三,要积极完善合作社的内部管理机制,强调农户的主体地位,通过召开农户会议的方式决定合作社发展的重大事宜,确保合作社功能的有效发挥。第四,要积极利用现代信息技术,让农民能够第一时间掌握农业生产、经营和销售的信息,并能够根据信息来开展农业项目的规划与实施。总之,家庭农场的建立能够体现家庭经营"分"的作用,而农业合作社的建立则能够壮大村集体经济,实现"统"的价值,建立统与分协调发展的现代农业经营体系。

5. 积极深化农村集体产权制度改革

伴随着城镇化进程的加速,乡村社会的经济结构发生了重大变化,这种变化带来了农村集体资产归属不清晰、监管不完善等问题,进而导致了集体资产流失,严重影响了农村集体所有制的基础。因而,针对发展壮大乡村集体经济的现实要求,需要积极深化农村集体产权制度改革,对农村集体资产、资源和资金进行全面核查,并健全资产监管机制,防止集体资产流失。《乡村振兴战略规划(2018—2022 年)》在发展新型农村集体经济中指出:"深入推进农村集体产权制度改革,推动资源变资产、资金变股金、农民变股东,发展多种形式的股份合作。"因而,推动农村集体产权制度改革,首先要解决土地分散所带来的生产效益低的现状,积极推动土地流转,以股份合作的形式实现土地的集体化生产与经营;其次,针对农村已有的集体性资源,要发挥资源的价值,积极吸收社会资本参与资源价值的开发,增加集体收入;再次,村组织要对已有的各项资金进行合理规划和使用,将资金投入到村集体项目建设中,用于增加村集体经济收入与农村公共设施和公共服务建设。总之,深化农村集体产权制度改革,在充分保障个人利益的同时也要通过党组织领导和法律监督等形成维护集体的利益,防止个人侵蚀集体资产现象的产生,要处理好农民个体与集体之间的关系。

二、完善乡村民主政治建设

(一)乡村公共精神重塑与乡村民主政治建设相辅相成

乡村公共精神是村民在参与民主政治生活中表现出来的,而村民参与政治生活所形成的村庄共同体意识则有力地推动了基层民主政治的发展,乡村公共精神与乡村民主政治建设二者的关系是相辅相成的。一方面,乡村民主政治的发展需要具有公共精神的农民积极参与村级公共事务,并在公共精神引领下促使农民超越个人利益的狭隘,形成以公共为导向的思想理念和行为。传统宗法思想注重人与人的关系,追求小范围利益,农民没有也不可能主动参与村庄政治事务,缺乏政治活动空间。而现代乡村公共精神是农民在参与村庄公共事务中所形成的一种价值认同,包含着信任、合作等社会资本的内涵。农民作为乡村社会的活动主体,对村庄各项公共事务都有知情、参与和监督的权利,如果缺乏农民参与村庄公共事务的民主机制,也就无法让农民充分地认识到自身的主体价值。因此,随着村民自治的推进和农民民主意识的增强,面对日益分化的利益群体,现代乡村迫切需要调动农民参与村庄事务的积极性,在乡村社会内部构建以信任、合作和共赢为基础的利益诉求表达机制,使农民更有效地参与到村庄事务中,提升他们的公共意识,发挥公共精神在农村民主政治建设的积极作用。另一方面,完善乡村民主政治建设有利于重塑乡村公共精神。民主是社会主义的本质,人民民主是社会主义的生命,发展社会主义民主是中国共产党始终坚持的奋斗目标。十九大报告提出,我国社会主义民主是维护人民根本利益的最广泛、最真实、最管用的民主。乡村民主是社会主义民主的最基础成分,是农民当家作主的制度体现,而乡村民主政治建设是基层民主政治建设的重要组成部分。当前,农民在参与农村公共事务的过程中,逐渐形成了一种平等、公正、互助、合作的精神,在产生强烈公共意识的基础上推动乡村公共精神的重塑与发展。乡村民主也在农民围绕着公共事务而展开的合作中被激发,他们不仅体会到民主在满足自身发展中的重要性,而且也深刻地认识到公共精神在推动基层民主政治建设中的重要价值。可见,乡村社会要积极健全民主管理制度,提升农民的主体意识,并通过农民之间的互助合作,推动乡村公共精神的重塑与发展。

(二)完善乡村民主政治建设的举措

改革开放以来,随着乡村经济和社会的发展,乡村民主政治建设也取得了显著的成效。但是，随着改革的深入，在完善乡村民主政治建设过程中还存在着组织建设薄弱、法治建设不完善等问题，严重影响乡村经济的发展和社会的稳定。因此，要通过加强党对乡村民主政治建设的领导，积极完善村民自治，提高干部和农民的政治素质来完善乡村民主政治建设。

1. 加强党对乡村民主政治建设的领导

农村党组织是党在乡村社会的最基层组织，《中国共产党农村基层组织工作条例》明确指出："村党组织领导村民委员会以及村务监督委员会、村集体经济组织、群团组织和其他经济组织、社会组织，加强指导和规范，支持和保证这些组织依照国家法律法规以及各自章程履行职责。"因此，完善乡村民主政治建设必须加强党的领导，积极发挥村级党组织在乡村民主政治建设中的作用，为乡村民主发展提供强有力的组织保障。第一，坚持不懈地践行党的群众路线。群众路线是中国共产党的优良传统，也是党的根本领导和工作方法，它强调一切为了群众，一切依靠群众，从群众中来，到群众中去。乡村民主政治建设的主体是农民，要让农民参与到乡村民主政治建设中，发挥农民的积极性和主动性，进而增强村党组织的凝聚力和号召力。在党的组织架构中，农村党组织与农民联系最紧密，它直接面对农民，只有积极倾听农民群众的呼声，为他们排忧解难，才能让农民树立主人翁意识，进而促进乡村民主政治建设发展。第二，持续培育和提升农民的民主参与意识。当前，基层党组织应积极培育和创新农民参与民主政治建设的载体，让农村真正地参与到乡村民主建设中，让民主参与的范围更广泛。如农村党组织积极发挥村级事务领导作用，通过村民代表大会、村民大会以及民主恳谈等载体和形式，让农民自觉地参与到村庄公共事务的建设中，在提升参与意识的同时也培育了现代民主意识。第三，要加强党的宣传，增强农民对乡村民主政治的认识。农民是乡村民主政治建设的实施主体，乡村党组织要积极学习宣传和贯彻党的路线方针政策，结合党组织工作实际，通过创新方式和载体，将党对农村的各项政策和工作宣传到每一户农民家中，让农民深刻认识到党对农村工作的重视，也让农民懂得如何正确行使当家作主的权利，提高农民的民主参与能力和水平。

2. 积极完善村民自治

民主在农村主要通过村民自治表现出来，村民自治是农民民主政治建设的重要内容，是广大农民依法行使民主权利，实现自我管理、自我教育和自我服务的基本政治制度。村民自治就是要保障农民当家作主权利，由村民自己决定村级大小事务，实现民主选举、民主决策、民主管理和民主监督。现阶段要积极完善村民自治制度，理顺乡镇政府与村委会的关系、建立健全村民自治的各项制度并积极推进村务公开，为完善农村民主政治建设提供重要的自治基础。第一，要理顺乡镇政府与村委会以及农村内部各组织间关系。虽然，《村民委员会组织法》规定村民委员会协助乡镇一级政府开展工作，乡镇政府与村委会之间是一种行政指导关系，但是，由于历史的原因和现实发展的客观影响，乡镇政府与村委会的关系存在着一定的模糊性，一些地方政府往往采用行政命令的方式去处理二者间关系，还有一些地方的乡镇政府对村委会的各项工作过于放任，弱化了应有的指导关系。因此，应该按照法律和相关制度规定，发挥乡镇政府的服务职能，加强对村委会工作的指导和监督，为乡村民主政治建设提供良好的组织保障。第二，健全村民自治的各项制度。在民主选举方面，针对当前民主选举中出现的诸如合村并居、一肩挑等新情况，要结合各地实际进一步完善农村民主选举方式、方法，加强民主选举的科学化和规范化；在民主决策方面，要健全村级事务民主决策机制，特别是要发挥村民代表大会和村民大会的职能，让决策更具民主性；在民主管理方面，要在符合国家法律法规和当地实际的情况下积极制定和完善村民自治章程和村规民约，在农村经济社会事务中发挥村民自我管理的作用；在民主监督方面，加大村务公开力度，规范政务公开的内容与形式，健全村务议事和财务管理制度，在党的领导下发挥村民监督委员会的作用，让农民参与到村务监督的过程中，用民主监督的方式推进乡村民主政治建设进程。

3. 提升村干部和农民的政治素质

村干部是乡村经济社会发展的带头人，一定程度上讲，村干部政治素质的高低是影响乡村民主政治建设水平的重要因素，因此，只有不断提高村干部和农民的政治理论和素质，才能推进乡村民主政治建设进程。第一，选拔任用政治素质高的村干部。村干部是农村各项事业发展的带头人，为农村选拔素质高、能力强的村干部是当前实现乡村经济发展和社会稳定的重要条件。在农村干部的选拔任用过程中，始终要将讲政治放在首位，要落实严格的政治标准，真正将政治理论高、政治能力强的干部选拔到村级组织中。针对农村人口外流带来年轻干部缺失的影响，在村干部任用时应突出从受过良好政治教育、具有一定创新创业能力的退伍军人、青年知识分子、外出回乡农民、致富带头人等人中选拔，如一些地方积极培育发展乡贤理事会，推行杰出乡贤"挂职村官"、"镇长顾问"等制度，并及时将杰出乡贤吸纳到党组织中来，支持有意愿的乡贤依法参与村"两委"选举，使乡贤成为乡村经济社会发展的重要力量。第二，开展培训教育，提升村干部的政治理论素养。当前，从村干部接受政治教育的方式看，形式较为单一，主要通过电视、报纸和会议传达等传统的方式进行政治理论学习,学习积极性不高,政治素质提升较慢。因此,为了进一步提高村干部的政治理论素养,基层党委政府要重视对农村干部的政治素质培训,积极创新培训方式和培训平台,大规模地开展政治能力和政治素质提升培训,用习近平新时代中国特色社会主义思想武装村干部的头脑,教育村干部积极转变思想观念,增强为人民服务的本领。如组织村干部到基层党校进行政治理论的集中学习,有条件的地方也可以组织村干部进行外出理论学习与考察交流,通过理论学习和实地考察交流,使村干部在提升政治意识的基础上拓展视野、解放思想,更好地服务本地农村发展。第三,发挥政治参与积极性,提高农民的政治素质。农民政治参与不仅可以增强农民的民主意识、保障充分行使民主权利,也可以培育农民的政治素养。农民是农村民主政治建设的主体,积极开展农民政治素质教育,是乡村民主政治建设的重要基础。针对农民政治素质较低、政治参与积极性不高等现状,基层党委政府要通过政治宣传和培训教育的方式加强对农民政治参与热情的培育,提升他们对参与政治生活的积极性。同时,农民政治参与也有利于加强对村干部的监督,从而倒逼村干部政治素质和业务素质的提升。第四,加强法制与法治建设。乡村民主政治建设是一项系统工程,在推进乡村民主的进程中,还需要发挥法制保障作用,使民主政治建设进入法治轨道。一方面,基层党委政府要积极开展法制宣传,教育村干部依法依规办事,也教育农民要遵守国家的法律法规,提升法制意识,学会用法律手段维护个人的正当权利;另一方面,加强法治建设是推进健全自治、法治和德治相结合的乡村治理体系的必然要求。因而,要强化领导责任担当、积极推进乡村法治建设队伍、提高干部队伍的依法办事能力和水平、推进农村法治平台建设,架构农村法治建设的网络化结构,发挥法治在乡村治理体系中的积极作用,进而推动乡村民主政治建设的顺利开展。

三、增强农民的公共认同

(一)乡村公共精神重塑需要增强农民的公共认同

乡村公共精神重塑的过程也是乡村社会认同机制的建立和推进的过程,而这里的认同主要体现为政治认同和社会认同两方面。政治认同为乡村公共精神提供了重要的政治保证,而社会认同则为乡村公共精神提供了重要的内在支撑。

1. 政治认同是重塑乡村公共精神的政治保障

政治认同是人们在政治活动中产生出的一种心理归属感,对于当前中国社会而言,政治认同就是要自觉拥护中国共产党的领导,认同马克思主义思想和理论。在乡村社会,这种政治认同体现为农民对中国共产党的拥护和对基层党组织的支持。政治认同是全面深入改革的政治保障,失去了人民群众的政治认同,改革将步履维艰。习近平总书记指出:"人民是历史的创造者,是决定党和国家前途命运的根本力量。必须坚持人民主体地位,坚持立党为公、执政为民,践行全心全意为人民服务的根本宗旨,把党的群众路线贯彻到治国理政全部活动之中,把人民对美好生活的向往作为奋斗目标,依靠人民创造历史伟业。"①人民群众对党的政治认同、对中国特色社会主义的认同,是中国共产党的执政之基和力量源泉。而人民群众对中国共产党的政治认同需要中国特色社会主义建设满足群众的切身利益,"讲社会主义首先就要使生产力发展,这是主要的。只有这样,才能表明社会主义的优越性。社会主义经济政策对不对,归根到底要看生产力是否发展,人民收入是否增加。这是压倒一切的标准。空讲社会主义不行,人民不相信。"②中国共产党以为人民服务为宗旨,以"大道之行天下为公"为终极目标,努力实现人民对美好生活的向往。从乡村社会来看,虽然经过长期的发展,农民的政治认同取得了一定的提升,但是,还存在着一些突出问题。如农民作为乡村社会的主体,政治参与意识不高;农村基层党组织建设仍然存着组织涣散、党的领导作用欠缺等一些薄弱环节;在乡村经济社会发展过程中,一些农民利益诉求渠道不畅通,影响了政治认同的整体环境等。在乡村社会,农民的政治认同水平不仅影响着党的基层民主政治建设进程和乡村社会的和谐发展,也影响着现代乡村公共精神重塑的政治基础。

2. 社会认同为乡村公共精神重塑提供在内在支撑

社会认同主要是指社会成员对自己所在社会的一种心理和情感的认同,它本质上是一种集体观念。在乡村中,主要表现为农民对自己所生活的村庄社会的集体认同。传统乡村公共精神是在狭小和封闭的乡村空间内,在地方自治结构与公共观念中逐渐形成的,以血缘关系、习俗习惯为纽带,以传统的儒家宗法礼教为思想根源,以劝善惩恶、广教化而厚风俗为基本理念,是宗族或村庄内部形成的一种族民或村民的狭隘的社会认同。在农业占主导的社会中,由于人口流动性较弱,乡村社会形成了较为固定的熟人关系,在人与人之间的交往以及族内和村庄内事务的处理中,传统的乡村公共精神发挥了重要的互助和协商作用。现代乡村公共精神与传统乡村公共精神有本质的区别,它伴随着乡村社会的变迁和村庄治理结构的变化逐渐形

---

① 习近平:《决胜全面建成小康社会 夺取新时代中国特色社会主义伟大胜利》,《人民日报》,2017 年 10 月 20 日 01 版。

② 《邓小平文选》(第 2 卷),北京:人民出版社,1994 年,第 314 页。

成,具有现代的民主性、法治性和规范性特征。具体而言主要体现在:村民公开公平地参与农村公共事务,实现真正意义上的村民自治,维护基层社会稳定;在处理乡村社会各项事务中建立相互合作、信任的机制,以诚信引导农民的利益观,树立良好的社会基础;在国家法律允许的范围内,结合当地实际,在地方政府的引导下,逐步形成以民主协商为主要方式的治理理念,提升乡村的民主自觉性等。因此,在基层民主政治建设和法治逐步推进的基础上,乡村社会结合市场原则逐渐形成了民主、公平和诚信的理念,而这些理念与现代社会的特征是吻合的。它由传统社会被动的伦理接受变为主动的民主参与,在法治的范围内形成了自觉的村庄公共意识。这是现代民主发展的产物,是基于农民自我认同之上的集体意识,它实现了村庄社会的内部认同,形成了与现代特征相符的乡村公共精神。因此,现代乡村公共精神的重塑不仅需要实现农民对党的政治认同,发挥政治认同的重要保障作用,也需要积极发挥现代村庄社会认同的内在支撑作用。

(二)提升农民公共认同的举措

当前,围绕着乡村振兴战略的实施,乡村公共精神具有奠定认同基础、实现农民主体价值和落实总要求的现实价值。因而,为了满足农民对美好生活的向往,实现农业农村现代化,必须重塑乡村公共精神。乡村公共精神重塑必须在党的统一领导下,加强各个主体之间的相互协商与合作,形成多主体共同参与的格局。发达地区与欠发达地区相比较,无论是在市场经济的发展,还是在社会变革方面都呈现出较高的现代化程度,而较高现代化程度必然会对原有的乡村社会产生剧烈的冲击。因而,相比较欠发达地区,发达地区对乡村现代价值体系的重塑更为急切。乡村公共精神的重塑应强化公共行政精神,引导农民参与公共活动;建立多元公共服务体系,满足农民多样化的利益需求;以公共理性为内在支撑,发挥农民的主体作用。

1. 加强党的领导,发挥党的理论、政治和组织优势

党的十九届四中全会明确提出要将党的领导落实到国家治理各领域各方面各环节,乡村治理作为国家治理的最基础组成部分,需要在其体制和体系的推进过程中,不断加强党的领导,发挥党的思想政治优势。在乡村社会中,党的思想政治工作就是将马列主义、毛泽东思想、邓小平理论和习近平新时代中国特色社会主义思想作为培育广大农民思想政治觉悟的重要理论基础。乡村公共精神作为创新乡村社会治理的重要因素,也需要在其重塑和发展过程中积极加强党的领导,提升乡村社会治理体系和治理能力的现代化水平。自中国共产党成立以来,中国共产党人始终坚持为人民服务的根本宗旨,在不同的历史阶段,都将发挥党的思想政治优势作为

开展农村各项工作的重要法宝。乡村公共精神重塑需要多主体的共同参与,其中最关键的要发挥党的领导,确保乡村公共精神在党的大政方针的指引下,更好地发挥其在服务乡村社会建设中的重要作用。第一,要发挥党的理论优势。中国共产党自成立以来,始终将马克思主义作为党的根本指导思想,并在党的建设过程中不断进行理论创新,先后形成了毛泽东思想、邓小平理论、"三个代表"重要思想、科学发展观和习近平新时代中国特色社会主义思想,形成了中国共产党独特的理论优势。作为一种乡村社会内在的公共价值,公共精神在重塑和发展的过程中需要发挥党的理论优势,将马克思主义贯穿其中,推动公共精神的现代化进程。第二,要发挥党的政治优势。中国共产党的最大政治优势在于密切联系群众,农民是乡村社会的主体,乡村公共精神的重塑一定程度上就取决于农民公共精神的培育。而农民公共精神的培育需要从农民的现实发展需求出发,充分发挥党的政治优势,为制定和探索公共精神的实现途径奠定政治和群众基础。第三,要发挥党的组织优势。乡村公共精神重塑需要发挥农村基层党组织的作用,通过党组织的领导和动员,形成农村社会公共精神培育的合力。农村党组织是党的最基层组织,它在积极宣传党的方针政策的同时,也最能了解农村的现实需求和思想动向,能够有针对性地开展思想政治教育工作,保证公共精神培育的有效性。总之,乡村公共精神重塑需要加强基层党组织的统筹协调,发挥党的理论优势、政治优势和组织优势,充分调动各个主体的能动性,构建科学合理的培育体系。

　　2. 强化公共服务精神,引导农民参与公共活动

　　长期以来,由于城乡二元结构的影响,政府要么简单地对农村实行国家社会一体化的社会控制,要么从便于向农村汲取资源出发实行严格的社会管理,没有为农民提供全面、公平和有效的服务。同时,这种自上而下的单向管理模式也使乡村社会管理失去了内生主体的有效参与,没有充分发挥农民的积极性和主动性。而随着行政管理体制改革的推进和政府管理理念的创新,基层政府逐渐实现了角色和管理方式的转变,追求善治理念。改变基层政府的管理方式,重塑政府服务至上的职能理念,需要把政府的角色转变为服务者、通过服务来建立政府和群众之间的新型关系,由为民做主的官本位思想转变为成让民做主的服务理念,并把为人民服务作为社会治理的出发点和立足点,扎扎实实地为人民群众办实事、办好事,提高为人民服务的质量。改革开放以来,各级地方政府重视群众的公共需求,努力通过职能转变提高公共服务水平,初步形成了基本的公共服务体系。但是,从公共服务的全域性看,城乡之间还存在着一定的差别,需要进一步强化基层政府的公共服务精神,引导

农民参与公共活动。为此,政府应该树立公共服务意识,规范权力,承担起重塑公共精神的责任。第一,要积极引导传统精神的更新与发展。基层政府可以运用现代的法治意识、参与意识、责任意识,改造传统社会形成的固有伦理观念,进而推动公共精神的健康成长。第二,要以农民满意度为使命。政府要聚焦农民的实际需要,以农民的满意度为政府运作的最大使命,即政府在公共服务理念的指引下,以农民对公共服务的满意度来评估政府的绩效。第三,要引导农民参与公共生活。"公共生活孕育了公共精神。……公共生活是公共精神产生的土壤,而公共精神的出现又使公共生活进一步得以巩固扩大,二者相辅相成。"①乡村公共精神的形成,需要农民不断参与公共事务和投身公共活动。政府应在建设农村基础设施的基础上,引导农民跳出家庭的私人范围,进入社区公共空间,解决农村参与集体活动的困境。第四,要积极重塑基层公务员的公共精神。基层公务员是政府公共服务和产品的代理者,是公共理念的宣传者和践行者,必须具有强烈的公共意识。为此,基层政府应该积极培育其工作人员的民主、平等、公正等行政公共精神,使其贯穿于行政行为之中,带动公共精神的发展。

3. 发挥民间组织的作用,满足农民多样化的利益需求

在乡村社会中,随着民主意识的增强,农民获得了较大的自主权利,对政治、经济、文化等各个方面的需求也日益多样化。这在客观上要求政府做出正确决策,并使之公正化、透明化。同时,在共建共享共治理念下,治理的主体是多元化的,要逐渐由政府的单一管理向政府与社会的共同治理转变。因而,现阶段必须对乡村社会治理进行资源整合,积极鼓励民间组织参与乡村社会治理,实现政府与社会的良性互动,用以解决当前社会中存在的诸多问题。农村民间组织是农民在乡村社会中参与村庄公共生活和事务的重要载体,通过民间组织,农民可以将自己的意见充分地表达出来,经过协商和讨论,最终形成大家的一致认同,农民之间基于这种认同关系而形成的民主和平等精神就是公共精神在乡村社会的重要体现。"公民社团有助于民主政府的效率和稳定,不仅他们对个人成员有'内部效应',而且它们对更大的政治体有着'外部'效应。从内部效应上看,社团培养了其成员合作和团结的习惯,培养了公共精神。"②因此,需要在乡村社会构建政府、民间组织和农民相结合的公共精神网络体系,发挥他们各自的功能以满足农民的需求。民间组织是培育公共精神的现实载体,它在塑造公共精神和规范个人行为方面发挥着重要作用。主要体现

---

① 李萍:《论公共精神的培养》,《北京行政学院学报》,2004 年第 2 期。

② [美]罗伯特·帕特南:《使民主运转起来》,北京:中国人民大学出版社,2015 年,第 104 页。

在：一是民间组织能将分散的农民凝聚起来，利用其组织优势，提高农民的协商能力，并形成乡村社会的内在认同；二是民间组织可以有效抵御市场经济由于其竞争性和不确定性所带来的市场风险；三是民间组织参与乡村社会治理，不仅可以实现治理主体多元化，优化治理结构，也可以通过民间组织这个载体，在实现自我协商和自我管理的基础上，进一步培育农民的自主意识和民主自治精神；四是民间组织是基层民主政治建设的重要主体，通过农民民主意识的增强和有序政治活动的开展，可以有效推动乡村民主政治建设的进程。农民可以通过民间组织逐步进入到乡村公共生活中，在公共活动中形成与他人交往的诚信、互助和规范的社会资本，而这些都是公共精神重塑所必不可少的因素。

4. 以公共意识为内在支撑，发挥农民的主体价值

公共精神是以"以人为本"的伦理价值为基础的，通过不断改善社会条件和社会环境，提高人民的生活水平和福利水平，满足人的公共需要。乡村公共精神的重塑不仅需要培育乡村社会经济、政治环境，也需要对农民加强公共意识方面的教育，形成具有公共意识的农民。公共精神的最基本特征就是公共性，公共性体现在行为上就是公众的积极参与，乡村公共精神就体现在农民积极参与乡村公共事务的过程中。在乡村社会中要积极开展形式多样、内容丰富的集体活动，调动农民的参与热情，让健康向上的生活格调充实群众生活，占领思想阵地，使广大农民群众在参与活动中各展其长，各得所乐，体现农民的主体价值。在农村要造就一批坚持先进文化方向、熟悉经济社会发展规律的人才队伍，发挥他们在活跃农村公共生活、传承优秀传统文化方面的作用，并通过农民角色定位和开放公共生活空间，使他们逐渐产生强烈的公共参与意识，并且在参与的过程中建立彼此的信任和理解，让农村形成一个情感交融的共同体。同时，基层政府要强化对农民集体主义精神的教育和宣传，让农民在宣传活动和具体实践中增强集体意识，在良好的集体氛围中培育乡村公共精神。

现代乡村公共精神的重塑必须以农民为主体，要让农民参与到村庄公共事务的管理中，体现农民的主体价值；要让农民积极参与村庄公共事务和公共生活，实现自我管理、自我服务和自我约束；要让农民在参与的过程中，逐渐学会用公共理性的原则规范自己的选择和行为，进而促使具有现代意义上的公共精神得以重塑。具体而言，农民要具备四个意识：其一，要具备主体意识。农民是农村社会的主体，建设社会主义新农村需要新农民，没有农民主体意识的增强，就不会有新农民的诞生。农民主体意识不仅是实现农民民主权利的重要体现，也是重塑现代公共精神的内生基

础,因而,乡村社会要加强农民的主体意识培育,发挥农民在乡村社会建设中内在主体地位的作用,习近平总书记对实施乡村振兴战略做出重要指示时也强调:"要尊重广大农民意愿,激发广大农民积极性、主动性、创造性,激活乡村振兴内生动力,让广大农民在乡村振兴中有更多获得感、幸福感、安全感。"①其二,要具备责任意识。责任意识是人们在参与社会活动和履行社会义务的过程中所产生出的一种自觉意识。在熟人社会中,每个人都离不开与他人的合作,良好社会的形成也需要每一位成员具有强烈的责任意识。在农村,参与农村公共事务、维护集体公共利益、推动农村经济社会的发展,是每一个农民都应树立的责任意识。实现乡村振兴是所有农民的一种集体责任,只有当农民充分地认识到自身在乡村经济社会发展中的主体责任并能够积极自觉地承担起这个责任的时候,乡村社会才能形成一种集体责任意识。其三,要具备法治意识。法治意识是公民对于法治的认知意识,在社会交往过程中,每个人都应该树立良好的法治意识,自觉遵守法律和法规,谁都无权将自己的利益凌驾于他人之上。法治意识其实是一种"尚法"理念,这种理念不仅需要执法部门及其人员拥有,更应该在广大民众中培育。农民法治意识的形成不仅可以有效促进乡村经济体制改革,保障经济运行的法治化和规范化,而且也可以形成一个遵法、守法的社会风气,促进基层民主政治建设。其四,要具备道德意识。道德是一种社会意识,它是人们在日常生活及其行为中所遵守的准则与规范,是维持社会秩序的内生基础。在中国传统乡村社会中,人们基于土地和血缘关系,以儒家伦理为基础,在历史的进程中逐渐形成了农民的道德意识。改革开放后,乡村社会发生了巨大的变迁,这种变迁不仅体现在农民的生产和生活方式上,也体现在农民道德观念的转变上。农民将现代道德理念作为自身行动的依据,在乡村社会中形成相互信任、理解和宽容的公共精神,这有助于协调乡村社会的各种复杂关系,维持良好的乡村社会秩序。

四、拓展乡村公共活动空间

(一)乡村公共精神重塑需要拓展公共活动空间

乡村公共空间是农民进行思想交流和信息沟通的公共场所和交往空间,既包括物理的、实体的公共活动空间,也包括制度化的活动形式和虚拟的公共空间。乡村公共空间是农民公共生活的载体,是农民的情感寄托和精神归宿,对传承乡村传统文化、维系农民感情、增进农民交流具有十分重要的作用。在传统乡村社会,农民基

---

① 《习近平:让广大农民有更多获得感 幸福感 安全感》,《人民日报(海外版)》,2018年07月06日01版。

于血缘亲情关系和一定地缘关系而形成了相对封闭的熟人空间,简单的互助与合作支撑着乡村社会各项活动的开展。这些自发性的集体行动,往往与传统社会的人际关系和农业生产紧紧联系在一起,如水利工程的兴修和宗族祭祀活动的开展等,田间地头、宗族祠堂等就成为农民展开集体活动的习惯性场所,而传统的乡村公共精神就是在这些空间内产生并发挥作用。新中国成立后,国家加强了对农村的管理,特别是人民公社体制的建立,一种以集体主义原则为基础建立的新的乡村公共空间得以产生,如对农民进行政治思想教育的大礼堂、开展农业活动的打麦场等,在这些公共场所内,农民开展着一些政治和生产活动,形成了这个阶段农民开展公共活动的空间。改革开放后,乡村社会逐步摆脱了政治性管控,在市场经济的影响下,农民获得了追求自我利益的主动性,由经济因素所带来的新型场所成为农民公共活动的场所,如一些农村和乡镇的集会、个体经营的商店等,这些场所逐渐成为农民开展经济活动的自由场所。同时,随着村民自治的推进,村两委办公场所也逐渐成为农民开展民主选举、民主管理、民主监督活动的公共空间。总体而言,在农民公共参与意识逐渐增强,推动乡村经济社会的发展的基础上,乡村公共空间也呈现出多元化功能划分。但是,伴随着市场经济的发展和人口的流动,现代乡村社会呈现出与传统乡村社会截然不同的特征,突出地表现在农民之间社会关系的复杂化、思想价值观念的多元化和个体行为的趋利化。乡村社会的变迁不仅改变了农民的生产生活方式,而且也影响着他们的活动空间,在逐渐趋于利益化的异质性社会中,农民逐渐从原有的血缘群体和集体组织中脱离出来,进入到一个个相对独立的私人领域之中,这时,很多农民开展公共活动的主要目的是追求自身利益,与现代乡村公共精神所依托的公共空间职能截然不同。这不仅影响村庄共同体的形成,而且也不利于现代乡村公共精神的重塑。因此,在国家提出乡村振兴的战略背景下,需要加强乡村公共空间的构建,在保证农民参与公共活动的基础上,培育现代乡村公共精神。当前,随着村民自治的推进,农村公共空间逐渐扩大,呈现出经济、政治、文化等多领域特征,人们在公共空间内从事公共活动的内容和方式也日益丰富,特别是现代信息技术的应用,使得公共生活实现了虚拟与现实的结合,体现了乡村公共性的现代特征。因此,乡村公共空间建构,不仅可以激发农民参与公共活动的热情,让他们积极地投入到乡村社会的各项公共事务和公共活动中,调动整个乡村社会的活力,同时,也让农民在参与活动的过程中建立一种彼此间的互助、信任和合作意识,极大地增强了他们对村庄共同体的认同,为重塑乡村公共精神创造了空间基础。

（二）拓展乡村公共活动空间的举措

1. 切实发挥农民的主体的作用

农民是农村的"主人"，是乡村公共空间的活动主体，公共空间的构建和拓展要充分尊重农民意愿，只有这样才能充分发挥公共空间价值。因而，乡村公共空间的建设要结合当地的传统文化习惯，从农民的现实需求和乡村经济社会发展的现状出发，通过召开恳谈会等多种途径，广泛征求农民意见，以提高农民满意度作为建构公共空间的出发点。同时，在农村公共空间的建设过程中，要充分发挥农村精英力量和农村各类组织的积极作用，吸引农民积极参与公共空间建设和监督，让农民在参与公共空间的过程中培育起公共意识。

2. 合理规划农村的公共空间布局

目前的乡村风貌是农民在长期的生产生活中产生的智慧凝结，是农民不断适应自然改造自然的结果，无论是村庄的选址，还是住宅分布及样式，都是农民根据当地的自然地理条件和文化生活习惯，不断发挥创造力的体现。因此在进行农村改造和规划时，在空间布局上要尊重农民的生产生活习惯，保留地域特色，要统筹安排农村产业发展、农村土地容量、农业生态承载等空间，并注重对乡村特色公共空间的传承保护，尽量避免破坏原有的空间格局；要合理配置农村基础设施，推进垃圾分类、河流治理、厕所革命，把乡村建设成山清水秀、绿色宜居的美丽家园。同时，要建设规模适度、相对分散的公共空间，避免公共场所和设施过于集中、交通不便、闲置空置的现象。

3. 提供有效的公共空间产品

目前，农村青壮年大都外出打工，留守农村的大多为老人与儿童，因此，在提供公共空间产品时要加强针对性，要照顾到村中的老人和儿童的不同需求，提供符合老年人养老需求和儿童成长需求的公共空间产品，如老年活动室、农家书屋、娱乐健身设施等，同时在尊重历史的基础上，挖掘当地深厚的传统文化底蕴，整理乡村历史、乡规民约、家风家规，培养乡村民间艺人，传承好民间艺术，还原当地风土民情，使传统村落的优秀非物质文化活动得以传承与保护。同时，建设一些与农民生产生活息息相关的休闲娱乐空间，推进配套相关娱乐设施，提供活动资金，开展农民喜闻乐见的文化娱乐活动，吸引、鼓励农民参与其中，不断满足农民的精神文化和人际交往的需求，以此增强农民对公共空间的理解，并在参与公共活动中自觉地促成公共精神的形成与发展。

4. 充分利用信息技术，拓展农民公共活动的网络空间

首先，随着信息技术的发展，微信、QQ等各种社交软件在农村普及，很多农民运用社交软件闲话家常，讨论公共事务，这种现代交流方式打破了原有的时空界限，在一种公共交流的平台上加强了农民之间的情感联系和社会交往。其次，很多外出的农民通过网络空间参与村庄事务，发表个人见解，加强了与在村农民的联系，这是农民现实社会关系在网络空间的延续，无形中也强化了其村民身份认同，将农民置于一种虚拟的公共空间内参与公共事务，延续了传统乡村社会的人际关系。再次，随时随地的沟通方式，可以有效化解农民与村干部之间的沟通困境，为构建和谐干群关系提供了有效沟通的平台。因此，村干部要把公共网络空间作为听取民意、联系群众的重要渠道，要充分利用网络空间的社会交往和凝聚功能，鼓励农民积极参与公共事务的讨论，并通过大数据分析了解民情民意，顺应民情民意，推动农村社会朝着健康、和谐、积极的方向前进，努力实现乡村社会治理的现代化。

五、培育和践行社会主义核心价值观

（一）乡村公共精神重塑需要培育社会主义核心价值观

社会主义核心价值观是中国共产党在继承和发扬中华民族优秀传统文化的基础上，根据新时期的发展要求所总结和提炼的价值表达，重塑现代公共精神需要将社会主义核心价值观作为理念指导。党的十八大提出积极培育和践行以"三个倡导"为主要内容的社会主义核心价值观，是社会主义核心价值体系的内核和集中表达。习近平总书记指出："人类社会发展的历史表明，对一个民族、一个国家来说，最持久、最深层的力量是全社会共同认可的核心价值观。如果没有共同的核心价值观，一个民族、一个国家就会魂无定所、行无依归。"[①]十八大以来，党中央高度重视社会主义核心价值观的培育和实践，习近平总书记多次作重要指示，要求坚持社会主义核心价值观。改革开放以来，经济体制的变革不仅引起了社会的变迁，而且也影响着人们的思想观念。农村是中国传统道德保留最丰富的地方，在历史的长河中，优秀的传统文化对于维持乡村社会秩序的稳定发挥着重要的内在价值。社会主义核心价值观不仅需要将优秀的传统文化融入其中，也需要国家结合时代特征以实际行动让农民体会到社会主义核心价值观的真正实效，产生对党和国家的认同，进

---

① 中共中央宣传部：《习近平总书记系列重要讲话读本》(2016版)，北京：人民出版社，2016年，第189页。

而更加自觉地践行社会主义核心价值观。在农村,社会主义核心价值的形成需要全体农民达成共识,需要农民以主人翁的角色参与到社会主义核心价值观的培育过程中,而这个过程也是乡村公共精神重塑的过程。

乡村公共精神是社会主义核心价值观在乡村的精神体现。从目前来看,农民原有的传统公共意识和集体意识由于社会变迁逐渐弱化,符合市场经济发展和现代社会发展需要的农民的公共意识和集体认同却尚未真正形成,因此出现了乡村公共精神的断层。而社会主义核心价值观的宣传和培育,需要以乡村公共精神重塑为重要的认同培育点,加强宣传和引导,丰富平台和载体,围绕农民所关心的问题开展沟通协商,通过农民参与村庄公共事务的过程把社会主义核心价值观和公共精神内化于心。同时,发挥农民的主体作用,提高农民的自我管理能力,让农民在自我管理中强化主体价值,形成集体认同,进而形成现代意义上的乡村公共精神。"在农村培育和践行社会主义核心价值观,实现农民的社会主义核心价值观的内化,应依托乡村公共精神的生长。"[①]当然,乡村公共精神的重塑不是凭空而来,毫无根基,而是要深入挖掘中华民族优秀的传统文化思想观念,在此基础上,以社会主义核心价值为价值引领,不断与时俱进,创新发展。十九大报告指出:"深入挖掘中华优秀传统文化蕴含的思想观念、人文精神、道德规范,结合时代要求继承创新,让中华文化展现出永久魅力和时代风采。"[②]因此,现代乡村公共精神是优秀传统文化与时代特征相结合的产物,是传统文化的现代发展。

(二)培育社会主义核心价值观的举措

1. 继承和发扬优秀的传统文化

现代乡村公共精神的培育不是简单的"拿来主义",也不是彻底的"另起炉灶",既要有一定的历史延承,也要具有时代新意。农村是中国优秀传统文化的发源地和传播地,几千年的灿烂文化汇聚于此。时至今日,虽然工业化和城市化的进程在加快,但是,广大的乡村社会依然是传统文化保留最为完整的地区,传统文化仍然在人们的日常交往中发挥着重要作用。因而,现代乡村公共精神的重塑需要挖掘历史留给我们的宝贵精神财富,发挥传统优秀文化在农民日常生产生活中的重要价值。2014 年,习近平总书记强调:"培育和弘扬社会主义核心价值观必

---

① 吴春梅,席莹:《农民公私观念演变及其对社会主义核心价值观认同的启示》,《学习与实践》,2015年第 6 期。

② 习近平:《决胜全面建成小康社会　夺取新时代中国特色社会主义伟大胜利》,《人民日报》,2017年 10 月 20 日 01 版。

须立足中华优秀传统文化。牢固的核心价值观,都有其固有的根本。抛弃传统、丢掉根本,就等于割断了自己的精神命脉。博大精深的中华优秀传统文化是我们在世界文化激荡中站稳脚跟的根基。"①中华民族的优秀传统文化源远流长,我们必须从中汲取历史的养分,用于培育和践行社会主义核心价值观。在中国特色社会主义进入新时代背景下,要继承和发扬中华民族优秀的传统文化并赋予其现代内涵,实现传统文化的现代转型,并将其融入社会主义核心价值观培育中,增强文化自信和民族自豪感。中国传统文化本身具有兼容并包的特性,它不仅具有自己独特的文化价值,而且也积极吸收世界各地的优秀文化,在延承中华文明的同时也在不断地创新与发展,因此,社会主义核心价值观体现了历史与现代的有机结合。

2. 加强教育和宣传

社会主义核心价值观的培育是一个渐进的过程,要让其深入人心,就需要加强教育与宣传。当前,社会主义核心价值观已经成为国民教育的必修课,在各级党政领导干部培训中也将核心价值观作理论教育的重要内容,理论界也开展了相关理论的深入研究。宣传是培育和践行社会主义核心价值观的重要方式,在农村,只有积极深入地宣传,才能让农民充分认识到核心价值观的丰富内涵、价值目标和现实意义,从内在认同核心价值观。第一,要从核心价值观的三个层面展开教育。社会核心价值观共 24 个字,分为国家、社会和个人三个层面,要分层次分领域地开展对核心价值观的教育。从国家层面看,要加强农民理想信念教育,坚定四个自信,实现中华民族伟大复兴的中国梦;从社会层面看,要加强农民的社会主义民主、法治和道德教育,坚持以人为本,积极构建社会主义和谐社会;从个人层面看,要对农民积极开展爱祖国主义教育,尤其是加强社会公德、职业道德、家庭美德和个人品德的教育,为社会发展提供道德基础。同时,要发挥家庭和学校在社会主义核心价值观教育中的积极作用。第二,要多途径、多手段宣传社会主义核心价值观。要创新宣传方式,采用农民喜闻乐见的文艺表现形式(如歌曲、小品、电影等),将社会主义核心价值传入农民的眼里、耳里和心里;要搭建宣传平台,除了使用传统的墙报、横幅宣传外,通过建设文化大礼堂、文化长廊、农村书屋等平台,将社会主义核心价值观宣传好;树立宣传典型,在农村积极开展家庭美德和个人品德评比活动,树立好媳妇、好婆婆和道德模范等先进人物,引导农民践行

---

① 《培育和弘扬社会主义核心价值观要从娃娃抓起 从学校抓起》,人民网,2014 年 2 月 26 日,http://politics.people.com.cn/n/2014/0226/c70731-24464563.html。

社会主义核心价值观。

3. 完善社会主义核心价值观的保障机制

培育和践行社会主义核心价值观是一项系统工程，具有复杂性，要充分加强制度建设和人才队伍建设，为社会主义核心价值观建设的培育提供保障。一方面，要加强制度保障。十九大报告在培育和践行社会主义核心价值观中强调要加强制度保障。制度是一个比较宽泛的概念，其内容包含法律法规、国家政策、道德等正式与非正式制度。发挥制度的保障作用，目的是实现社会主义核心价值观由理念向实践的转变；发挥法治保障作用，用法律手段对符合社会主义核心价值的行为进行保护，对违背核心价值观的行为进行惩罚。只有加强制度保障，才能确保审核主义核心价值观的培育取得实效。因此，法律制度的制定和完善要与社会主义核心价值观的基本理念保持一致，这样才可以使社会主义核心价值观的培育和践行有章可循。另一方面，要加强人才保障。在乡村社会，宣传和培育社会主义核心价值观需要有人才保障。需要建设一支了解农民、熟悉农村文化，并且与农村经济社会发展相适应的文化人才队伍，通过提升农村理论工作者的政治理论水平、创新理论宣传的方式和平台等举措，化解农村文化和理论人才匮乏的现状。地方党委政府要充分认识到培育和践行社会主义核心价值观的重要性，要将这项任务作为一项根本任务，积极开展顶层设计，积极创新农村基层文化人才的选拔和任用机制，并加强财力和物力的支持，承担起领导和政治责任，积极推动社会主义核心价值体系建设。

结　语

党的十九大报告提出了乡村振兴战略,这是新时代解决农业、农村和农民问题的总抓手,为乡村经济社会发展指明了方向,为实现共同富裕和中华民族伟大复兴奠定了重要基础。实现乡村振兴,治理有效是基础,这就需要为乡村社会建设创造一个和谐稳定的环境。在中国特色社会进入新时代背景下,乡村社会也进入到一个新的发展阶段,因此,需要积极创新乡村社会治理,按照中央顶层设计的要求、结合各地的具体实践进行探索,形成与各地经济社会发展相适应的治理模式。发达地区作为经济发展的先行区域,在经济发展的同时,乡村社会发生了重大变化,在生产生活方式发生变革的背景下逐渐形成了乡村经济发展水平较高、经济精英治理程度较高、乡村社会建设的基础较好和农民的民主意识程度较强等特征,也逐渐探索了适合乡村经济社会发展的治理经验和模式。从全域治理角度看,虽然,发达地区与欠发达地区的经济发展以及乡村社会建设程度有差异,治理模式也不尽相同,但是,发达地区乡村是整个中国乡村社会的一部分,具有乡村的共性特征,也需要发挥农民的主动性,重塑现代乡村公共精神。现代乡村公共精神具有推进乡村现代化进程、完善基层民主政治建设、架构乡村治理多元体系和增强农民的公共意识的价值,特别是在乡村振兴背景下,公共精神具有助推产业兴旺、生态宜居、乡风文明、治理有效性和生活富裕的现实意义。因此,本书主要从浙江温州、绍兴和台州三个地区的实践出发,在体现个性的基础上积极总结提炼浙江乡村社会治理中公共精神重塑的共性经验,并给其他地区提供启示。同时,研究乡村社会治理的视角是多样性的,本书主要是从公共精神的视角去探讨乡村社会治理创新。浙江的乡村公共精神重塑实践,在乡村公共精神的内生主体构建、乡村社会内在的公共认同形成、乡村公共精神的实现载体搭建、乡村传统与现代价值的融合、公共精神的治理价值的发挥等方面都取得了显著成效。不过,现代乡村公共精神的重塑是一个长期的过程,需要从壮大集体经济、完善民主政治建设、发挥多元主体价值、奠定政治认同与社会认同基础、构建公共活动空间和传统与现代价值相结合的角度去重塑。新时代要求现代乡村公共精神的培育也要与时俱进，既要积极挖掘传统文化的优秀资源，将其研究深、研究透，并要继承和汲取数千年中华文明的养分，也要结合时代特征，与时俱进，在适应社会发展客观要求的基础上阐释传统文化的现实价值，积极促进传统文化和思想的现代转型。同时，现代乡村公共精神培育也需要不断总结各地乡村公共精神重塑的经验，加快构建中国特色的公共精神的学术话语体系。但是，这并不意味着现代乡村公共精神培育不需要借鉴国外优秀的理论和实践成果，而是要有选择地将这些成果与中国具体实际相融合，构建更具有中国特色的现代乡村公共精神体系。

参考文献

一、图书

[1]埃莉诺·奥斯特罗姆. 公共事物的治理之道:集体行动制度的演进[M]. 余逊达,陈旭东,译. 上海:上海译文出版社,2012.

[2]安东尼·吉登斯. 现代性与自我认同[M]. 夏璐,译. 北京:中国人民大学出版社,2016.

[3]伯纳德·曼德维尔. 蜜蜂的寓言[M]. 肖聿,译. 北京:中国社会科学出版社,2002.

[4]曹锦清. 黄河边的中国[M]. 上海:上海文艺出版社,2000.

[5]曹锦清,张乐天,陈中亚. 当代浙北乡村的社会文化变迁[M]. 上海:上海远东出版社,2001.

[6]陈晓莉. 新时期乡村治理主体及其行为关系研究[M]. 北京:中国社会科学出版社,2012.

[7]陈志让. 军绅政权[M]. 北京:生活·读书·新知三联书店,1980.

[8]崔效辉. 现代化视野中的梁漱溟乡村建设理论[M]. 杭州:浙江人民出版社,2013.

[9]邓小平文选:第1—3卷[M]. 北京:人民出版社,1994.

[10]董江爱,王谨. 民国山西村政建设[M]. 太原:山西人民出版社,2014.

[11]董修甲. 中国地方自治问题[M]. 北京:商务印书馆,1937.

[12]杜润生. 中国农村制度变迁[M]. 成都:四川人民出版社,2003.

[13]杜赞奇. 文化、权力与国家:1900—1942年的华北农村[M]. 王福明,译. 南京:江苏人民出版社,2010.

[14]费孝通,吴晗,等. 皇权与绅权[M]. 北京:生活·读书·新知三联书店,2013.

[15]费孝通. 乡土中国 生育制度[M]. 北京:北京大学出版社,1998.

[16]费孝通. 乡土重建[M]. 长沙:岳麓书社,2012.

[17]费正清,赖肖尔. 中国:传统与变革[M]. 陈仲丹,潘兴明,庞朝阳,译. 南京:江苏人民出版社,2012.

[18]冯桂芬. 校邠庐抗议[M]. 上海:上海社会科学院出版社,2015.

[19]辜鸿铭. 中国人的精神[M]. 李晨曦,译. 上海:上海三联书店,2010.

[20]顾炎武. 日知录[M]. 阎文儒,戴扬本,校点. 上海:上海古籍出版社,2012.

[21]顾准. 顾准文集[M]. 上海:华东师范大学出版社,2014.

[22]郭沫若. 中国古代社会研究[M]. 北京:商务印书馆,2011.

[23]郭献功. 新时期农村基层党组织建设[M]. 北京:中共中央党校出版社,2001.

[24]郭湛. 社会公共性研究[M]. 北京:人民出版社,2009.

[25]哈贝马斯. 公共领域的结构转型[M]. 曹卫东,等,译. 上海:学林出版社,1999.

[26]哈耶克. 致命的自负[M]. 冯克利,胡晋华,等,译. 北京:中国社会科学出版社,2000.

[27]韩愈. 韩昌黎文集校注[M]. 马其昶,校注. 上海:上海古籍出版社,1988.

[28]汉娜·阿伦特. 极权主义的起源[M]. 林骧华,译. 北京:生活·读书·新知三联书店,2014.

[29]汉娜·阿伦特. 人的境况[M]. 王寅丽,译. 上海:上海人民出版社,2017.

[30]汉娜·鄂兰. 人的条件[M]. 林洪涛,译. 台北:商州出版社,2016.

[31]何怀宏. 世袭社会及其解体[M]. 北京:生活·读书·新知三联书店,1996.

[32]贺雪峰. 乡村治理的社会基础:转型期乡村社会性质研究[M]. 北京:中国社会科学出版社,2003.

[33]贺雪峰. 新乡土中国[M]. 北京:北京大学出版社,2013.

[34]胡比亮. 中国村落的制度变迁与权力分配[M]. 太原:山西经济出版社,1996.

[35]胡必亮. 中国乡村的企业组织与社区发展[M]. 太原:山西经济出版社,1996.

[36]胡恒. 皇权不下县?清代县辖政区与基层社会治理[M]. 北京:北京师范大学出版社,2015.

[37]黄彦编注. 论民治与地方自治[M]. 广州:广东人民出版社,2008.

[38]黄宗羲. 明夷待访录[M]. 段志强,译注. 北京:中华书局,2011.

[39]黄宗智. 长江三角洲的小农家庭与乡村发展[M]. 北京:中华书局,2000.

[40]黄宗智. 华北的小农经济与社会变迁[M]. 北京:法律出版社,2014.

[41]吉尔伯特·罗兹曼.中国的现代化[M].国家社会科学基金《比较现代化》课题组,译.南京:江苏人民出版社,2010.

[42]加布里埃尔·阿尔蒙德,西德尼·维巴.公民文化:五个国家的政治态度和民主制度[M].张明澍,译.北京:商务印书馆,2014.

[43]贾英健.公共性视域:马克思哲学的当代阐释[M].北京:人民出版社,2009.

[44]金太军,施从美.乡村关系与村民自治[M].广州:广东人民出版社,2003.

[45]景跃进.当代中国农村"两委关系"的微观解析与宏观透视[M].北京:中国文献出版社,2004.

[46]瞿同祖.清代地方政府[M].范忠信,何鹏,晏锋,译.北京:法律出版社,2011.

[47]康有为.大同书[M].上海:上海古籍出版社,2014.

[48]克里斯托弗·博姆.道德的起源:美德、利他、羞耻的演化[M].贾拥民,傅瑞蓉,译.杭州:浙江大学出版社,2015.

[49]来新夏.北洋军阀史(上)[M].上海:东方出版中心,2011.

[50]冷溶,汪作玲.邓小平年谱:1975—1997[M].北京:中央文献出版社,2004.

[51]李培林.村落的终结:羊城村的故事[M].北京:商务印书馆,2004.

[52]李培林、王春光.新社会结构的生长点:乡镇企业社会交换论[M].济南:山东人民出版社,1993.

[53]李勇华.乡村治理现代化中的村民自治权利保障[M].北京:中国社会科学出版社,2015.

[54]梁启超.论中国文化史[M].北京:商务印书馆,2012.

[55]梁启超.新民说[M].北京:中国文史出版社,2013.

[56]梁漱溟.乡村建设理论[M].上海:上海人民出版社,2011.

[57]梁漱溟.中国文化要义[M].上海:上海人民出版社,2011.

[58]列宁选集:第4卷[M].北京:人民出版社,2013.

[59]林语堂.吾国与吾民[M].南京:江苏人民出版社,2014.

[60]凌志军.历史不再徘徊:人民公社在中国的兴起和失败[M].北京:人民日报出版社,2011.

[61]刘峰.中国现代化进程中的农民问题[M].西安:陕西人民出版社,1994.

[62]柳宗元.柳宗元集[M].北京:中华书局,2017.

[63]卢福营.当代浙江乡村治理研究[M].北京:科学出版社,2010.

[64]卢福营.农民分化过程中的村治[M].海口:南方出版社,2000.

[65]鲁迅全集:第 1 卷[M]. 北京:人民文学出版社,2005.

[66]陆九渊. 陆九渊集[M]. 锺哲,点校. 北京:中华书局,1980.

[67]陆学艺,王春光,张其仔. 中国农村:现代化道路研究[M]. 南宁:广西人民出版社,1998.

[68]陆学艺. 中国社会主义道路与农村现代化[M]. 南昌:江西人民出版社,1996.

[69]罗伯特·贝拉,等. 心灵的习性[M]. 周穗明,等,译. 北京:中国社会科学出版社,2011.

[70]罗伯特·帕特南. 使民主运转起来[M]. 北京:中国人民大学出版社,2015.

[71]罗伯特·帕特南. 使民主运转起来:现代意大利的公民传统[M]. 王列,赖海榕,译. 北京:中国人民大学出版社,2015.

[72]罗尔斯. 政治自由主义[M]. 万俊人,译. 北京:译林出版社,2011.

[73]马克思恩格斯选集:第 1—4 卷[M]. 北京:人民出版社,2013.

[74]马克斯·韦伯. 经济与社会:第二卷[M]. 阎克文,译. 上海:上海人民出版社,2010.

[75]马克斯·韦伯. 新教伦理与资本主义精神[M]. 马奇炎,陈婧,译. 北京:北京大学出版社,2012.

[76]毛泽东文集:第 1—8 卷[M]. 北京:人民出版社,1993.

[77]毛泽东选集:第 1—4 卷[M]. 北京:人民出版社,1991.

[78]毛泽东选集:第 5 卷[M]. 北京:人民出版社,1977.

[79]孟德拉斯. 农民的终结[M]. 李培林,译. 北京:中国社会科学出版社,1991.

[80]密尔. 代议制政府[M]. 汪瑄,译. 北京:商务印书馆,1982.

[81]明恩溥. 中国的乡村生活[M]. 陈午晴,唐军,译. 北京:电子工业出版社,2016.

[82]莫里斯·弗里德曼. 中国东南的宗族组织[M]. 刘晓春,译. 上海:上海人民出版社,2000.

[83]彭勃. 乡村治理:国家介入与体制选择[M]. 北京:中国社会出版社,2002.

[84]彭向刚. 中国农村基层政权研究[M]. 长春:吉林大学出版社,1995.

[85]澎湃. 海丰农民运动[M]. 北京:作家出版社,1960.

[86]皮埃尔·布尔迪厄. 区分:判断力的社会批判[M]. 刘晖,译. 北京:商务印书馆,2015.

[87]齐锡生. 中国军阀政治[M]. 北京:中国人民大学出版社,2010.

[88]乔治·弗雷德里克森.公共行政的精神[M].张成福,等,译.北京:中国人民大学出,2003.

[89]秦晖.传统十论[M].北京:东方出版社,2014.

[90]任剑涛.公共的政治哲学[M].北京:商务印书馆,2016.

[91]荣孟源.中国国民党历次代表大会及中央全会资料[M].北京:光明日报出版社,1985.

[92]塞缪尔·亨廷顿.变化社会中的政治秩序[M].王冠华,刘为,等,译.上海:上海人民出版社,2008.

[93]孙立平.断裂:20世纪90年代以来的中国社会[M].北京:社会科学文献出版社,2003.

[94]孙立平.失衡:断裂社会的运作逻辑[M].北京:社会科学文献出版社,2004.

[95]孙中山.三民主义[M].北京:东方出版社,2014.

[96]谭奎安.公共理性[M].杭州:浙江大学出版社,2011.

[97]陶希圣.中国社会之史的分析[M].长沙:岳麓书社,2010.

[98]汪晖,陈燕谷.文化与公共性[M].北京:生活·读书·新知三联书店,1998.

[99]王春光.中国农村社会变迁[M].昆明:云南人民出版社,1996.

[100]王夫之.读通鉴论[M].舒士彦,点校.北京:中华书局,2013.

[101]王沪宁.当代中国村落家族文化:对中国社会现代化的一项探索[M].上海:上海人民出版社,1991.

[102]王铭铭.村落视野中的文化与权力:闽台三村五论[M].北京:生活·读书·新知三联书店,1997.

[103]王奇生.革命与反革命:社会与文化视野下的民国政治[M].北京:社会科学文献出版社,2010.

[104]王振耀,白钢,王仲田.中国村民自治前沿[M].北京:中国社会科学出版社,2000.

[105]魏斐德.大门口的陌生人:1839—1861年间华南的社会动乱[M].王小荷,译.北京:新星出版社,2014.

[106]吴毅.村治变迁中的权威与秩序:20世纪川东双村的表达[M].北京:中国社会科学出版社,2002.

[107]西塞罗.论共和国[M].李寅,译.北京:译林出版社,2013.

[108]习近平.习近平谈治国理政:第2卷[M].北京:外文出版社,2017.

[109]萧公权. 中国乡村:论 19 世纪的帝国控制[M]. 张皓,张升,译. 台北:联经出版事业股份有限公司,2014.

[110]萧公权. 中国政治思想史[M]. 北京:中国人民大学出版社,2014.

[111]肖唐镖,邱新有,唐晓腾,等. 多维视角中的村民直选:对 15 个村委会选举的观察研究[M]. 北京:中国社会科学出版社,2001.

[112]行龙. 回望集体化:山西农村社会研究[M]. 北京:商务印书馆,2014.

[113]徐栋. 保甲书[M]. 合肥:安徽师范大学出版社,2012.

[114]徐勇. 乡村治理与中国政治[M]. 北京:中国社会科学出版社,2003.

[115]徐勇,项继权. 村民自治进程中的乡村关系[M]. 武汉:华中师范大学出版社,2003.

[116]徐勇. 中国农村村民自治[M]. 武汉:华中师范大学出版社,1997.

[117]徐勇. 中国乡村政治与秩序[M]. 北京:中国社会出版社,2012.

[118]薛暮桥. 旧中国的农村经济[M]. 北京:农业出版社,1980.

[119]亚当·斯密. 道德情操论[M]. 蒋自强,钦北愚,等,译. 北京:商务印书馆,1999.

[120]亚里士多德. 政治学[M]. 颜一,秦典华,译. 北京:中国人民大学出版社,2003.

[121]晏阳初. 平民教育与乡村建设运动[M]. 北京:商务印书馆,2014.

[122]杨开道. 中国乡约制度[M]. 北京:商务印刷馆,2015.

[123]杨仁忠. 公共领域论[M]. 北京:人民出版社,2009.

[124]于建嵘. 岳村政治:转型期中国乡村政治结构的变迁[M]. 北京:商务印书馆,2001 年

[125]曾国藩. 曾国藩家书全编[M]. 北京:中国华侨出版社,2011.

[126]詹姆斯·科尔曼. 社会理论的基础[M]. 邓方,译. 北京:社会科学文献出版社,1992.

[127]张厚安,徐勇,等. 中国农村政治稳定与发展[M]. 武汉:武汉出版社,1995.

[128]张厚安. 中国农村基层政权[M]. 成都:四川人民出版社,1992.

[129]张静. 基层政权:乡村制度诸问题[M]. 杭州:浙江人民出版社,2000.

[130]张乐天. 告别理想:人民公社制度研究[M]. 上海:上海人民出版社,2016.

[131]张明. 苏南村级组织研究[M]. 苏州:苏州大学出版社,1997.

[132]张鸣. 乡村社会权力和文化结构的变迁(1903—1953)[M]. 西安:陕西人民出

版社,2013.

[133]张载. 张载集[M]. 章锡琛,点校. 北京:中华书局,1978.

[134]张仲礼. 中国绅士研究[M]. 上海:上海人民出版社,2008.

[135]赵树凯. 农民的政治[M]. 北京:商务印书馆,2012.

[136]赵树凯. 乡镇治理与政府制度化[M]. 北京:商务印书馆,2010.

[137]赵秀玲. 中国乡里制度[M]. 北京:社会科学文献出版社,1998.

[138]赵旭东. 权力与公正:乡土社会的纠纷解决与权威多元[M]. 天津:天津古籍
　　出版社,2003.

[139]珍妮特·登哈特,罗伯特·登哈特. 新公共服务:服务而不是掌舵[M]. 丁煌,
　　译. 北京:中国人民大学出版社,2016.

[140]郑杭生. 当代中国农村社会转型的实证研究[M]. 北京:中国人民大学出版
　　社,1996.

[141]中共中央宣传部. 习近平总书记系列重要讲话读本[M]. 北京:人民出版
　　社,2014.

[142]中共中央宣传部. 习近平总书记系列重要讲话读本:2016年版[M]. 北京:人
　　民出版社,2016.

[143]周庆智. 在政府与社会之间:基层治理诸问题研究[M]. 中国社会科学出版
　　社,2015.

[144]周挺. 乡村治理与农村基层党组织建设[M]. 北京:知识产权出版社,2013.

[145]周晓虹. 传统与变迁:江浙农村的社会心理及其近代以来的嬗变[M]. 北京:
　　生活·读书·新知三联书店,1998.

[146]朱圣明. 民主恳谈:中国基层协商民主的温岭实践[M]. 上海:复旦大学出版
　　社,2017.

二、期刊论文

[1]党国英:乡镇机构改革的问题和出路[J],小城镇建设,2006(3).

[2]董国强. 试论农业合作化运动中的若干失误[J]. 南京大学学报,1996(4).

[3]董江爱,何璐瑶. 角色定位与职能转变:城镇化背景下的乡镇政府改革路径 一
　　个农村集体产权交易站的调查与思考[J]. 中共福建省委党校学报,2014(11).

[4]郭剑鸣. 浙江富人治村现象剖析[J]. 理论与改革,2010(5).

[5]韩雷. 在神圣与世俗的边缘游走:温州模式与民间信仰之关系初探[J].浙江工

商大学学报,2010(5).

[6]何兰萍. 关于重构农村公共文化生活空间的思考[J]. 学习与实践,2007(11).

[7]贺雪峰. 村级组织制度安排:理想与现实的差距及其原因[J]. 社会科学研究,
　　1998(4).

[8]贺雪峰. 论富人治村:以浙江奉化调查为讨论基础[J]. 社会科学研究,2011(2).

[9]贺雪峰. 论中国村庄结构的东部与中西部差异[J]. 学术月刊,2017(6).

[10]胡文木. 国家与社会关系中浙江乡村治理的转型[J]. 中共浙江省委党校学报,
　　2010(5).

[11]黄滔,王双喜. 产权视角下乡村治理主体有效性的困境和出路[J]. 马克思主义
　　与现代化,2013(3).

[12]金太军. 关于村民自治的若干认识误区辨析[J]. 江苏社会科学,1999(6).

[13]李平. 新农村建设中乡镇政府职能转变与农民专业合作组织发展[J]. 中国行
　　政管理,2008(5).

[14]李萍. 论公共精神的培养[J]. 北京行政学院学报,2004(2).

[15]柳建辉. 公社化运动以来党和毛泽东关于人民公社内部所有制问题认识的演
　　变[J]. 党史研究与教学,1993(2).

[16]卢福营. 治理村庄:农村新型经济精英的社会责任:以浙江永康私营企业主治
　　村为例[J]. 社会科学,2008(12).

[17]吕德文. 乡村治理空间再造及其有效性:基于 W 镇乡村治理实践的分析[J].
　　中国农村观察,2018(5).

[18]缪来顺,相清平,郑智成. 全面深化改革背景下基层党建工作的创新实践:以温
　　州"红色细胞工程"建设为例[J]. 甘肃理论学刊,2015(1).

[19]庞娟. 农村公共空间研究的多学科视角回顾与展望[J]. 江西社会科学,2013
　　(9).

[20]曲延春,王淑晴. 乡镇政府职能转变的制约因素论析:整体性视域[J]. 农业经
　　济问题,2016(11).

[21]芮国强,常静. 公共精神型塑下的行政转型[J]. 学术界,2007 (6).

[22]宋丽萍,丁德科. 培育公共精神与社会主义核心价值观建设[J]. 西安交通大学
　　学报,2013(5).

[23]谭德宇,张业振. 乡村治理中农民主体意识缺失的原因及其对策探讨[J]. 社会
　　主义研究,2009(6).

[24]谭莉莉. 公共精神:塑造公共行政的基本理念[J]. 探索,2002(4).

[25]王春福. 公共精神与政府执行力[J]. 理论探讨,2007(1).

[26]王丽. 公共治理视域下乡村公共精神的缺失与重构[J]. 行政论坛,2012(4).

[27]王兆刚. 民国时期乡村治理的变革模式及启示[J]. 江西社会科学,2016(1).

[28]文龚伟. 温州:"红色细胞"强壮组织肌体[J]. 紫光阁,2018(8).

[29]吴春梅,石绍成. 乡村公共精神:内涵、资源基础与培育[J]. 前沿,2010(7).

[30]吴春梅,席莹. 农民公私观念演变及其对社会主义核心价值观认同的启示[J].
　　学习与实践,2015(6).

[31]吴理财. 从"管治"到"服务":关于乡镇政府职能转变的问卷调查[J]. 中国农村
　　观察,2008(4).

[32]吴秋菊、林辉煌. 改革乡村治理:有效性与合法性的平衡[J]. 江西财经大学学
　　报,2017(9).

[33]吴新叶. 农村基层公共空间中的政府在场:以基层的政治性与社会性为视角
　　[J]. 武汉大学学报,2008(1).

[34]夏晓丽. 创新型城市之公共精神成长路径分析[J]. 山东社会科学,2015(2).

[35]项继权. 中国乡村治理的层级及其变迁:兼论当前乡村体制的改革[J]. 开放时
　　代,2008(3).

[36]徐晓光. 以基层党建引领基层治理与乡村振兴[J]. 党建研究,2018(6).

[37]徐勇. "政党下乡":现代国家对乡土的整合[J]. 学术月刊,2007(8).

[38]徐勇. 县政、乡派、村治:乡村治理的结构性转换[J]. 江苏社会科学,2002(3).

[39]晏辉. 在公共生活与私人生活之间:传统伦理的现代境遇[J]. 中国人民大学学
　　报,2008(1).

[40]杨芳. 公共精神与公民参与[J]. 岭南学刊,2008(5).

[41]杨卫敏. 基层协商民主是我国协商民主建设的重中之重[J]. 中央社会主义学
　　院学报,2014(5).

[42]尤琳,陈世伟. 国家治理能力视角下中国乡村治理结构的历史变迁[J]. 社会主
　　义研究,2014(6).

[43]俞可平. 治理理论与公共管理[J]. 政治学研究,2001(9).

[44]俞可平. 治理和善治:一种新的政治分析框架[J],南京社会科学,2001 年(9).

[45]袁祖社. 公共精神:重塑当代民族精神的核心理论维度[J]. 北京师范大学学
　　报,2006(1).

[46]张国庆,王华. 公共精神与公共利益:新时期构建服务型政府的价值依归[J].
　　　天津社会科学,2010(1).

[47]陈秋. 女神信仰民俗和转型社区生活共同体重塑:以温州 S 村为例[J]. 中央民
　　　族大学学报,2016(1).

[48]陈奕敏. 温岭民主恳谈:为民主政治寻找生长空间[J]. 决策,2005(11).

[49]张静. 中国基层社会治理为何失效?[J]. 文化纵横,2016(5).

[50]张良. 现代化进程中的个体化与乡村社会重建[J]. 浙江社会科学,2013(3).

[51]张新光. 中国乡镇改革百年回顾及外来走向[J]. 学习论坛,2006(12).

[52]张学明. 温岭"参与式预算"的阳光实践[J]. 中国人大杂志,2014(18).

[53]张亚泽. 公共精神与和谐社会的公民之维[J]. 内蒙古社会科学,2006(3).

[54]赵旭东. 乡村成为问题与成为问题的中国乡村研究——围绕"晏阳初模式"的
　　　知识社会学反思[J]. 中国社会科学,2008(5).

[55]赵轶峰. 中华传统文化中的天下为公及其现代回响[J]. 东北师大学报(哲学社
　　　会科学版),2011(5).

[56]祝丽生. 积极培育现代村规民约[J]. 人民论坛,2018(13).

[57]祝丽生. 新时代背景下乡村公共精神培育研究[J]. 广西社会科学,2018(9).

[58]祝丽生. 中国语境下现代乡村公共精神重塑路径研究[J]. 四川行政学院学报,
　　　2019(4).

三、报纸

[1]陈来. 发扬中华文化 重视私德培养的传统[N]. 人民日报,2014-9-22(07).

[2]关于新形势下党内政治生活的若干准则[N]. 人民日报,2016-11-03(05).

[3]坚定不移沿着中国特色社会主义道路前进 为全面建成小康社会而奋斗[N]. 人
　　民日报,2012-11-18(01).

[4]决胜全面建成小康社会 夺取新时代中国特色社会主义伟大胜利[N]. 2017-10-
　　20(01).

[5]美好生活"谈"出来[N]. 光明日报,2018-6-18(01).

[6]"民主恳谈"在温岭[N]. 人民日报(海外版),2003-10-11(04).

[7]全面深入实施"红色细胞工程"[N]. 温州日报,2014-3-31(A2).

[8]温岭民主恳谈会坚持近二十载焕发新生机:美好生活"谈"出来[N]. 浙江日报,
　　2018-9-9(01).

[9]温岭首创民主恳谈 历经近 20 年发展 如今全国闻名[N]. 浙江日报，2018-9-28.

[10]温州"红色细胞工程"全省推广[N]. 温州日报，2016-6-30(02).

[11]温州深入实施"红色细胞工程"：有困难找志愿者 有时间做志愿者[N]. 中国组织人事报，2017-5-12(05).

[12]吴开松. 简述公共精神的内涵[N]. 光明日报，2008-11-04(10).

[13]叶素清，蔡庆珍，黄雪意. 温州开展"红色细胞工程"建设活动 基层的问题矛盾化解在基层[N]. 人民日报，2014-08-01(14).

[14]叶小文. 协商民主是现代治理应有之义[N]. 人民日报，2014-11-12(20).

[15]袁家军. 浙江省政府工作报告[N]. 浙江日报，2018-2-5(01).

[16]中共中央关于全面深化改革若干重大问题的决定[N]. 人民日报，2013-11-16(01).

[17]中共中央关于全面推进依法治国若干重大问题的决定[N]. 人民日报，2014-10-29(01).

[18]中共中央国务院关于实施乡村振兴战略的意见[N]. 人民日报，2018-02-05(01).

后 记

本书是国家社科基金项目的结项成果。

在课题立项的短暂兴奋之后,进入到一个为期五年的资料收集、实地调研和撰写的漫长过程中,我深刻体会到了一个基层科研工作者的艰辛,也经历了一场意志与学识的考验,幸运的是我经受住了考验。回忆过往的这段时间,虽然充满了种种挑战,但更多的是带给我对学术研究的热情和信心。

课题能够申报成功并顺利结项,除了本人的不懈坚持之外,得益于众多师友的帮助和家人的支持,甚是感激。

感谢我的恩师们,感谢他们对我的悉心指导。特别要感谢浙江省委党校马力宏教授、浙江省社科院何显明教授,从课题的申报、写作、修改到定稿,无不凝结着他们的心血,老师们高尚的人格、严谨的治学之道、渊博的学识和对工作认真负责的态度将是学生终生学习的榜样。

感谢我的工作单位——中共绍兴市委党校。进入市委党校工作已经有14个年头,我从一个二十来岁的毛头小子步入不惑之年,其中有迷茫也有彷徨,感谢领导和同事对我的关心和鼓励,让我拨云见日,勇攀高峰。祝党校事业更加辉煌。

感谢我的家人。特别要感谢我的妻子郭燕女士,在我研究课题期间,不仅给予我课题写作和修改方面的专业帮助,更给予了我一个温暖的家,你和两个可爱的孩子是我最大的精神依托。同时,也感谢关心我的每一位家人,没有他们的支持和鼓励,我很难顺利完成课题的写作,他们是我前进的动力。

感谢浙江大学出版社责任编辑李瑞雪老师为本书的辛勤付出。

还有太多太多的人需要感恩,这里一并谢过,祝大家幸福安康!

由于才疏学浅,本书虽几易其稿,难免有疏漏之处,恳请各位读者批评指正。

祝丽生

2021 年 5 月